골목길 자본론

일러두기

1. 「골목길에 왜 경제학인가」, 「다시 골목 상가로 들어간 골목길」, 「스타벅스 임팩트」, 「히피들이 성공한 골목길」, 「길은 길로 평가받아야」의 본문 내용 중 일부는 『라이프스타일 도시』의 일부 챕터를 고쳐썼다.
2. 크레딧 표시가 안 된 사진은 저자가 저작권을 소유하거나 저작권 사용이 자유로운 사진이다.

골목길 자본론

資本論

모종린 지음

프롤로그

골목길의 미래, 경제학에 묻다

#1

획일적인 한국의 도시문화에 변화의 조짐이 보인다. 소박한 골목길에 매력적인 가게와 카페, 음식점이 들어서고, 독창적이고 전문적인 것, 개성 있고 특별한 것을 찾는 사람들이 모여들기 시작한다. 골목길에서 놀고, 먹고, 즐기는 이들의 모습은 대형마트, 백화점, 아웃렛 등 대규모 유통단지에서 쇼핑하는 것에 익숙한 기성세대의 문화와는 사뭇 다르다.

1990년대 중반 무렵 홍대에서 시작된 골목길 상권은 2000년대 중반 급성장해 연남동, 연희동, 부암동, 성수동 등 서울시 내에서만 20~30개 지역으로 확장되었다. 최근에는 전주 한옥마을, 부산 감천동 문화마을, 해운대 달맞이고개, 대구 김광석거리 등 지방 도시의 골목도 떠오르는 골목상권으로 주목받고 있다.

#2

골목문화와 독립문화를 싹 틔운 홍대 인근 지역에 2000년대 후반부터 스타트업이 모여들기 시작했다. 현재는 홍대에 자리 잡은 스타트업의 수가 로켓펀치(스타트업 네트워크 사이트) 등록업체 기준 200여 개로 늘어나, 강남 테헤란밸리와 구로 G밸리와 더불어 서울의 3대 창업 중심지로 자리 잡았다.

예술과 문화 인프라를 기반으로 스타트업 산업이 형성된 이 지역에서 일하고 생활하는 홍대 젊은이들은 '다운타운 라이프스타일'을 향유한다. 아직은 소수지만 홍대의 '다운타우너'들은 미래 도시문화를 선도하는 트렌드 세터다.

#3

최근 실리콘밸리의 중심이 전원적인 팔로알토에서 샌프란시스코 도심으로 이동했다. 젊은 인재들이 도심에서 살고, 일하며, 즐기기를 원하기 때문이다. 소마나 도그패치 같은 지역의 스타트업에서 일하며 근처 주거지에서 도보나 자전거를 이용해 웰빙, 보헤미안, 힙스터, 친환경, 유기농, 인디, 빈티지, 비건 등 도시문화를 마음껏 즐긴다.

기업들도 자연스레 변화에 합류했다. 실리콘밸리 기업이 통근 버스 서비스를 제공하는 것은 기본이고, 핀터레스트 등 일부 기업은 본사를 실리콘밸리에서 샌프란시스코로 옮겼다. 우버, 트위터, 에어비앤비, 드롭박스 등은 아예 처음부터 샌프란시스코에서 창업했다. 이들의 성공에 힘입어 샌프란시스코 도심은 새로운 벤처 중심지로 떠올랐다.

언뜻 보면 관련이 없어 보이는 이 세 장면을 자세히 들여다보면 한 도시가 어떻게 골목도시에서 창조도시로 성장할 수 있는지 알 수 있다. 풍요로운 골목이 가득한 도시는 단순히 옛 정취를 느끼며 향수에 젖는 치유와 힐링의 의미만 있는 것은 아니다. 다양한 도시문화를 제공한다는 것은 창조적인 인재와 그들이 도전하는 창조적인 산업을 유치할 수 있게 하는 힘이 되기도 한다. 그렇다면 우리는 도시경제의 다양한 공공재를 창출하는 골목길을 하나의 자본으로 이해해야 한다. 골목길은 기억, 추억, 역사, 감성을 기록하고 신뢰, 유대, 연결, 문화를 창조하는 사회자본인 것이다.

과거에는 도시 재개발과 신도시 건설로 산업도시를 향해 나아갔다면, 이제는 도시재생과 골목산업 정책을 기반으로 한 창조도시를 지원해야 한다.

시행착오를 줄이기 위해서는 골목을 기반으로 한 홍대의 산업 생태계를 모델로 삼을 수 있는데, 문제는 방법이다. 건축, 디자인, 문화기획 사업 등을 활용한 전통적인 도시재생 사업은 외형적으로는 비슷한 도시를 만들어갈 수 있을지 모르지만 홍대 모델의 원동력인 도시문화를 재생하기는 어렵다.

일명 '홍대문화'는 개성 있고 창의적인 소상공인들이 생산하는 문화다. 골목문화에 유리한 물리적 환경을 조성한다고 해서 자연발생적으로 창조되는 문화가 아닌 것이다. 홍대문화를 재생산한다는 것이 무엇인지 알고 싶다면, 문화상품의 수요와 공급, 문화산업의 구조와 조직을 분석하는 경제학에 질문을 던져야 한다.

골목길에 경제학이 필요한 이유

우리가 좋아하는 골목길 문화는 어떻게 태어나고 유지될까. 미국의 도시 비평가 제인 제이콥스(Jane Jacobs)는 공동체문화와 소상공인 산업을 발전시키는 중요한 요인으로 골목길에 주목했다. 주거와 상업활동이 뒤섞이면서도 거리는 짧고 촘촘하게 이어져 있고, 낡은 건물과 신축 건물들이 조화롭게 어우러진 골목에 다양한 부류의 사람이 모이는 것. 그는 이것을 골목문화의 동력으로 꼽았다. 또한 건축학은 공간 디자인을, 문화사회학은 예술가와 문화예술 시설을, 유통경제학은 접근성, 배후 인구, 임대료를 활력 있는 골목상권의 조건으로 강조해왔다.

하지만 공간 디자인, 접근성, 문화 인프라, 임대료 등 물리적 조건을 갖췄다고 해서 모두 골목문화를 창출하는 것은 아니다. 개성 있고 창의적인 소상공인이 모인 거리만이 매력적인 골목문화를 생산한다. 그럼에도 정작 도시 연구에서 골목길 문화를 생산하는 소상공인, 골목문화 생태계를 만들어가는 지역활동가에 대해서는 소홀히 여기는 경우가 많다. 내가 경제학의 힘을 빌려 교육과 훈련, 취업, 창업에 이르는 창조인재의 골목길 진입 과정을 설명하려는 이유가 바로 여기에 있다.

골목 가게를 운영하는 소상공인의 시장 경쟁력을 높이고 골목 지역의 공동체문화를 단단하게 만들어가는 것은 장기적인 관점에서 가장 효과적인 반(反)젠트리피케이션 정책이기도 하다. 공동체문화가 강한 상권에서는 구성원들의 자발적인 노력으로 급격한 임대료 상승을 막고 공공재에 대한 적극적인 투자까지 성공적으로 이끌어낼 수 있기 때문이다.

골목의 경쟁력이 곧 가게의 경쟁력

골목상권은 사업자들이 클러스터를 형성한 하나의 지역산업이다. 상인 개개인은 독립적인 사업을 운영하지만, 동시에 지역 브랜드를 공유하고 다른 지역과 경쟁하는 지역산업의 일원이다. 골목상권 전체의 평판과 정체성은 상권 전체의 경쟁력이 되고 그것은 개별 가게의 경쟁력만큼 중요하다. 경쟁력 있는 골목상권의 역사를 보면 모두 공통적인 천이 과정을 거친 것을 알 수 있다. 접근성이 좋고 문화자원이 풍부하지만 임대료가 싼 지역을 뛰어난 창업자가 선점하면서 상권이 형성된다. 경영 능력과 역량, 의지를 갖춘 창업자가 개성 있는 가게를 열면서 주변에 '첫 가게'의 성공을 모방하려는 가게가 점차 늘어나는 식이다.

골목상권의 경쟁력은 C-READI로 요약할 수 있다. 문화 인프라(Culture), 임대료(Rent), 기업가 정신(Entrepreneurship), 접근성(Access), 도시 디자인(Design), 정체성(Identity) 등 여섯 가지 조건을 만족한 골목이 성공한 상권에서 발견되는 공통 요인이다. C-READI 모델은 기획자뿐만 아니라 소상공인이 자신이 속한 상권의 경쟁력을 스스로 진단할 수 있는 기준이 된다. 소상공인이 자체적으로 상권 분석 능력을 갖춘다면 개인 사업체의 경쟁력을 끌어올리는 것은 물론, 상권 전체의 이익에 대한 이해를 높여줄 것이다.

골목의 성공에 왜 정부가 필요한가

C-READI 모델은 단순하지만 새로운 접근 방식이다. 기존의 연구가 문화자원, 임대료, 거리 디자인, 접근성을 강조한다면, C-READI 모델은 혁신적인 도시문화를 창조하는 장인 정신과 기업가 정신, 고유의 골목문화를 유지하고 강화하는 정체성과 공동체 정신 등 지역사회 내부의 혁신 의지와 역량을 성공 요인으로 제시한다.

정부가 효율적이고 안정적인 정책을 펼친다면 C-READI 모델의 전 영역에 긍정적인 영향을 미칠 수 있다. 골목길의 문화자산을 확충하고, 임대료를 유지하며, 골목산업 창업을 지원하고 필요 인력을 훈련 및 육성하는 것이다. 또한 골목길로 이어지는 대중교통 접근성을 개선하며 문화와 창업지원 시설을 만드는 등 골목길 정체성과 공동체문화를 만들어가기 위한 공공재에 투자할 수도 있다.

정부 개입의 성공 가능성은 영역별로 다르다. 저층 건물과 걷기에 편한 거리 조성, 주거지와 상업시설의 공존 등 복합적 공간 디자인과 편리한 대중교통 구축을 통한 접근성 개선은 상대적으로 쉽게 개선할 수 있는 조건이다. 그러나 골목상권이 표출하는 지역 정체성, 창의적인 기업가의 진입에 필요한 적정 임대료의 유지, 개성 있는 가게를 창업해 골목문화를 선도하고자 하는 기업가 정신은 정부 의지와 힘만으로는 만족하기 어려운 조건이다. 주민, 상인, 예술가, 청년창업가, 활동가와 시민단체 등 골목길 주체들이 자율적으로 축적해야 하는 사회적 자산이기 때문이다. 따라서 공정한 조정자와 공공재 투자자로서 역할을 다하는 정부, 원천 경쟁력을 갖춘 장인 가게와 건물주, 정체성과 공동체 정신으로 골목상권의 장기 이익을 추구하는 이해당사자가 참여하는 '장인 공동체'야말로 지속 가능한 골목상권 모델이 될 것이다.

장인 공동체를 위한 경제학

골목길 경제학은 골목길을 사랑하는 이들에게 단순하지만 강력한 메시지를 던진다. 정부 지원과 보호, 골목을 바라보고 즐기는 감상적인 접근만으로는 우리의 소중한 골목문화를 지켜내고 발전시킬 수 없다.

시장의 수요, 공급, 공공재 조건을 충족하고 다른 상권과 경쟁할 수 있는 상권만이 지속 가능한 골목문화를 창출하고 생존할 수 있다. 골목 상품에 대한 수요, 소비자가 원하는 수준의 상품을 공급할 수 있는 생산자, 그리고 상권 공공재에 대한 생산자와 소비자의 투자를 창출할 수 있는 상권이 되어야 하는 것이다.

이런 상권을 형성해나가기 위해서 정부는 기본적인 환경 조성을 지원하고, 지역사회는 인재와 자원을 연결해 매력적인 골목문화를 만들어나가야 한다. 특히 각 지역 고유의 문화를 기반으로 다양하고 특색 있는 문화기획, 사회적 기업, 골목 비즈니스 모델을 개척하는 소상공인과 지역활동가야말로 우리의 골목길과 도시의 미래일지도 모른다.

차례

7장
더 나은 미래를 위한 골목길 정책

1장

왜 골목길에 다시 사람이 모이는가

우리가 좋아하는 골목길은?

'황리단길'로 불리는 경주 황남동의 어느 골목

우리는 모두 골목길을 좋아한다. 그런데 막상 우리가 왜 골목길을 좋아하는지, 골목길의 어떤 점을 좋아하는지 묻는다면 선뜻 답을 내놓기 어려워진다. 어쩌면 우리에게 좋은 골목길이란 '만나보면 알지만 한마디로 정의하기는 어려운' 그런 곳인지도 모른다. 우리가 좋아하는 골목길이 무엇인지 탐구하는 것은 골목길을 정의하는 것이 무엇인지를 생각하는 것에서 출발한다.

골목은 어원이 불확실한 단어이기에 오히려 다양한 해석이 가능하다. 건축가 천의영은 골목을 '골짜기 같은 통로가 꺾이는 지점'으로 이해한다. 꺾여가며 연결된 길이 골목길인 셈이다. 건축가 김영섭은 다르게 해석한다. 골목은 마을의 입구를 의미하기 때문에 마을의 입구에서 시작되는 동네 안의 길이라는 것이다.

그렇다면 동네 밖의 길은 무엇일까. 동네가 하나의 독립된 마을이었던 농경사회에서 동네 밖 길이란, 마을과 마을을 잇는 길이었다. 근대화 과정을 거치면서 마을과 마을을 잇는 길은 신작로가 됐다. 정부 주도로 자동차가 다닐 수 있는 길이 만들어진 것이다. 그래서인지 국립국어원 표준대사전에 따르면 골목은 이렇게 정의된다.

"큰길에서 들어가 동네 안을 이리저리 통하는 좁은 길"

자동차가 다닐 수 있는 새로운 길이 신작로라면, 골목길은 사람들이 오랫동안 오가던 동네의 옛길이다. 골목길이 신작로와 대비되는 개념으로 인식되면서 그 이미지도 달라졌다. 신작로는 근대를 상징했고 골목길은 전근대, 그러니까 우리가 극복해야 하는 낙후된 장소로 각인되기 시작했다.

그렇다고 골목길이 항상 더럽고 안전하지 않은 곳으로 인식된 것은 아니다. 일제강점기까지도 서울의 부촌은 현대의 기준으로 보자면 모두 골목 동네였다. 골목의 이미지가 나빠진 것은 한국전쟁 이후 서울 도심에 판잣집이 가득한 빈민촌이 늘어나면서부터였다. 이주민들은 대거 도심으로 모여들었지만 주택 공급은 이들의 유입을 따라가지 못했다. 이런 상황에서 판잣집이 들어선 골목 빈민촌이 서울의 주변 녹지와 소개공지대(공습에 의한 화재로 불이 번지는 것을 막기 위해 비워둔 지대)를 차지하기 시작했다.

도시학자 안창모는 빈민촌의 확대 배경을 이렇게 설명한다.

> 전쟁으로 인한 전재민, 남하해온 월남 피난민, 거듭되는 홍수 피해와 화재로 인한 수재민과 화재민, 그리고 초근목피의 춘궁기를 견디다 못해 농촌을 떠나 상경해온 영세민들이 노숙을 피하기 위해 가장 손쉬웠던 주거 마련의 방법은 판잣집을 짓는 일이었다.
>
> -안창모, 「서울 도시 개발사」, 대한민국역사박물관 한국의 도시문화 강의 자료, 2014

정부는 이런 주택 공급 문제를 해결하기 위해 시민아파트를 짓고 집단 이주 정착지 조성 산업과 도시 재개발 사업, 신시가지 개발 등을 추진했다. 그러나 1960년대 이후 주거 환경을 개선하고 주택 부족 문제를 해결하기 위한 정부의 사업들은 골목길 문화에 부정적인 영향을 미쳤다. 이들 정책은 도심의 빈민촌을 현대적인 대로변 상가와 고층빌딩 지역으로 대체하는 사업이었기 때문이다.

1970년대 강남 개발은 골목 동네를 주류 주거 문화에서 완전히 퇴출하는 계기가 됐다. 아파트 단지가 새로운 주거 문화로 자리 잡게 되면서 주민들은 북촌, 서촌, 명륜동, 동교동, 서교동 등의 도심과 주변에 남아 있던 중상층 단독주택 지역을 이탈하기 시작했다.

쇠락의 길을 걷던 도심의 골목길이 부활하기 시작한 때는 2000년대 중반이다. 1990년대 중반 홍대를 중심으로 시작된 골목길 문화가 삼청동, 가로수길, 이태원 등으로 확산된 것이다. 2000년대 골목상권의 부활은 1960년대 이후 대세로 자리 잡은 주거와 쇼핑의 단지화에 역행하는 새로운 변화였다. 이후 골목상권은 서울 전역, 그리고 지방 도시로 번져 이제는 전통적인 도심 대로변상권, 그리고 몰링(malling)상권과 대등하게 경쟁하는 상권으로 부상했다.

골목길의 문화적 가치도 새롭게 평가됐다. 지나치게 경쟁적으로 발전한 현대 도시생활에서 골목길이 추억과 사유의 장소로 각광받게 된 것이다. 부산 보수동 헌책방거리, 대구 방천시장 김광석거리, 서울

2016년 리모델링된 광주 송정역시장 거리

문래동 철강문화거리, 서울 이화동 벽화마을 등 골목길이 문화 기반의 핫플레이스로 떠올랐다.

골목길이 중요한 관광과 문화자원으로 주목받기 시작하자 지방자치단체들은 경쟁적으로 골목길과 골목상권을 조성하고 있다. 대구의 근대문화거리, 전주의 한옥마을 등이 지역 정부가 주도적으로 조성한 골목상권이다. 새로운 골목 자원의 발굴도 지역 정부의 관심사가 됐다. 서울시는 최근 숨겨진 골목을 한눈에 들여다볼 수 있는 『시민이 발로 찾은 서울 골목길 명소 30선』 책자를 발간하기도 했다.

그런데 우리는 모든 골목길을 좋아하는 것일까? 곰곰이 생각해보면 우리가 좋아하는 골목길은 보통 걷기 좋은 길이다. 걷기 좋은 골목길은 자동차가 다니지 않거나 다녀도 혼잡하지 않은 1차선 또는 왕복 2차선 도로다. 그 길은 대개 3층 이하의 낮은 건축물에 둘러싸인 이면도로일 가능성이 높다.

걷고 싶은 거리는 대로와 신호등에 의해 발걸음의 호흡이 끊어지지 않는다. 골목과 골목이 계속 연결되는 길이 걷기 좋은 길이다. 우리가 홍대 주변을 좋아하는 이유도 골목길이 쉴 새 없이 이어지기 때문이다. 홍대 지역은 골목길을 타고 연남동, 연희동, 상수동, 합정동으로 확장해나갔다. 연희교차로 굴다리를 보면 연결된 골목길이 왜 중요한지 알 수 있다. 연남동과 연희동을 도보로 연결하는 연희교차로 굴다리가 없었다면 홍대의 골목상권은 연희동으로 쉽게 넘어가지 못했을 것이다.

물론 걷기 좋은 길이 다 매력적인 것은 아니다. 우리는 놀 거리, 먹거리, 살 거리, 그리고 풍성한 볼거리가 가득한 골목을 좋아한다. 꽃과 나무로 장식한 조경이 어우러지고 간판이나 건축물이 자아내는 독특한 경관이 펼쳐지며, 공원이나 미술관, 박물관 등의 문화시설이 풍부하고, 공공미술 작품과 벼룩시장 등이 어우러진 마을 축제가 이어지는 곳. 바로 그런 골목이 많은 이들의 사랑을 받는 골목이다.

최근에는 골목의 상업시설이 골목상권의 가장 큰 매력으로 떠올랐다. 서울시가 선정한 골목길 30선에 소개된 골목길은 남대문 칼국수 골목, 홍대 땡땡거리, 성수동 수제화거리 등 모두 개성 넘치는 상업시설 중심의 먹자, 보자, 놀자 골목이다.

"작은 숍들을 헤집으며 조금은 독특하고, 좀 더 아기자기하고, 좀 더 희소성 높은 물건들의 매력." 『세계 디자인 도시를 가다』의 저자 김미리와 최보윤이 표현한 것처럼, 흥미롭게도 골목길의 독특한 매력과 문화를 창출하는 상업시설은 맛집, 독립서점, 공방, 보세가게 등 고숙련 자영업자가 운영하는 독립 가게들이다. 프랜차이즈 가맹점이나 대기업 브랜드 점포, 편의점 등 기업형 가게는 독립 가게들이 골목길을 개척한 뒤 그곳이 주목받기 시작하면 진입하기 때문에 골목길 문화와 정체성 형성에는 기여하지 못한다.

건축가 유현준은 소비자들이 골목 안의 상업시설에 매력을 느끼는 이유를 골목길의 밀도와 우연성으로 설명한다. 인위적이고 정형화된 쇼핑센터와 달리 골목의 구조는 여러 형태의 가게를 품을 수 있다. 저마다의 취향대로 가게를 꾸밀 수 있고, 1층뿐 아니라 지하까지도 다양하게 자리를 잡을 수 있는 것이다.

뉴욕의 골목길을 연상시키는 쇼핑몰 첼시마켓의 내부

골목길 구조의 다양성과 밀도로 인해 우리는 우연한 볼거리들과 마주하게 된다. 예측하지 못했던 곳에서 새로운 골목과 새로운 가게들이 열린다. 층별 입점 브랜드 안내서 한 장이면 모든 것이 한눈에 파악되는 쇼핑몰이나 백화점과 달리, 미로처럼 얽혀 있는 골목의 구석구석은 우리를 예상치 못한 즐거움의 세계로 안내한다.

골목길과 상업시설의 상승 작용을 인식한 디벨로퍼(부동산 개발자)들은 새로 지어지는 쇼핑몰, 리조트, 아파트 단지에 골목상권의 이미지를 임의적으로 재현하기 위해 노력하기 시작했다. 스물여덟 개 공장 건물의 벽을 허물고 연결한 첼시 마켓은 뉴욕의 골목 시장을 그대로 옮겨놨다고 해도 과언이 아니다. 공장 건물의 옛 모습을 보존하고 건물의 통로를 동선으로 사용함으로써 그리드(Grid) 구조의 전통적인 쇼핑센터가 아닌, 밀도와 우연성을 그대로 간직한 골목상권을 구현했다.

한국에서도 이런 골목형 쇼핑몰이 늘고 있다. 신세계백화점 동대구역점은 전국의 유명한 골목 맛집들을 백화점 안으로 들여온 뒤 식당가 이름을 루앙 스트리트로 정하고 골목형 식당가를 만들었다. 서울 남산 그랜드하얏트 호텔은 식당가를 연상시키는 미식 골목 322 소월로를 오픈하기도 했다.

걷기에 좋고 매력적인 상업시설로 가득한 골목을 인위적으로 조성할 수는 있다. 하지만 골목의 진짜 매력은 잘 짜인 기획만으로는 결코 가닿을 수 없는 고유의 정체성과 진정성에 있다. 우리가 좋아하는 골목은 단순한 상업지역만이 아니기 때문이다. 쇼핑객만 만나는 백화점이나 쇼핑몰과 달리 골목에서는 그곳에서 삶의 터전을 일군 주민을 만날 수 있다. 요즘 여행자들이 원하는, 살아보고 체험하는 것이

신세계백화점 동대구역점 식당가, 루앙 스트리트

가능한 것이다. 일본의 근대 심미주의 작가 나가이 가후는 일찍이 골목길에서 서민의 삶이 온전히 보전된 문화의 보고를 목도했다.

> 골목에는 예나 지금이나 변함없이 서민이 살아가는 공간, 해가 드는 큰길에서 볼 수 없는 생활이 숨어 있다. 고독하고 덧없는 삶도 있다. 은거의 평화도 있다. 실패와 좌절과 궁핍의 최후 보상인 태만과 무책임의 낙원도 있다. 서로 좋아 어쩔 줄 모르는 신혼살림이 있는가 하면, 목숨 건 모험에 몸을 맡기는 밀애도 있다. 골목은 좁고 짧기는 해도 풍부한 멋과 변화를 지닌 장편 소설과 같다 할 수 있으리라.
>
> - 나가이 가후 지음, 정수윤 옮김, 『게다를 신고 어슬렁어슬렁』, 정은문고, 2015

여유롭게 걸으면서 흥미로운 작은 가게들의 특색을 즐길 수 있는 그런 길. 골목의 길이와 동네의 크기는 중요하지 않다. 우리를 골목으로 이끄는 매력적인 가게만 있다면 50미터의 짧은 길이라도 우리의 관심과 시간을 독점할 수 있다. 바로 그런 곳이 우리가 정말 좋아하는 골목이 아닐까.

자유주의자의 골목길 사랑 방식

광주 양림동 펭귄마을의 아침

골목은 늘 제자리에 있다. 누군가를 상처주지도, 떠나지도 않은 채 언제나처럼 우리를 기다리고 있는 공간처럼 보인다. 나홀로 여행을 즐기는 사람들의 단골에도 역시 골목길이 빠지지 않는다. 그런데 정말 골목은 우리를 배신하지 않을까. 공간은 언제나 그렇게 그 자리에 머물러 있을까.

골목의 맛집을 경험하기 위해 줄지어 기다리는 손님들

좋아하는 골목길의 단골집이 손님이 없어 문을 닫으면 안타깝지만 그런 집이 더 큰 성공을 찾아 다른 동네로 이전하면 배신감이 들 때가 있다. 장소가 가진 역사성과 공동체 정신을 무시한 도시 개발로 골목이 사라지는 것이 슬프고, 상업적으로 성공한 골목상권이 이제는 나와 어울릴 수 없는 곳이 되었을 때 마음 한켠이 허전하다. 골목을 사랑하는 방식이 제각각이듯, 그것을 잃어버렸을 때 느끼는 상실감 또한 저마다의 풍경을 하고 있을 것이다. 골목의 즐거움을 오래 경험하고 골목을 떠나보내는 슬픔을 최소화하기 위해서는 어떤 마음이 필요할까.

모두가 골목을 사랑하진 않아

골목길을 사랑하지 않는 사람도 많다는 사실을 받아들여야 한다. 친구에게 골목에 함께 가자고 권한다고 모두가 흔쾌히 길을 나서진 않는다. 너무 멀다, 교통이 불편하다, 주차하기 어렵다 같은 불만이 쏟아질 수 있다. 요즘 좋은 것은 다 백화점이나 명품점에 있다고 생각하기 때문에 골목을 단순한 이류 상권으로 여기는 사람도 많다. 모두가 내 마음 같지 않은 것이다.

그래서 골목길 맛집 추천은 조심스러워야 한다. 음식을 좋아하고 즐기는 미식가라면 불편을 무릅쓰고 골목으로 따라나서겠지만 그렇지 않은 이들은 가까운 곳에서 가볍게 식사를 해결하고 싶을지도 모른다. 또 음식의 맛보다는 서비스와 분위기, 유명세를 중시할 수도 있다. 서비스를 중요하게 생각하는 친구가 있다면 골목길 초대를 좀 더 신중하게 생각해야 할 것이다. 골목길 식당은 공간적인 한계로 인해 손님을 문 밖에서 기다리게 하는 식당이 많기 때문이다. 서비스를 간소화하고 합리적인 가격으로 음식을 제공하기 위한 선택이라는 점 역시 모두를 납득시킬 수 없다는 것을 명심해야 한다.

혼자 온전히 즐길 수 있는 곳

골목길 여행은 혼자일 때 더 매력적이다. 출장 중에 종종 골목길 여행을 할 기회가 있어서 가끔 동반자와 함께할 때가 있지만 그때마다 나는 자주 후회한다. 골목을 여행한다는 것은 10미터 이내의 작은 공간에 오래 머무는 것을 의미한다. 사람, 집, 담, 건물, 간판, 빛이 드리운 길, 나무, 화분 같은 오브제가 시선을 잡아끈다. 하지만 골목에 관심이 없는 동반자가 내 뜻과는 다른 행동을 한다면 골목을 온전히 즐기려던 나의 시간은 어긋나고 만다.

골목을 좋아하는 사람과 동행해도 문제는 발생한다. 개성이 뚜렷한 두 명의 골목길 여행자가 같은 취향을 공유할 가능성은 지극히 낮다. 이들이 좁은 골목에서 정신없이 각기 다른 무언가를 찍기 위해 좌충우돌하는 장면을 상상해보라. 서로에게 민폐다.

골목에서 경험하고 싶은 '무엇'은 무엇인가

골목 탐방에는 목표가 있어야 한다. 골목길 여행이 즐거운 이유는 그곳에서 무엇을 만날지 모르기 때문이다. 그렇다고 그저 우연성에 기대어 골목을 둘러보는 것은 위험하다. 내가 이곳에서 무엇을 찾고자 하는지, 어떤 것을 경험하고자 하는지 미리 생각해두지 않으면 골목 초입에서 지나치게 많은 시간을 허비하게 된다.

내가 골목을 여행할 때 주된 테마로 삼는 것은 지역 정체성과 산업이다. 그곳의 지역 특색을 생각하고 그에 기반한 비즈니스를 만들어가는 소상공인과 기업을 찾는 것이다. 물론 골목이 반드시 지역적 특색만을 반영하는 것은 아니므로 다양한 여행 테마를 생각해볼 수 있다. 취향에 따라 카페, 베이커리, 독립서점, 미술, 건축 등 여러 주제 가운데 하나를 선정해 주의 깊게 둘러보는 것도 가능하다.

어떤 테마를 정하든 골목 곳곳에서 마주하는 개성 있는 가게와 사람들을 만나는 것은 즐거운 경험이다. 골목은 여행자와 창업자가 쉽게 만나 대화할 수 있고 때론 친구가 되는 공간이기도 하다. 각박한 도시생활에서 학교나 직장 밖의 뜻이 맞는 친구를 사귀는 것은 행복한 경험이다. 골목 친구는 복잡한 이해관계가 얽혀 있지 않은 관계다.

서로를 존중하는 친구가 될 수 있다는 이야기다. 소비자는 자신에게 행복을 주는 골목의 장인을 존중하고, 가게 주인은 자신을 예술가, 장인으로 인정하는 손님을 존중하는 상호작용이 가능한 곳. 그곳이 바로 골목이다.

오래 머물수록 깊이 즐긴다

골목길은 머물면서 체험할 때 그 매력을 제대로 느낄 수 있다. 게스트하우스 같은 숙소가 그곳에 있다면 좀 더 여유 있게 하루 종일 골목문화를 즐길 수 있다. 특히 골목이 가진 느림의 정서와 진정성은 이른 아침과 늦은 저녁에 더 깊이 느낄 수 있기 때문에 고즈넉하게 홀로 즐기는 탐방이 가능해진다.

작은 골목에 위치한 게스트하우스 신시와 (광주 동명동)

나는 골목 게스트하우스를 좋아한다. 주인과 대화를 나누다보면 눈으로만 훑었을 때는 결코 알지 못할 골목의 진짜 이야기를 접할 수 있다. 그곳의 주인장만큼 골목을 이해하고 좋아하는 사람이 또 있을까. 골목을 사랑하지 않았다면 그 작고 구석진 골목에 게스트하우스를 열지 않았을 것이다. 골목에 대한 애정이 깊은 주인장이 주변 가게와 특별한 장소를 추천해주고 골목의 역사를 이야기해준다면 그것만큼 훌륭한 가이드가 어디 있겠는가.

관광객과 현지인, 누구라도 상관없다

골목길의 진정성을 논의할 때 빠지지 않는 주제가 바로 현지인과 관광객의 비중이다. 관광객만 몰리는 곳에서는 진정한 골목 체험이 불가능하다는 의견이 고개를 드는 것이다. 과연 현지 주민과 동떨어져 있다고 생각되는 골목은 모두 배격해야 할까.

여행자를 위한 골목 가게를 일부러 피할 필요는 없다. 관광객이 주로 오는 곳이든, 현지 주민이 즐겨 찾는 곳이든 내 취향에 맞는다면 얼마든지 사랑할 수 있다. 관광객이 '키운' 골목길도 점진적으로 지역 생활의 일부로 진화한다. 강릉 커피, 제주 녹차 등은 원래 관광객을 타깃으로 시작된 사업이었지만 지금은 주민들이 자랑하는 문화로 자리 잡았다. 커피를 즐기게 된 강릉 주민들은 "이제 다른 도시를 가면 맛없어서 커피를 못 마시겠다"라고 불평할 정도다.

영원한 것은 없다

골목을 사랑하는 사람에게 가장 곤란한 순간은 '우리의 동의 없이' 일방적으로 떠난 가게와 마주할 때다. 다시 찾은 가게의 문 앞에 적힌 이전 공지에서 때로는 형용하기 어려운 배신감을 느끼곤 한다.

골목길에도 영원한 것은 없다. 이성적으로 생각해보면 너무나 당연한 이치다. 내가 좋아한다고 해서 그 가게가 영원히 그 자리에 계속 존재하리라 기대하는 것은 욕심이다. 대기업의 평균 수명도 20년으로 줄었다는데 동네 가게가 우리 곁에 항상 있기를 바라는 것은 역시 인간사 이치에 맞지 않는다.

영원하지 않을 골목의 가게를 사랑하는 방법은 단순하다. 순간의 만남과 거래를 최대한 만끽하는 것이다. 이 가게가 내일 없어질 수 있음을 운명으로 받아들이고 현재의 순간을 즐기자. 골목길 여행자에게 다행인 점은 골목길이란 돌고 돌아 떠나는 가게가 있으면 금세

확장 이전 소식을 전하는 베이커리 루엘 드 파리 (서울 연희동)

이를 채우는 새로운 가게가 우리를 반긴다는 점이다.

기업과 골목은 공존할 수 있다

골목문화는 자영업자들이 창출하는 문화다. 자영업자의 정성과 재능이 우리가 좋아하는 음식, 상품, 차, 그리고 분위기를 만든다. 이런 골목길에서 표준화된 상품을 판매하는 대기업은 어울리지 않는 불청객처럼 보인다. 프랜차이즈 가맹점, 대기업 마트와 브랜드 상점이 독립 가게를 위협할 수준으로 늘어나면 이를 저지해야 한다는 마음이 들 수밖에 없다.

그러나 모든 대기업 브랜드를 골목에서 내모는 것은 골목문화 발전에 바람직하지 않다. 베이커리, 커피전문점, 편의점 등 소규모 대기

골목길에 자연스럽게 녹아든 스타벅스 매장 (도쿄 지유가오카)

업 브랜드는 골목 가게와 공존할 수 있다. 골목길에 대기업 브랜드가 필요한 이유는 이들 브랜드가 유인하는 유동인구 상승효과 때문이다. 대표적인 예로 스타벅스를 들 수 있다. 전 세계적으로 스타벅스의 진입은 새로운 유동인구를 유발해 기존 상권에 혜택을 주는 것으로 알려져 있다.

굳이 학술 연구를 동원하지 않아도 스타벅스 임팩트(Impact)는 직감으로 이해할 수 있을 것이다. 낯선 골목을 헤매다가 스타벅스를 발견했을 때의 반가움과 안정감을 상상해보자. 스타벅스는 때로 그 골목의 수준을 가늠하는 잣대가 되기도 한다. 스타벅스가 있다면 다양한 도시문화를 즐길 수 있는 성숙된 골목상권일 가능성이 높다고 판단하고 안심하게 되는 것이다. 내가 원하는 가게를 발견하지 못했을 때, 글로벌 브랜드 매장은 익숙한 정서와 일정한 수준의 서비스를 제공받을 수 있는 안전한 선택지가 되곤 한다.

물론 이런 아름다운 공존이 가능하려면 골목 가게 역시 경쟁력을 갖춰야 한다. 동네의 커피전문점은 스타벅스가 제공하지 못하는 또 다른 서비스와 특별한 체험 또는 높은 품질의 커피를 제공하는 차별성을 가져야 하는 것이다.

독립 가게의 독립성에 합당한 가격을

골목 가게의 제품이 항상 우리의 가성비 기준을 충족시켜주는 것은 아니다. 수제 제품을 소량 생산하기에 대량 생산 제품보다 가격이 비쌀 수 있다. 하지만 이 가격은 해당 상품이 제공하는 경험의 가치가 포함되었다는 점에서 터무니없이 비싸다고 단정 지을 수만은 없다. 우리는 도시문화의 다양성 확대에 기여하는 골목 가게들의 개성과 독립성에 정당한 가격을 지불할 수 있어야 한다.

우리가 즐기는 골목문화는 일종의 공공재다. 골목길을 사랑하는 소비자는 골목 가게가 제공하는 공공재에 대해 적절한 비용을 지불하는 것이 마땅하다. 그렇다면 무엇이 정당한 비용 지불인가. 어렵게 생각할 필요 없다. 골목 가게의 공간이 협소하고 불편하더라도 자주 찾아와주고 주인이 책정한 가격을 신뢰하는 것이면 충분하다.

골목을 사랑하는 여덟 가지 조언을 관통하는 철학이 있다면 그것은 자유주의다. 개인의 자유, 선택, 창의성을 존중하고 개인의 자발적인 협력을 통한 공공재 창출 능력을 신뢰하는 것. 자유주의자라면 정부가 인위적으로 개발하지 않고 큰 집단의 힘이 미치지 않는 곳에서 자율적으로 성장한 골목길의 변화에도 유연해야 한다. 골목길은 개방적이고 자유로워야 하기에, 개인이 선택한 결과로 발생한 골목길의 변화를 그대로 인정하고 받아들이는 것이야말로 자유주의자가 골목길을 사랑하는 방식이다.

골목길에 왜 경제학인가

아름다운 하천과 중저층 건물이 어우러진 골목 (도쿄 나카메구로)

우리는 오랫동안 좋은 동네의 기준을 명문 학군이나 부동산 투자 가치로 생각했다. 그러나 삶의 수준이 높아지면서 주거 환경의 기준이 달라지고 있다. 물질적 풍요를 넘어 문화를 향유하고 행복을 추구할 수 있는 곳을 선호하는 양상으로 변하고 있는 것이다.

그래서인지 홍대, 가로수길, 삼청동, 성수동, 이태원 등 각 지역 고유의 라이프스타일을 제시하는 골목길이 늘어나는 추세다. 거리와 동네를 중심으로 도시가 재생되고, 그 속에서 새로운 문화가 탄생하고 발전하는 것이다.

우리가 좋아하는 골목길 문화는 어떻게 형성되고 발전하고 있을까. 제인 제이콥스는 1960년대에 대규모 단지 중심의 도시 재개발을 비판하고 공동체문화와 소상공인 산업을 창출하는 골목길 동네(Street Neighborhood)의 보전을 주장했다. 이후 도시학자들은 골목길의 성공 요인을 찾기 시작했는데 다양한 유형의 저층 건물, 거리의 보행 친화성, 짧고 촘촘한 블록, 주민과 상인이 공존하는 건축 등에서 그 요인을 발견했다.

공간 디자인 관점에서 골목상권의 활력을 분석한 건축가 유현준은 볼거리의 밀도와 우연성이 결정하는 '공간의 속도'에 주목했다. 한 예로, 홍대 거리를 걸어보면 골목 양쪽에 촘촘하게 들어선 가게 입구와 거리 가판 등이 이벤트의 밀도를 높이고 보행 속도를 늦춘다. 다양한 경우의 수를 제공해 홍대 이곳저곳을 '걷고 싶게' 만드는 것이다. 또 문화예술 분야의 전문가들은 골목길의 문화예술 인프라를 강조한다. 미국의 도시학자 리처드 플로리다(Richard Florida)는 창조도시의 원동력으로 예술인의 집적과 문화 정체성을 꼽았다. 실제로 문화산업 종사자와 기획자들은 지역의 문화 정체성을 확립하고 갤러리, 문화행사, 공공미술 등 도시 어메니티(Amenity, 도시의 쾌적성과 편리함을 높여주고, 심미적 아름다움을 드러내는 유무형 문화적 생산물의 총 집합체)를 활성화하는데 중요한 역할을 한다.

건축가 김종석이 기획한 외부로 열린 구조의 건물 (서울 연희동)

연희동은 건축으로 정체성을 유지하는 대표적인 골목길이다. 건축가 김종석의 주도 하에 마흔다섯 개의 건물이 외부로 열린 구조로 리모델링됐다. 건축 디자인을 통해 다양성을 지니고 소통이 가능한 동네문화를 기획함으로써 정체성이 뚜렷한 도시 어바니티(Urbanity, 세련된 공간 고유의 매력)와 도시 어메니티를 동시에 추구했다.

상권 전문가에게는 지역의 접근성과 임대료가 중요하다. 임대료가 낮고 자동차와 지하철로 접근하기 편리한 골목길은 작업실을 마련하려는 예술가, 자신만의 음식을 만들고 싶은 요리사, 또 그들의 가게를 찾는 소비자를 유인하는 데 유리하다. 하지만 공간 디자인, 접근성, 문화 인프라, 임대료 조건을 모두 갖췄다고 해서 우리가 좋아하는 거리로 발전하게 되는 것은 아니다. 몇몇의 물리적 조건을 충족했을 때에만 골목문화가 발현하는 것이 아니라면 우리는 그것을 일구어낸 누군가의 노력에 주목해야 한다.

최근 젠트리피케이션, 도시재생, 골목길 조성사업 등 골목길 활성화에 대한 논쟁을 살펴보면 정작 골목길 문화를 만드는 소상공인이 누구이며 어떤 사람이 성공하는지에 대한 이야기는 빠져 있다. 경제학이 기여할 부분이 바로 여기에 있다. 골목길 창업자의 성장 과정을 체계적으로 분석하고 설명해야 하는 것이다.

골목길의 역사는 보통 그곳에서 처음으로 창업한 첫 가게에서 시작된다. 다른 지역에서 볼 수 없는 특색을 가진 첫 가게를 찾는 사람들로 인해 유동인구가 증가하고 다양한 가게가 줄지어 들어선다. 그러다보면 골목길은 활기찬 상권으로 거듭난다. 최근 주목받고 있는 골목상권의 역사를 거슬러 올라가면 저마다 첫 가게가 그 포문을 열었다는 것을 알 수 있다.

홍대의 첫 가게는 1990년대 초중반으로 거슬러 올라간다. 1994년에 문을 연 펑크카페 드럭에 이어서 블루데빌, 재머스, 스팽글, 롤링스톤즈, 빵, 프리버드 등의 라이브클럽이 줄지어 생겨났고 라이브클럽을 중심으로 홍대 인디씬이 형성됐다. "주류 가요계 및 기존 언더그라운드에서 수용되지 못하는 음악을 스스로 생산해 소비하는 움직임"(한국콘텐츠진흥원)에서 빚어진 독립적 실험정신은 이후 홍대의 인디문화, 언더그라운드문화, 거리문화, 출판문화, 카페문화에도 계승됐다.

갤러리와 화방이 모여 있는 한산한 거리였던 가로수길이 2000년대 중반 새로운 카페거리로 부상한 것은 2004년에 문을 연 블룸 앤

가로수길의 첫 가게 블룸 앤 구떼

구떼 덕분이다. 유럽풍 노천카페를 연상시키는 이곳은 플로리스트와 파티시에인 두 친구가 의기투합하여 일구어낸 결과물이다. 꽃과 차, 그리고 디저트를 함께 즐길 수 있는 신선하고 매력적인 콘셉트는 당시 여유와 휴식을 갈구하던 사람들에게 폭발적인 반응을 일으켰다. 블룸 앤 구떼를 찾는 사람들이 많아지면서 가로수길이 유명세를 타기 시작하자 페이지532, 듀크렘 등 이국적인 카페들이 속속 들어섰다. 이후 다채로운 가게들이 톡톡 튀는 개성을 뽐내며 가로수길의 성공을 이끌었다.

삼청동은 2000년대 중반 이후 서울의 대표적 문화 소비 공간으로 떠올랐다. 그 전까지만 해도 1985년 신관을 개관한 갤러리 현대와 1989년 개장한 국제갤러리가 중심이 된 조용한 화랑거리였다. 삼청동을 고풍스러운 골목상권으로 개척한 첫 가게는 1999년 문을 연 프랑스 음식점 더 레스토랑이다. 그 후 아따블르, 두가헌 등 고급 레스토랑이 잇달아 개업하면서 삼청동은 고급 음식문화를 선도하는 지역으로 자리 잡았다.

2000년대 이전 이태원은 주로 미군을 상대로 영업하는 바와 식당이 즐비한 곳이었다. 그러나 2000년대 초 미군기지가 이전하면서 다국적 음식점들이 들어서기 시작했고, 이후 세계의 음식을 맛볼 수 있는 거리가 되었다. 이런 변신을 주도한 가게는 2000년과 2006년에 각각 오픈한 르 생텍스와 소르티노스다. 두 곳 모두 외국인 셰프가 본토의 맛을 선보이는 식당이다. 르 생텍스는 프랑스 가정식을 대중적으로 소개했으며, 소르티노스는 이후 빌라 소르티노스, 그라노를

이태원 소르티노스가 배출한 가게 중 하나인 소격동 이태리재

추가로 개업해 서울의 이탈리안 음식문화를 개척했다.

골목상권을 견인하는 가게가 반드시 첫 가게일 필요는 없다. 후발 창업 가게도 지역 상권의 정체성을 대표하고 고객을 사로잡는 간판 상점(Anchor Store)의 위치에 오를 수 있다. 연희동에는 1975년 개업한 사러가쇼핑센터가 소상공인 상권의 중심에 서 있다. 국내에서 보기 힘든 제품들을 주로 판매했던 사러가쇼핑센터를 중심으로 소상공인 상권이 형성됐다. 간판 상점의 영향력을 단적으로 보여주는 예다.

한국 고유의 골목길 경제가 방방곡곡 꽃피기 위해서는 더 많은 소상공인 영웅들이 필요하다. 이들을 일깨우고 불러내기 위해서는 우선 골목길 성공기 중심에 첫 가게를 세워 그 기업가 정신을 기록에 남겨야 한다. 안타깝게도 현재 우리 골목상권에는 창의적이고 기업가 정신이 투철한 첫 가게 창업자가 부족하다. 이런 인적 자원이 풍부하다면 도시의 문화를 찾는 젊은이들이 서울 또는 홍대나 가로수길 같은 국한된 지역에만 집중되지는 않을 것이다. 또한 해외 관광객이 한국에 먹을거리와 볼거리가 부족하다고 불평하지도 않을 것이다. 많은 전문가가 자영업의 과잉 공급을 우려하지만 현실은 조금 다르다. 수요에 비해 공급이 넘치는 것이 아니라, 시대의 흐름에 맞춰 소비자의 차별적 수요를 만족시킬 수 있는 고품질 공급자가 부족한 것이다.

프랜차이즈의 독무대가 된 한국 커피 시장은 이를 단적으로 보여준다. 선진국의 도시에 가면 스타벅스, 코스타커피, 툴리스커피 등 몇몇 프랜차이즈를 제외하고는 자영업자 고유의 개성이 드러나는 커피

장인 커피전문점 매뉴팩트 (서울 연희동)

전문점이 거리에 즐비하다. 반면 한국의 도시에는 수십 개에 이르는 커피 프랜차이즈가 상권을 점령한 지 오래다. 경쟁력 있는 자영업 커피전문점은 대학가, 골목상권 등 극히 일부 지역에서만 찾을 수 있다.

고숙련 자영업자가 적은 가장 큰 이유는 인력 양성 체계의 부재다. 우선 입시 중심의 교육제도 하에서 자영업 창업을 목표로 기술을 배우는 학생이 많지 않다. 설령 그런 교육을 받고 있다고 해도 현장 훈련 시스템이 미비해서 기술 숙련에 필요한 경험을 쌓기가 어려운 실정이다.

골목상권에 들어서는 커피업계 종사자 중 현직 바리스타는 3개월 미만의 교육을 받은 사람이 26퍼센트, 3~6개월 사이의 교육을 받은 사람이 32퍼센트, 1년 이상의 교육을 받은 사람은 불과 19퍼센트밖에 되지 않는다. 카페 창업뿐 아니라 자영업의 성공률을 높이려면 전문 교육 지원이 절실하다. 장인 정신의 결여도 장애 요인이다. 자영업에 장인 정신이 필수적인 이유는, 일이 그만큼 녹록지 않기 때문이다. 고숙련 자영업자는 새벽부터 늦은 저녁까지 계속되는 고된 일정을 소화하면서 최고의 서비스를 제공하겠다는 사명감이 있어야 가게를 오래, 성공적으로 이끌어갈 수 있다.

고숙련 자영업자가 많아지려면 직업윤리 교육을 강화하고 체계화된 인력 양성 시스템을 구축하는 것이 매우 중요하다. 특히 기술 교육을 받지 못한 퇴직자나 대학졸업자를 위한 장기 훈련 프로그램이 필요하다. 기술 숙련에 필요한 현장 훈련을 위해 비숙련자를 고용하는 자영업자에게 보조금을 지급하는 정책도 고려되어야 한다.

세제와 인센티브를 통해 대기업 유치에만 몰두하는 지방 정부도 지역에 필요한 자영업자를 양성하는 방법을 더욱 적극적으로 모색해야 한다. 젊은이와 관광객이 몰리는 골목길 상권에서 볼 수 있듯이, 앞으로 창의인재와 산업을 지역에 유인하는 것은 대기업 공장이 아니라 적절히 구성된 자영업 인프라일 가능성이 높기 때문이다.

자영업 육성은 국내외 대규모 관광 수요를 흡수하고 창조인재를 거점 지역에 결집시켜 창조경제를 건설해야 하는 한국의 시급한 정책 과제다. 고숙련 자영업자가 늘어나야만 해외 관광객과 창조인재가 요구하는 도시문화 서비스를 충분히 공급할 수 있다. 정부는 실업 구제와 골목상권 보호와 같은 보호주의적 접근에서 벗어나, 고품질 서비스와 문화 가치를 창출할 수 있는 자영업 인재의 양성에 적극적으로 나서야 한다.

골목길 경제학은 무엇을 질문해야 하나

골목상권은 2000년 중반 홍대, 삼청동, 가로수길, 이태원 등 1세대 골목상권이 뜨면서 주목을 받았다. 골목경제와 골목문화 발전에 대한 관심이 늘어나면서 골목상권 정책은 일반 시민들에게도 중요한 정책 이슈로 떠올랐고, 그 후 꾸준히 성장해 젠트리피케이션이 주요 사회적 논쟁거리가 될 만큼 일상의 일부가 됐다.

경주 포석로의 한 카페

그러나 골목상권 정책의 수립을 위해 필요한 골목길 경제학은 아직 학문적으로 정리된 분야가 아니다. 골목길 논쟁에서 경제학의 참여가 시급한 이유는 건축학, 도시계획학, 도시사회학 같은 연구 분야가 소비자 수요, 골목 상인 공급, 임대료, 상권 간 경쟁 등 골목상권에서 일어나는 다양한 경제적 현상을 체계적으로 설명하지 못하기 때문이다.

골목길 경제학으로 보완해야 하는 주제는 도시문화를 창출하는 골목상권의 주요 자산인 독립 상인과 건물 투자자에 대한 수요와 공급이다. 기존 연구에서는 적절한 물리적 환경이 제공되면 골목문화를 창출하는 생산자가 자동적으로 공급되는 상수로 인식한다. 하지만 골목길 경제학은 골목상권을 이해당사자들의 경제적 선택으로 형성된 하나의 시장으로 설정한다. 그래야 규모, 수준, 다양성, 역학 등 상권의 사회적 특성을 경제학 이론과 개념으로 분석하고 평가하는 분야로 발전할 수 있다.

골목길 경제학에서 가장 중요한 이슈는 골목상권의 활력과 경쟁력이다. 수요, 공급 등 경제 변수와 정부 정책에 따라 골목상권의 규모, 수준, 다양성이 어떻게 변하는지를 분석하고 이해하는 것이 궁극적인 목적이다.

다른 경제학 분야와 마찬가지로 골목길 경제학도 정부 역할에 초점을 맞춘다. 시장 수요와 사회적 요구에 비해 골목상권이 충분히 공급되지 않는다는 인식 하에, 골목상권의 공급 확대와 활성화를 위한 올바른 정책 마련이 골목길 경제학의 가장 큰 관심사다.

골목경제는 한마디로 "골목으로 상징되는 지역 단위의 공간에서 이루어지는 재화와 서비스의 생산, 교환, 분배 및 소비와 관련된 모든 인간 활동"이라고 정의할 수 있다. 이 용어는 아직 학문적 용어가 아니며 지역경제를 지칭할 때 언론 등에서 사용하는 조어다. 골목상권은 골목경제의 상업 영역을 지칭하며, 특정 지역 상권이나 모든 골목상권을 의미할 수 있다. 골목상권을 특정 지역의 상권으로 상정한다면, 그 골목상권의 경쟁력을 좌우하는 물리적, 경제적 환경이 골목길 정책 방향의 핵심이다. 전국에 분포된 모든 골목상권을 하나의 시장으로 정의한다면, 도소매, 요식업, 공예공방, 서점, 화랑 등 주로 골목길에서 영업하는 업종과 산업을 골목산업으로 규정할 수 있다. 따라서 거시적인 의미의 골목상권 정책은 지역적 범위와 관계없이 전체 골목산업에 투입될 소상공인, 자영업자, 중소기업을 육성하고 지원하는 정책이다.

하나의 상권 유형으로서의 골목상권은 다른 상권과 공간적 측면에서 구분된다. 보통 연남동, 삼청동, 가로수길 등과 같이 주거지 인근에 형성된 근린상권이나 기존 상권의 배후상권이 새롭게 활성화된 지역을 골목상권으로 분류한다.

골목상권과 대비되는 상권은 대형 중심상권, 대로변상권, 몰링상권이다. 대형 중심상권은 명동, 강남역, 부산 서면, 대구 동성로 등 도심 중심지에 있는 상권이다. 몰링상권은 삼성동, 영등포역, 동대문시장 등 대형 쇼핑몰 중심으로 형성된 상권이다. 대로변상권은 전형적인 다운타운 상권은 아니지만 주요 권역 내 거점으로 기능하는 상권이다.

골목길 경제학의 일차적인 관심사는 골목상권의 경쟁력이다. 서울의 골목상권도 다른 상권과 경쟁하면서 부침을 거듭한다.

맛집 가이드 블루리본은 서울의 지역별 상권을 골목 지역 상권과 비골목 지역 상권(중심상권, 대로변상권)으로 구분한다. 2012년과 2017년 사이에 새롭게 골목상권으로 진입한 상권은 성수동과 부암동 두 곳이다. 같은 기간에 맛집 수가 크게 늘어난 상권은 도산공원, 서래마을, 서촌, 연남동, 이태원, 한남동, 홍대앞이며, 줄어든 곳은 압구정동과 삼청동이다.

이 정보에서 우리가 눈여겨봐야 할 것은 우선 부암동과 성수동의 부상이다. 언론은 익선동, 열정도, 봉천동 등 다수의 골목길을 성공 사례로 보도하지만, 블루리본의 분류에 따르면 독립상권으로 진입한 곳은 부암동과 성수동뿐이다. 결과적으로 보면 이 두 상권만이 골목상권의 성공 기준에 부합했다.

또한 기존 골목상권의 부진도 눈여겨볼 만하다. 대부분 골목상권에서 맛집 수가 늘어났지만, 압구정동과 삼청동의 맛집 수는 눈에 띄게 감소했다. 예상되는 원인은 젠트리피케이션이다. 최근 언론도 압구정동과 삼청동을 젠트리피케이션 피해 지역으로 주목한다. 그러나 그것만으로 상권 성패를 설명할 수는 없다. 젠트리피케이션 피해 지역으로 알려진 홍대앞과 서촌의 맛집 수는 오히려 크게 증가했기 때문이다.

전통적인 상권 분석 방법론은 상권의 경쟁력을 위치, 접근성, 소비

골목 지역	2017	2012
도산공원	31	17
서래마을	29	10
가로수길	47	51
압구정동	43	60
청담동	58	56
성수동/옥수동/금호동	13	NC
서촌/자하문	31	20
대학로	14	15
삼청동/안국동	40	52
연남동/연희동	65	12
이태원	102	85
인사동/종로3가	28	25
한남동	14	3
홍대앞+합정동	143	85
부암동	8	NC
소계	666	491

비골목 지역	2017	2012
강남역	21	10
강동구	8	9
강서구	8	8
고속터미널/반포	12	8
관악구	9	11
금천구	1	2
노량진/대방	9	3
대치동	10	NC
논현로	22	36
사당/방배	13	14
삼성역	16	25
서초/교대역/예술의전당	26	10
선릉역/한티역	14	NC
송파/잠실	15	10
수서	3	2
양재/매봉/도곡	23	NC
양천구	7	7
여의도	49	24
역삼동	17	25
영동대교 남단	19	0
영등포	24	12
올림픽공원/방이동	10	NC
잠원동/신사역	13	NC
학동사거리	14	17
강북구	2	NC
건대입구	10	NC
광진구/워커힐	3	NC
광화문	34	43
구기동/평창동	10	NC
남대문시장/남산	25	NC
노원구	3	5
도봉구	4	NC
동대문	27	12
마장동/왕십리	10	7
마포	26	24
명동	19	31
모래내	1	NC
삼각지/숙대입구	14	NC
상암동	4	NC
서대문	4	3
성북동	16	20
성산동	4	NC
성신여대/고려대	4	10
신촌/이대앞	18	29
용산/이촌동	13	NC
은평구	10	NC
을지로/충무로	25	35
장충동/신당동	16	10
정동/시청/소공동	48	65
정릉/월곡	2	1
중랑구	3	NC
소계	731	528

서울 시내 상권별 맛집 추이 (블루리본 등재 기준) NC: Not Classified, 독립상권으로 분류되지 않음

인구, 주변 근린 시설 등 네 가지 조건으로 평가한다. 일반적으로는 대중교통 접근성이 좋은 평지에 위치하고, 주변에 대규모 소비 인구가 거주하며 유동인구를 유발하는 근린 시설이 많은 곳을 바람직한 상권으로 보고 있다. 하지만 상권 경쟁력을 외부 환경으로만 평가해서는 골목상권의 성쇠를 설명하기 어렵다. 골목상권이 매력적인 도시문화를 창출하는 경쟁력을 가지려면, 외부환경과 더불어 상인 경쟁력, 문화 정체성, 임대료 수준 등 내부 요인이 중요하게 작용한다.

골목상권의 수익성과 매력도를 상권의 구조적 특성으로 분석하기에 적합한 이론이 마이클 포터(Michael Porter)의 '다섯 가지의 힘'이다. 그는 특정 산업의 경쟁력은 신규 진입자의 위협, 공급자의 협상력, 구매자의 협상력, 대체재의 위협, 산업 내 경쟁 구조에 의해 결정된다고 주장한다.

이 이론을 골목상권에 적용하면,

1. 경쟁 상권이 주변에 진입하기 어렵고(신규 진입자의 위협이 낮음)
2. 높은 품질의 골목 상품을 생산하며(공급자의 협상력이 높음)
3. 인력, 재료 등 투입 요소를 원활하게 조달하고(구매자의 협상력이 높음)
4. 골목 소비를 대체하는 새로운 소비 트렌드가 출현할 가능성이 낮으며(대체재의 위협이 낮음)
5. 내부 구조가 경쟁적인(경쟁 구조가 우호적임) 골목상권이 성장 가능성이 높다.

포터의 산업구조 분석은 골목상권의 경쟁 환경을 분석할 수 있는 유용한 수단을 제공하지만, 창의적인 상인이 주도하는 골목문화 창출 과정을 설명하는 데에는 한계가 있다. 따라서 골목길 경제학에서는 기존 분석틀이 제공하는 다양한 방법론을 종합해 골목상권의 실제 진화 과정에 기초한 정출적 분석 방법을 채택한다.

골목길 경제학의 분석 대상은 단위 골목상권의 경쟁력에 한정되지 않는다. 지역적 공간을 초월한 골목상권을 골목산업으로 정의하면, 골목상권의 활력은 이 산업에 참여하는 수요자, 공급자, 중개자의 경제활동에 의해 결정된다. 정부는 특정 상권에 직접 개입하는 대신 골목산업에 대한 수요, 공급, 중개 활동을 지원함으로써 골목상권을 활성화할 수 있다. 우리가 특정 골목상권보다 전체 골목상권에 영향을 미치는 골목산업의 육성에 관심을 가져야 하는 이유는 현재 공급되는 골목산업의 상품이 소비자 수요나 사회적 필요 수준에 미치지 못하기 때문이다.

골목산업 수요자 | 골목을 찾는 수요자와 골목 가게를 찾는 소비자는 골목상권에 대한 수요를 결정하는 경제 행위자다. 2000년 중반 이후 쇼핑 문화의 가장 큰 변화는 골목 쇼핑과 온라인 쇼핑의 부상이다. 전자는 개성, 다양성, 체험을 선호하는 소비자의 가치 변화, 후자는 IT 기술을 발판으로 성장하고 있다.

골목상권에 대한 수요는 젊은 층에 집중돼 있다. 기성세대는 아직도 전통시장, 백화점, 대형마트 등 교통이 편리하고 가성비가 좋은 상품을 판매하는 유통채널을 선호한다. 젊은 소비자들은 골목상권에서 상품이 주는 물질적 가치뿐만 아니라 문화적, 윤리적 가치를 소비한다.

골목산업의 미래와 관련된 중요한 쟁점은 골목길을 선호하는 소비자의 규모와 성장 속도다. 더불어 골목상권을 찾는 소비자의 구성도 영향을 미친다. 거주민 대비 관광객의 비중이 높은 상권이 골목상권의 새로운 트렌드를 선도할 가능성이 높다.

골목산업 공급자 | 골목문화의 생산자는 골목상권에서 영업하는 상점이다. 대기업이나 프랜차이즈보다는 독립 상점이 소비자가 원하는 개성 있는 상품을 제공하는 생산자일 것이다. 도시사회학에서도 독립 상인이 한 지역에서 창출하는 도시문화를 '씬(Scene)'으로 지칭해 문화생산자로 인식하기 시작했다.

골목길에서 활동하는 상인만이 골목문화를 창출하는 것은 아니다. 문화예술인은 물론 건물주도 개성 있는 건물과 문화적 가치가 높은 시설을 유치해 골목문화 발전에 기여한다. 문화예술 시설, 청년창업지원센터를 설립해 예술가와 청년창업자를 유치하는 정부도 중요한 골목문화 생산자다.

골목산업 중개자와 기획자 | 도시문화를 생산하는 문화산업을 골목산업으로 규정한다면, 골목문화 생산자, 즉 예술가와 소비자를 연결하는 중개 비즈니스가 활발해야 한다. 미술, 음악, 출판 등 문화산업에서는 공통적으로 예술가를 발탁해 상업적으로 성공시키는 중개자, 기획자의

역할이 중요하다. 미술에서는 갤러리, 대중음악에서는 기획사, 출판에서는 출판사가 중개 비즈니스의 일종이다.

골목산업도 골목 스타를 키우는 기획사의 역할이 확대되어야 문화산업으로 발전할 수 있다. 현재 주식회사 장진우 등 골목상권에서 성공한 기업가들이 골목 상인을 지원하는 기업을 운영하고 있지만, 아직 산업 차원에서 기획사의 기능이 활성화되진 않았다.

임대차 시장도 골목 상인과 건물주를 연결하는 골목상권의 중요한 중개 산업이다. 절대다수의 골목 상인이 상업 공간을 임차하기 때문에 임대차 시장의 건강성이 골목산업 활력의 주요 변수다. 또한 골목길 기획자는 단기 수익을 목적으로 골목길 가게나 부동산에 투자하는 투자자이기도 하다. 그동안 대부분의 골목길 기획자는 비공식적으로 활동해

1960년대 골목길 풍경을 그대로 간직하며 도보 여행자들의 발길을 끌고 있는 대전 관사촌

왔지만, 골목길 기획업이 머지않은 장래에 공식화될 가능성은 상당히 높다. 일례로 국내 최대 부동산 전문 자산운용사인 이지스자산운용은 최근 자신이 소유하고 있는 상가에 유망한 셰프를 영입해 자산 가치를 높이는 사업에 진출했다. 또 일부 골목길 기획자는 부동산에 투자하지 않고 가게 창업을 통해 권리금을 높이는 수익 모델을 선택하기도 한다.

결국 정부의 골목상권 정책은 누구를 어떻게 지원할 것인가로 귀결된다. 경제학 관점에서 정부의 개입을 최소화하고 시장 기능을 활성화하는 것이 최선의 정책이지만, 시장실패가 심각한 경우 적극적 개입이 필요하다.

정부는 이미 문화 인프라 조성과 임대료 지원, 골목 창업 지원, 대중교통 개선 등 다양한 분야에서 활발한 지원 활동을 한다. 하지만 정부가 더욱 주목해야 하는 것은 골목상권 시장실패의 요인이 공동체문화의 부재에 있다는 사실이다. 골목길의 역사가 상대적으로 짧기 때문에, 골목길 가게들은 다른 상권과의 경쟁에서 살아남기 위해 골목 내부 협력을 강화해야 함에도 불구하고 서로를 동업자로 인식하지 못한다. 정부가 청년과 예술가 지원 시설, 고유문화 시설 등 문화와 청년 분야의 공공재 투자를 통해 공동체문화 강화에 힘써야 하는 이유다.

특히 한국에서는 골목 장인의 공급 부족이 가장 큰 시장실패로 나타난다. 시장 수요에 비해 국제적인 경쟁력을 갖춘 골목 상인이 턱없이 부족하다. 기존 상인의 역량을 지원하는 동시에 체계적인 교육, 직업훈련, 창업 지원 시스템을 구축해 실력 있는 신규 상인의 골목산업 진입을 유도해야 한다.

정리하자면, 골목길 경제학은 공급, 수요, 거래 비용, 시장실패 등 경제학 개념으로 골목상권의 성장과 성공을 분석하고 정부 정책을 개발하는 분야다. 앞으로 골목길 경제학은 국내외 사례와 자료를 토대로 골목상권 역학에 대한 이론과 가설을 설정하고 검증하며 골목산업 육성 방안을 구체화함으로써 새로운 학문 분야로 발전할 것이다.

골목상권이 떴으면 누군가는 졌을텐데

골목 가게 표지판들이 늘어서 있는 이태원 경리단길의 윗길, 회나무길 입구

골목상권은 이제 우리의 일상이 됐다. 굳이 도심에 나가지 않아도 집 근처 골목에서 친구를 만나 먹고 즐길 수 있다. 특정 지역에 사는 사람만의 이야기가 아니다. 서울 어느 곳에 살아도 걸어갈 수 있는 골목상권 하나는 찾을 수 있다. 그런데 저성장 시대에 골목상권의 매출이 증가했다면, 매출이 감소한 상권도 있지 않을까?

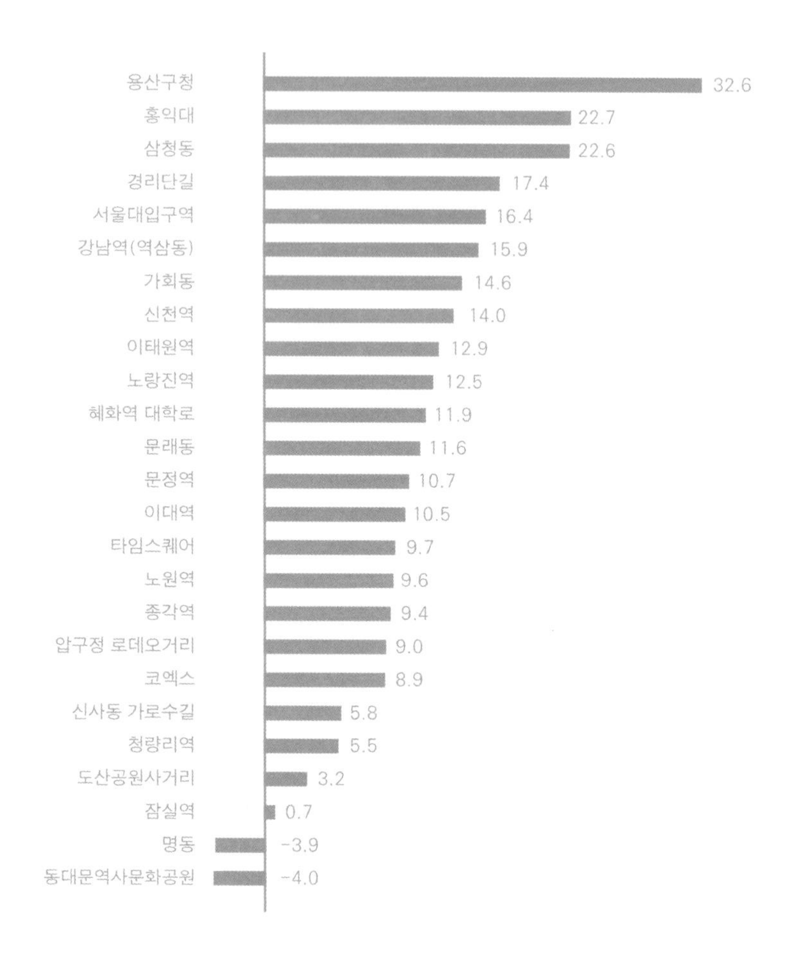

BC카드 연평균 이용금액 증감률(2014~2016년, 단위: %)
매출액 증가율 상위권 1위부터 5위까지 모두 골목상권이다.

2015년 KB금융지주경영연구소 보고서(「KB 지식비타민」, 이하 KB보고서)에서는 골목상권이 아닌 상권을 대형 중심상권과 몰링상권으로 분류했다. 대형 중심상권은 명동, 강남역, 부산 서면, 대구 동성로 등 도심 중심지에 있는 상권이다. 몰링상권은 삼성동, 영등포역, 동대문시장 등 대형 쇼핑몰 중심으로 형성된 상권이다. 골목상권은 연남동, 삼청동, 가로수길 등 주거지 인근에 형성된 근린상권이나 기존 상권의 배후상권이 새롭게 활성화된 지역이다.

KB보고서가 모호하게 분류한 상권이 대로변상권이다. 전형적인 다운타운 상권은 아니지만 주요 권역 내의 거점 상권으로 기능하는 상권이다. 대로변상권을 독립적인 상권 형태로 추가하면, 골목상권이 아닌 상권은 중심상권, 대로변상권, 몰링상권 3개가 된다.

이들 상권은 골목상권과 비교해 어떻게 성장하고 있을까? 2016년 12월 동아일보와 BC카드 빅데이터센터가 서울의 주요 25개 상권을 조사해 공개한 연평균 신용카드 이용금액 증감률을 보면 그 답을 찾을 수 있다. BC카드가 주목한 상권 25개 지역 중 골목상권은 10개 지역에 달한다.

성장률 평균은 골목상권이 15.3퍼센트로 가장 높다. 그리고 대로변상권 8.9퍼센트, 중심상권 8.7퍼센트, 몰링상권 4.9퍼센트 순으로 나타났다. 골목상권 성장률이 다른 상권보다 약 두세 배 높았다. 골목상권이 아닌 나머지 3개 상권의 성장률은 모두 상권 전체 평균인 9.7퍼센트를 밑돌았다. 그중 가장 부진한 상권이 몰링상권이다. 골목상권이 뜨면서 중심상권, 대로변상권, 몰링상권 등 나머지 상권의 성장

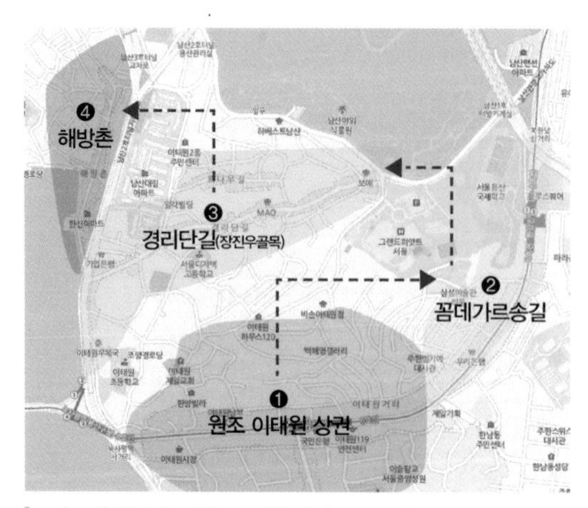

빠르게 확장되고 있는 이태원 상권 (KB보고서)

이 모두 둔화됐고, 특히 몰링상권의 성장이 현저하게 하락했다.

개별 상권 성장률 순위에서도 골목상권의 부상과 비골목상권의 약화가 뚜렷하게 보인다. 순위 증감률 1위는 용산구청(녹사평)이고, 홍익대(서교동), 삼청동, 경리단길, 서울대입구역(샤로수길)이 그다음으로 성장률이 높았다. 반면 중심상권 명동(-3.9퍼센트)과 몰링상권 동대문역사문화공원(-4.0퍼센트)의 카드 이용금액은 오히려 감소한 것으로 나타났다. 잠실역과 코엑스의 성장세도 각각 0.7퍼센트, 8.9퍼센트로 서울 평균(9.7퍼센트)에 못 미쳤다.

이코노미스트와 삼성카드가 공동기획한 「대한민국 100대 상권」 보고서도 비슷한 결론을 내린다. 대한민국 100대 상권의 평균 이용금액(2016년 1~2월 기준, 비교대상은 2013년 1~2월) 순위 중 중심상권 명동(충무로2가)이 가장 성장률이 낮은 상권으로 기록됐다. 골목상권 중에서는 이태원 일대의 성장세가 단연 돋보였다. 이태원 상권에 속한 용산구청, 경리단길, 이태원역이 각각 상위권 수준인 32.6퍼센트, 17.4퍼센트, 12.9퍼센트 성장했다.

우리가 골목상권에 주목해야 하는 또 하나의 이유는 끊임없는 지리적 확장이다. SK텔레콤 지오비전은 상권 집중분석 서비스를 통해 연평균 신용카드 이용금액 증감률에서 상위권인 이태원 상권, 홍대 상권, 서촌(북촌) 상권, 문래 상권의 지리적 확장을 보여준다.

이태원 상권은 역 중심이 아닌 분산형 구조로 골목길 구석구석 상권이 급속히 확대되었다. 본래 이태원 상권은 이태원1동에서부터 한남2동까지 이르는 1.4킬로미터 구간을 지칭했으나, 녹사평역을 기준으로 안쪽 골목길 사이사이를 따라 점차 확장됐다. 이태원 상권은 이제 이태원역을 중심으로 북동쪽의 녹사평역, 장진우골목, 경리단길, 남서쪽의 앤틱거리, 우사단길, 꼼데가르송길을 아우르는 거대 상권이 되었다.

홍대앞에서 시작한 홍대 상권은 1차적으로 상수동과 합정동으로 확장한 후 최근에는 망원동, 연남동, 연희동으로 팽창하고 있다. 경의선숲길이 열리면서 연남동이 홍대 상권의 중심 지역으로 부상하고 있다. 삼청동과 가회동이 중심이 된 북촌 한옥마을도 계동, 원서동으로 뻗어 나가고 있다. 경복궁을 사이에 두고 북촌과 광화문 골목상권을 양분하는 서촌도 북촌의 여파로 활성화된 상권이다. 골목상권의 성장세가 다른 상권을 압도한다면, 과연 규모도 다른 상권 수준으로 성장했을까?

서울 시내 주요 상권의 규모는?

상권별 매출액과 유동인구는 한국경제신문과 SK텔레콤 지오비전 서비스가 발간한 「2017 불황을 모르는 대박상권」 보고서에서 찾을 수 있다. 이 보고서는 중심상권 2개(건대입구, 명동), 대로변상권 8개(노량진, 마곡 신방화역, 마포역, 양재역 · 양재시민의숲, 여의도 동부, 종로 피맛골, 천호동, 청담), 몰링상권 2개(동대문, 삼성역), 골목상권 9개(문래동, 샤로수길, 서래마을, 서촌, 성수동, 연남동, 용산 열정도, 종로 익선동, 해방촌 · 경리단 뒷길)등 총 21개 상권을 심층 분석했다.

음식, 서비스, 의료, 소매, 교육 5개 업종의 매출액을 합산한 1일 총매출액 순위에서 명동(중심상권)과 청담동(대로변상권)은 압도적인 우위를 보인다. 명동 매출액 4조 원과 청담동 매출액 1299억 원은 골목상권으로 가장 큰 규모인 성수동(380억 원)을 크게 앞선다.

1일 총매출액 2위와 3위는 청담(대로변상권), 종로 피맛골(대로변상권)이다. 업종별로는 1위 명동(중심상권)은 소매업 매출액(2조 23억 4600만 원)이 가장 높고, 2위 청담(대로변상권)은 의료업 매출액(561억 6000만 원)이 가장 높은 것으로 나타났다. 주로 음식업 매출에 의존하는 골목상권은 구조적으로 중심상권과 대로변상권의 매출액을 따라가기 어렵다.

1일 유동인구는 노량진(44만 명), 여의도 동부(32만 명), 종로 피맛골(26만 명)이 각각 1, 2, 3위를 차지했다. 골목상권 중 유동인구가 가장 많은 샤로수길은 14만 명에 그쳤다. (한국경제신문사와 SK텔레콤 지오비전 서비스는 전체 상권의 유동인구가 아닌 그들이 주목한 상권 반경(250~800미터) 내의 유동인구를 측정했기 때문에 실제 유동인구는 발표된 유동인구보다 더 많을 것으로 추정된다.) 골목상권의 유동인구가 아직 다른 상권에 미치지는 못하는 것이다. 하지만 유동인구 1인당 매출액을 비교하면 상황은 달라진다. 골목상권이 대로변상권과 몰링상권을 능가하는 상권으로 도약했다. 유동인구 1인당 총매출액 순위는 1위 명동, 2위 문래동, 3위 건대입

분류	순위	상권	총매출(만 원)	음식점 매출(만 원)	유동인구(명)
골목	1	성수동	3,803,470	374,250	62,143
	2	샤로수길	3,424,145	1,280,236	144,785
	3	문래동	2,895,600	813,777	10,616
	4	서래마을	1,610,202	863,830	28,925
	5	해방촌·경리단 뒷길	1,474,514	1,005,997	42,816
	6	연남동	1,275,790	761,808	52,000
	7	종로 익선동	860,868	560,679	19,311
	8	서촌	610,832	440,721	24,426
	9	용산 열정도	289,027	157,466	11,847
중심	1	명동	400,989,522	100,515,993	108,694
	2	건대입구	4,626,061	1,664,969	20,162
대로변	1	청담	12,992,000	2,515,700	160,059
	2	종로 피맛골	7,355,252	2,336,516	262,233
	3	노량진	6,440,712	3,090,028	445,722
	4	여의도 동부	5,672,285	2,496,669	327,145
	5	천호동	4,144,052	1,314,746	81,053
	6	마포역	3,954,023	1,180,587	122,774
	7	양재역·양재시민의숲	2,438,808	979,512	66,256
	8	마곡·신방화역	536,847	170,126	72,491
몰링	1	삼성역	4,341,627	1,438,452	105,974
	2	동대문	2,106,184	550,179	164,043

상권별 1일 총매출액, 음식업 매출액, 유동인구 (총매출액 기준 순위)

순위	상권	1인당 총매출(원)
1	명동	36,890,000
2	문래동	2,720,000
3	건대입구	2290,000
4	청담	810,000
5	성수동	610,000
6	서래마을	550,000
7	천호동	510,000
8	종로 익선동	440,000
9	삼성역	400,000
10	양재역·양재시민의숲	360,000
11	해방촌·경리단 뒷길	340,000
12	마포역	320,000
13	종로 피맛골	280,000
14	서촌	250,000
15	연남동	245,000
16	용산 열정도	243,000
17	샤로수길	230,000
18	여의도 동부	170,000
19	노량진	140,000
20	동대문	120,000
21	마곡·신방화역	70,000

순위	상권	1인당 음식업 매출액(원)
1	명동	9,247,000
2	건대입구	825,000
3	문래동	766,000
4	서래마을	298,000
5	종로 익선동	290,000
6	해방촌·경리단 뒷길	234,000
7	서촌	180,000
8	천호동	162,000
9	청담	157,000
10	양재역·양재시민의숲	147,000
11	연남동	146,000
12	삼성역	135,000
13	용산 열정도	132,000
14	마포역	96,000
15	종로 피맛골	89,000
16	샤로수길	88,000
17	여의도 동부	76,000
18	노량진	69,000
19	성수동	60,000
20	동대문	33,000
21	마곡·신방화역	23,000

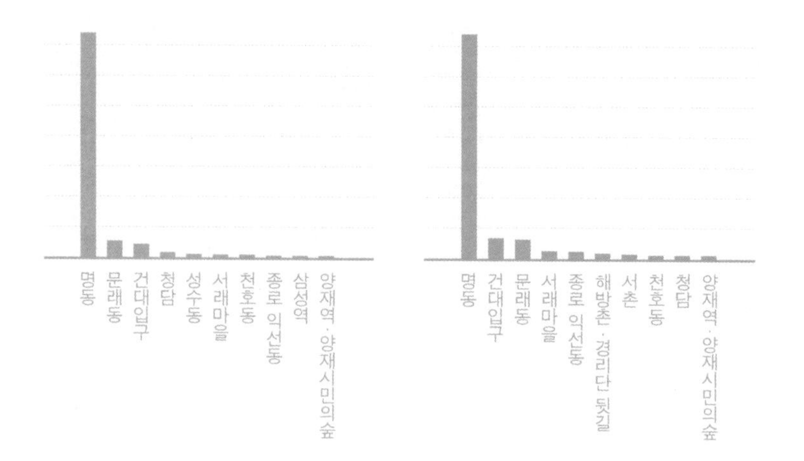

유동인구 1인당 총매출액(좌), 음식업 매출액(우) 순위

구, 4위 청담, 5위 성수동, 6위 서래마을, 7위 천호동, 8위 종로 익선동으로, 골목상권이 상위권에 골고루 포진돼 있다.

2위를 차지한 문래동(골목상권)의 유동인구 1인당 총매출액은 272만 원으로 3위 건대입구(중심상권)의 229만 원보다 43만 원 앞서고, 4위 청담(대로변상권)의 81만 원과는 191만 원의 차이를 보인다.

유동인구 1인당 음식업 매출액은 1위 명동, 2위 건대입구, 3위 문래동, 4위 서래마을, 5위 종로 익선동, 6위 해방촌·경리단 뒷길, 7위 서촌, 8위 천호동 순으로 골목상권이 상위권을 점유하고 있다. 네 개의 상권별 유동인구 1인당 매출액 평균을 비교하면, 골목상권이 중심상권에는 뒤지지만 대로변상권, 몰링상권보다는 우세한 것으로 나타난다.

유동인구 1인당 총매출액은 골목상권(40만 원)이 대로변상권(28만 원)과 몰링상권(23만 원)을 크게 상회하고 있다. 유동인구 1인당 음식업

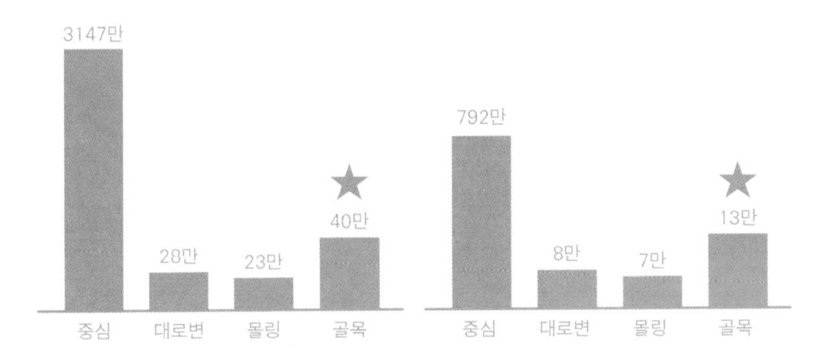

상권별 유동인구 1인당 총매출액(좌)과 음식업 매출액(우)

매출액도 골목상권(13만 원)이 대로변상권(8만 원)과 몰링상권(7만 원)을 웃돈다.

지금까지 분석한 다양한 통계가 던지는 메시지는 명확하다. 골목상권이 대로변상권, 몰링상권과 대등하게 경쟁하는 새로운 상권이라는 사실이다. 매출액이나 유동인구는 대로변상권과 몰링상권보다 낮지만, 유동인구 1인당 총매출액, 유동인구 1인당 음식업 매출액은 높은 것으로 나타났다.

골목상권의 확장 추세가 지속된다면 중심상권, 대로변상권, 몰링상권은 상대적으로 위축될 수밖에 없다. 백화점과 쇼핑몰이 쇠락하는 세계적인 추세를 고려할 때, 골목상권의 부상으로 가장 위협받는 상권은 몰링상권이다.

대형 쇼핑몰은 전 세계적으로 불황을 맞고 있다 (사진 제공 : 셔터스톡)

그렇다면 과연 골목상권은 지속적으로 성장할 수 있을까? 전 세계적으로 소소한 일상을 즐기고 취향을 소비하고 특별한 경험을 원하는 소비자가 늘어나는 추세를 볼 때 골목상권은 상권 성장을 주도할 것이다. 하지만 미래를 자신 있게 예측하기는 어렵다. 기존 자료로는 대략적인 골목상권의 규모와 성장세 파악만 가능하기 때문이다. 전체 매출 규모와 유동인구뿐 아니라 업종, 점포 형태, 영업 기간, 점포 위치 등 다양한 기준으로 골목상권 매출과 성장 추이를 분석하려면 체계적인 표본 조사가 필요하다. 정부가 골목상권의 건전한 성장을 원한다면 우선 정확한 통계의 수집과 체계적인 연구의 지원부터 시작해야 할 것이다.

2장

사랑받는 도시에 없어서는 안 될 것

다운타우너 : 골목길을 사랑하는 우리의 이름

뉴욕 대표 수제 맥주, 브루클린 브루어리의 공장

골목문화는 단순히 젊은이들이 좋아하는 소비문화가 아니다. 전세계적으로 확산되고 있는 다운타운 라이프스타일의 한 유형이다. 일터와 멀리 떨어진 교외에서 사는 것에 익숙한 기성세대와 달리, 젊은이들은 도심에서 일하고 즐기는 라이프스타일을 추구한다. 기성세대의 라이프스타일이 서버번(Suburban)이라면, 골목 세대의 라이프스타일은 다운타운(Downtown)이다.

1960년대에서 1970년대까지 미국의 주요 도시는 인종 분쟁의 홍역을 치렀다. 치안을 우려한 백인 중산층은 대거 도심에서 교외로 떠났다. 활력을 잃은 도심은 저소득층과 소수 인종이 거주하는 빈민가로 전락했다. 미국 중산층이 도심을 '버린' 데에는 자동차 문화도 일조했다. 교외의 넓은 집에서 가족과 안락한 삶을 누리면서 자동차를 타고 도심의 직장으로 출퇴근하는 것이 그들이 선망하는 라이프스타일이었다.

그러나 교외로 이사한 베이비부머(1946년에서 1964년 사이에 태어난 세대) 자녀들의 생각은 달랐다. 도심에서 살고 일하는 삶을 원하기 시작했다. 사실 젊은 세대의 이런 변화는 크게 놀랄 일이 아니다. 자식 세대는 역사적으로 항상 부모 세대와 다른 문화를 추구해왔다.

베이비부머 세대의 자녀들이 성장하면서 1990년대 다운타운 라

미국 인기 시트콤 「프렌즈」의 배경이 된 아파트

이프스타일은 당시 미국 주류 사회를 지배했던 서버번 라이프스타일의 대안으로 떠올랐다. 부모 세대에 대한 반항심만 작용한 것은 아니다. 1990년대 뉴욕시가 치안을 회복한 것도 다운타운 라이프스타일의 부활에 크게 기여했다. 범죄와의 전쟁을 선포하고 도심 범죄율을 현저하게 떨어뜨린 루돌프 줄리아니(Rudolf Giuliani) 시장 덕이다.

가치관의 변화도 일조했다. 1970년대 이후 미국은 성과와 경쟁을 강조하는 물질주의에서 다양성, 개성, 삶의 질, 개방성으로 대표되는 탈물질주의 사회로 탈바꿈했다. 부모 세대의 문화에 싫증을 느낀 젊은 세대는 도심의 개방적이고 독립적인 문화에 열광했다.

이런 젊은 층의 열망을 트렌드로 만든 것은 미디어였다. 대표적인 예로, 뉴욕 라이프스타일도 알고 보면 드라마가 만든 이미지다. 캐나다의 도시계획전문가 찰스 몽고메리(Charles Montgomery)는 자신의 저서 『우리는 도시에서 행복한가』에서 드라마의 중요성에 대해 이렇게 말한다.

> 1980년대까지 미국 TV 드라마들은 대부분 교외에서 사는 가족들의 삶을 묘사했지만, 1990년대 이후 미국에서 인기를 끈 프렌즈, 섹스 앤 더 시티 같은 드라마들은 도심의 아파트에서 벌어지는 일들을 묘사했다. (…) 이전 세대와 다른 이야기와 이미지를 대중매체에 세례받은 신세대가 성인이 되면서, 미국에서 각광받는 주택 형태도 바뀔 가능성이 있다.
>
> – 찰스 몽고메리 지음, 윤태경 옮김, 『우리는 도시에서 행복한가』, 미디어윌, 2014

한국에서 다운타운 라이프스타일은 2000년대 중반 출현했다. 홍대 주변 골목상권이 서울의 새로운 청년문화 중심지로 떠오른 것이다. 백화점, 대형마트, 쇼핑몰을 선호하는 부모 세대와 달리 젊은 세대는 골목길의 개성 있고 다양한 독립 가게를 찾는다. 골목은 젊은이들이 획일적인 소비문화를 벗어나 자유롭게 자신만의 취향을 즐길 수 있는 장소가 되었다. 명품, 대량 소비, 가성비가 물질주의 소비문화를 대표한다면, 작은 사치, 감성 소비, 문화 체험은 골목길이 제공하는 탈물질주의적 가치다.

골목상권의 부상은 곧 라이프스타일의 변화로 이어졌다. 젊은 세대는 2010년 이후 골목상권 지역으로 이주하기 시작했다. 다운타운 라이프스타일 중심지로 자리 잡은 대표적인 지역은 예술과 문화 인프라를 기반으로 스타트업 생태계가 형성된 홍대다. 홍대의 많은 젊은이들은 이미 한 지역에서 일하고 생활하는 다운타운 라이프스타일

이태원 경리단길에 위치한 크라우드 커피 컴퍼니

을 실천한다.

다운타운 라이프스타일은 이제 대세가 됐다. 아직 소수에 불과하지만 창의적인 아이디어로 독특한 가치를 생산하고 소비하는 '다운타우너'들이야말로 미래 도시문화를 선도하는 트렌드 세터다.

창조 기업과 산업을 창출하는 혁신 생태계는 기본적으로 지역 단위 경제 시스템이다. 생산자, 소비자, 전문 인력 사이에 형성된 네트워크는 창조적 활동에 필요한 공유, 협업, 학습 기회를 공급한다. 인구 밀도가 높은 다운타운은 구성원의 집적을 요구하는 지역 혁신 생태계 구축에 필요한 조건이다.

다운타운 라이프스타일은 또한 지속 가능한 도시 환경을 지향한다. 다운타우너들은 대중교통, 자전거, 보행에 의존하는 친환경적인

뉴욕시립박물관 입구

삶을 선호한다. 지속 가능한 복지 시스템의 구축에도 다운타운 라이프스타일이 필요하다. 물리적으로 분산된 노인들의 주거지를 도심으로 유인하는 등 복지 대상 인구를 집적화하는 것이 세계적인 추세다.

다운타우너들의 확산이 직접적으로 영향을 미치는 정책 분야는 도시재생과 지역 발전이다. 과거에는 도시 재개발과 신도시 건설을 중심으로 서버번 라이프스타일을 지원했다면, 이제는 도시재생 정책으로 미래 세대의 다운타운 라이프스타일을 지원해야 할 때가 왔다.

미래 세대가 희망하는 도시재생 사업은 매력적인 다운타운 라이프스타일의 구현일 것이다. 따라서 도시재생을 통해 젊은이들을 위한 주거 시설뿐 아니라, 그들이 선호하는 도시문화와 기업 생태계 인프라를 구축해야 한다. 다운타운 라이프스타일은 특정 지역의 독점적 우위가 불가능하다는 점에서 지역 발전에 새로운 기회를 제공한다. 어퍼이스트사이드, 웨스트빌리지, 브루클린 등 뉴욕 안에도 다양한 다운타운 라이프스타일이 공존하듯이, 서울에서도 홍대, 성수동, 이태원이 각기 다른 라이프스타일을 제공한다.

다운타운 라이프스타일은 다양한 도시문화를 요구한다. 고유의 문화를 기반으로 한 라이프스타일은 차별화된 경쟁력으로 도시와 산업을 발전시킨다. 국내 도시 중 대표적인 사례가 제주다. 서울이 제공할 수 없는 자연주의 라이프스타일이 제주 성장의 원동력이다. 제주가 라이프스타일 도시로 자리 잡은 데에는 2010년 제주 문화를 매력적으로 묘사한 드라마 「인생은 즐거워」가 방영되고, 2011년 가수 이효리가 이주하는 등 미디어가 결정적인 역할을 했다.

라이프스타일이 주는 기회는 관광산업뿐만이 아니다. 제주 화장품, 녹차, 스마트 관광, 강릉 커피, 부산 어묵산업 등 여러 지방 도시들이 지역 문화를 기반으로 새로운 지역 산업을 개척했다.

수도권에 비해 물질적 자원이 부족한 비수도권 도시도 차별화된 라이프스타일로 미래 인재를 유치하고, 이들을 통해 경쟁력 있는 미래 산업을 발굴할 수 있을 것이다.

이제는 다운타운 라이프스타일이 한국 경제의 미래가 될 것이다. 한국이 선망하는 세계의 모든 선진국은 이미 다운타운 라이프스타일이 창출한 창조산업, 문화산업, 환경산업으로 높은 소득과 풍요로운 삶의 질을 향유하고 있다. 가치 변화의 중요성을 인식한 문재인 정부는 기업 중심 경제가 아닌 사람 중심 경제를 경제 비전으로 제시했다. 그러나 진정한 의미의 사람 중심 경제는 소득 재분배로 사회적 약자의 소득이 높아지는 경제가 아니다. 삶의 질 향상과 개인의 자아실현이 새로운 산업과 고용을 창출하는 경제다.

사람 중심 경제의 1차적인 실험장은 도시다. 도시재생과 지역 분권 사업을 통해 정부는 한국의 도시를 개인의 창의력과 사회적 책임성을 높이는 다운타운 라이프스타일 도시로 재탄생시켜야 한다.

나는 홍대에서 산업을 만난다

홍대는 내게 산업단지다. 홍대를 유흥가로 생각하는 사람은 아마 공감하지 못할 것이다. 그들에게 홍대는 저렴한 클럽, 술집, 식당, 옷가게가 많아 젊은이들이 즐길 수 있는 소비 공간일 뿐이다.

홍대문화의 독립성과 자유, 그리고 다양성을 좋아하는 사람들은 홍대를 어떤 공간으로 생각할까? 그들에게도 홍대는 치유와 사유의 장소일 뿐, 생산과 고용을 창출하는 산업현장은 아니다. 『홍대앞 뒷골목』의 작가 양소영의 말대로 홍대는 "자신만의 개성을 찾는 일에 가

홍대의 대표적인 산업 중 하나는 출판산업이다

치를 부여하는 곳, 자신을 있는 그대로 내보이는 것에 익숙한" 지극히 개인적인 공간이다.

하지만 홍대에는 분명 중심 산업이 존재한다. 상업지역으로 머물러 있는 서울의 다른 골목상권과 달리 이곳은 하나의 산업단지를 형성한다. 관광, 음악·연예, 문화예술, 디자인, 출판, 영상, IT 등 다수의 산업이 상생하면서 새로운 문화와 비즈니스를 창출하고, 생산, 주거, 오락 활동이 한곳에서 일어나는 창조적 산업단지다.

홍대가 산업단지임을 가시적으로 느낄 수 있는 영역은 관광산업이다. 홍대는 국내외 젊은 여행자에게 인기 있는 관광지다. 2016년 서울에서 중국 관광객이 가장 많이 찾은 핫플레이스로 꼽히는 곳 역시 홍대다. 홍대는 여행객에게 어필할 수 있는 요소가 많다. 외국인이 선호하는 청년문화, 공항철도 한 번으로 인천공항에서 서울 도심까지 들어올 수 있는 접근성, 다양한 외국음식점, 게스트하우스 등 외국여

YG엔터테인먼트 본사 (서울 합정동)

행객을 위한 편의시설이 잘 갖춰져 있다는 것이 홍대의 강점이다.

인디뮤직을 바탕으로 성장한 음악·연예산업도 홍대 산업이다. 문화정치학자 이무용은 홍대의 정체성을 인디뮤직에서 찾으며, 지역 정체성의 변화가 음악과 청각 중심으로 이루어졌다고 말한다. 산업 분포를 분석하면 홍대 지역은 강남 일대와 함께 오디오물 출판과 원판 녹음업의 중심지로 두각을 나타낸다. 현재 YG엔터테인먼트(이하 YG)를 필두로 열 개 이상의 연예기획사가 홍대에 둥지를 틀고 있다.

1996년부터 합정동에 자리 잡은 YG는 새로운 인디밴드와 언더그라운드 아티스트를 발굴하고 삼거리포차, 삼거리푸줏간 등 상업시설과 부동산에 투자함으로써 자신의 홍대 정체성을 적극 홍보한다. 홍대에서 원대한 미래를 꿈꾸는 창업자 양현석은 그것이 무엇인지 공개하지 않지만 그 장소가 홍대임을 확실하게 밝힌다.

> 홍대와 그 주변은 나의 음악적 모태이자 고향이나 다름없다. 오늘의 나와 YG를 만들어준 홍대에서, 그리고 한국 가요계의 토양이 된 인디와 언더 쪽 꿈나무들이 땀 흘리며 음악을 계속하는 그곳에서 내가 이루려는 소원이 있다.
>
> –손남원 지음 지음, 『YG는 다르다』, 인플루엔셜, 2015

홍대의 문화예술산업은 KT&G 상상마당, 산울림소극장, 비보이전용극장 등 소극장을 중심으로 발전해왔다. 레진코믹스V홀, 예스24 뮤직홀, 웨스트브릿지 등의 공연 공간도 홍대 산업의 일부로 자리 잡았다.

인디뮤직과 더불어 미술과 디자인 분야도 홍대의 정체성에 중요하다. 미대로 유명한 홍대 주변에 작업실, 학원, 갤러리가 들어서면서 홍대 골목문화가 시작됐다. 홍대의 미술 인프라는 디자인 산업의 기반이 됐고 현재 많은 디자인 기업이 홍대 지역에 집적돼 있다.

서울시 보고서에 따르면, 연남동, 서교동, 합정동, 서강동 등 홍대 전역에 집적된 업종은 전문 디자인업이다. 실내건축과 건축 마무리 공사업은 연남동, 합정동, 그리고 광고업은 합정동과 서강동을 핵심 지역으로 파악했다. 디자인 업종 중 홍대 지역에 집중되지 않은 업종은 건축 엔지니어링 및 관련 기술 서비스업에 불과하다.

홍대는 또한 우리나라를 대표하는 출판산업단지다. 서울시는 홍대 지역을 종로, 강남 일대와 함께 서적 · 잡지와 인쇄물 출판업 집적(Clustering)이 가장 높은 지역 중 하나로 지목한다. 창비, 문학동네, 다산북스 등 대규모 출판사들은 파주 출판도시에 본사를 두면서도 홍대 지역에 터를 잡고 북카페를 운영해 지역 문화를 풍요롭게 만든다.

홍대와 가까운 상암동에 미디어산업단지가 조성되면서 많은 영상, 미디어 업체들이 홍대 지역에서 창업했다. 서울시는 합정동, 서강동, 연남동을 영화 · 비디오물, 방송 프로그램 제작과 배급업이 집적되어 있는 지역으로 분류한다.

도시학자 리처드 플로리다가 예측한 대로 홍대 특유의 도시문화와 탄탄한 골목상권이 새로운 창조인재와 창조기업을 유인하는 역할을 하고 있다. 예술가, 건축가, 출판인 등 문화산업 종사자들은 지역의

위 애경디자인센터 (서울 연남동)
가운데 출판사 창비가 운영하는 카페 창비 (서울 망원동)
아래 연희동 골목상권으로 진입하는 창조산업 기업들

문화 정체성을 뚜렷하게 만들고, 골목 가게 주인들은 독립서점, 레스토랑, 카페 등 젊은 세대가 선호하는 도시 어메니티를 공급한다.

최근 홍대문화와 산업이 창출하는 신흥 산업은 IT와 소프트웨어 산업이다. IT · 모바일 기업들은 주로 합정동, 서강동에 집적되어 있다. 서울에서 정보 서비스업 사업체가 집적되어 있는 곳은 도심, 강남 일대를 제외하면 홍대 지역이 유일하다. 소프트웨어 업종도 합정동을 중심으로 성장하고 있다. 서울시와 마포구는 IT산업 활성화를 위해 민간 창업보육기관인 홍합밸리와 홍대 지역 대학의 창업 프로그램을 지원하는 등 창업 생태계를 구축하기 위해 노력하고 있다.

이토록 다양한 산업군이 모여 있는 홍대의 지역 발전을 위해 서울시가 벤치마킹하는 대상은 독일 베를린이다. 베를린은 자유분방한 문화와 스타트업의 결합을 통해 유럽의 실리콘밸리로 부상한 도시다. 음악과 미술 분야의 젊은 예술가들이 아방가르드 도시문화를 창조하고 이를 바탕으로 창조인재를 유치한 베를린은 홍대의 좋은 모델이 될 수 있다.

그러나 서울시가 홍대에 새로운 실리콘밸리를 인위적으로 조성하는 것이 홍대다운 사업인지는 더 고민해야 한다. 오히려 홍대 정체성에 기반한 산업 육성이 성공할 가능성이 더 높다. 서울대 김수아 교수에 따르면 홍대는 "인디 뮤지션을 중심으로 하는 자생적 하위문화의 중심지"다. 그렇다면 인디뮤직의 발전과 활용이 홍대 발전의 우선순위가 돼야 한다.

홍대와 유사한 음악도시인 미국 오스틴은 인디뮤직 인프라를 활용해 세계 최대의 음악 축제인 SXSW(South by Southwest)를 개최한다. 1987년 인디뮤직 축제로 시작한 SXSW는 2000년대부터 영화와 인터랙티브 산업이 참여하는 국제적인 하이테크 · 엔터테인먼트 축제로 거듭났다. 홍대도 유사한 전략을 고려해야 한다. 다른 동아시아 도시에서 찾을 수 없는 대규모 인디뮤직 인프라를 보유한 홍대가 SXSW 같은 하이테크산업 축제를 열어 이를 음악과 IT 산업의 플랫폼으로 활용하는 것이 자연스러운 발전 전략이 될 것이다.

홍대가 지닌 또 하나의 정체성은 대안문화다. 한국에서 강남이 주류사회 물질주의를 대표한다면 홍대는 그 대안으로 제시할 수 있는 탈물질주의 문화를 표방한다. 사회적 기업가 강도현은 "홍대는 운동과 사업이 공존할 수 있는 공간"이라고 표현한다. 건축가 김진애는 자신이 만난 홍대 사람들에 대해 "독립성을 잃지 않겠다는 인디 정신이 투철하고 아웃사이더로 남는 한이 있더라도 소신을 지키는 언더 정신으로 무장된, 누가 뭐라든 진짜 자기가 좋아서 하는 마니아들"이라고 평가했다.

강남과 홍대의 차이는 상가의 구성에서 뚜렷하게 나타난다. 강남이 고급 식당, 부티크와 명품 가게 등 상류사회 수요를 만족시키는 상점으로 채워진 것에 비해, 홍대는 인디뮤직, 거리공연, 독립서점, 독립브랜드, 실험예술 등 대안문화를 추구하는 공간으로 이루어져 있다.

권위주의가 강한 아시아에서 홍대 같은 대안문화 중심지를 찾기는 쉽지 않다. 개성, 자유, 독립성을 갈구하는 아시아의 젊은이들에게 홍

위 오스틴의 도심 곳곳에서 발견할 수 있는 음악산업 기념물
아래 미국의 대표적인 대안문화 브랜드 할리 데이비슨

대는 자유와 해방의 상징이 될 수 있다. 할리 데이비슨, 버진, 디젤 등 '반항아' 이미지를 표방하는 글로벌 브랜드의 성공에서 볼 수 있듯이 대안문화는 충분히 산업화할 수 있는 소재다.

서울시와 마포구가 해야 할 일은 기존 홍대 산업의 잠재력을 극대화하는 방향으로 지원하는 것이다. 우선 홍대의 장소 마케팅을 강화해야 한다. 외국여행객에게 매력적인 인디문화와 크리에티브 예술문화를 홍대 브랜드로 각인시켜야 한다.

음악·연예산업의 부가 서비스 개발을 지원하는 것도 좋은 전략이다. 캐릭터, 테마파크, 패션 등 홍대문화에서 파생된 새로운 비즈니스를 개척할 수 있다. 연예기획사 SM엔터테인먼트가 삼성동 코엑스에 소속 가수의 음악을 체험하고 그들의 얼굴이 새겨진 상품을 판매하는 SM타운 아티움을 운영해 한류를 이용한 상품과 서비스를 판매하는 것이 그 예다.

지역 라이프스타일 산업의 육성도 적극 고려해야 한다. 홍대가 상징하는, 홍대 스타가 즐기는 라이프스타일을 새로운 사업의 소재로 활용하는 것도 하나의 방법이다. YG가 화장품, 외식업, 패션에 진출하는 것도 홍대 라이프스타일 산업의 일종이다.

무엇보다 교육, 주택, 의료 등 홍대 지역을 창조인재가 살고 싶어 하는 지역으로 만드는 데 필요한 인프라를 구축하는 노력이 중요하다. 홍대가 살고 싶은 지역이 되면 더 많은 창조인재가 이곳으로 집적되고 이들이 추구하는 라이프스타일이 로컬 소비를 통해 자연스럽게 새로운 지역 산업의 기반이 될 것이다.

홍대는 관광, 문화, 창조, 라이프스타일 산업 등 다양한 분야에서 기업과 산업을 창출하는 도시산업 발전소다. 새로운 성장 동력을 찾아야 하는 우리는 제조업 중심 사고방식에 얽매여 홍대 산업의 잠재력을 간과하는 우를 범해서는 안 된다.

홍진기 산업연구원 연구위원은 홍대와 같은 산업 생태계를 복합산업단지라 칭한다. "생산기능, 주거기능, 연구기능, 업무기능, 상업기능 등 여러 가지 기능을 일정 공간 내에 유치하여 집적의 이익을 창출하는" 공간이 바로 복합산업단지다.

복합산업단지와 대비되는 개념은 이제 산업사회의 유물로 쇠퇴하고 있는 전통적인 제조업 산업단지다. 우리가 제조업 산업단지를 지양하고 생산과 생활을 한곳에서 추구하는 창조산업 생태계를 구축하길 원한다면 그 모델을 다른 나라에서 애써 찾을 필요가 없다. 홍대가 바로 우리가 구축해야 할 창조산업단지 모델인 것이다.

뉴욕타임스가 부산을 추천한 이유

새로운 여행 트렌드를 보여주는 문구, "여행은 살아보는거야"

저성장으로 시름하는 우리 사회에서 관광산업은 새로운 성장 동력으로 인식된다. 관광산업이 GDP에서 차지하는 비중이 선진국 평균 10퍼센트보다 현저히 낮은 5퍼센트 수준임을 고려할 때 앞으로 잠재력이 크다고 할 수 있다.

중요한 것은 전략이다. 과연 현재와 같은 홍보와 관광지 개발 위주로 국내관광을 활성화할 수 있을까? 지금까지의 성과를 보면 성공 가능성을 낙관할 수 없다. 정부의 노력과 투자에도 불구하고 국내관광은 좀처럼 '뜰' 기미를 보이지 않기 때문이다. 내국인 여행자의 해외 선호는 오히려 확산되고 있다. 원인은 가성비다. 내국인 여행자들은 예외 없이 국내관광을 기피하는 이유로 가격대비 낮은 품질을 지적한다.

올 초 뉴욕에서 좋은 소식 하나가 도착했다.《뉴욕타임스》가 2017년에 꼭 가봐야 할 52개 장소 중 하나로 부산을 추천한 것이다. 그들은 왜 부산을 추천했을까. 바다와 해수욕장 때문일까? 물론 아니다. 부산이 선정된 이유는 도시 여행지로서의 매력 때문이다. 부산은 도시 여행, 소도시 여행, 골목길 여행, 테마 여행 등 다양한 형태의 여행을 모두 경험해볼 수 있는 매력을 갖고 있다.

여행 트렌드는 자연과 역사 중심에서 도시문화로 옮겨가고 있다. 2017년《뉴욕타임스》가 추천한 장소 52곳 중 26곳이 도시, 12곳이 자연 관광지, 그리고 14곳이 지역 또는 국가였다. 색다른 체험과 공감을 위한 도시 여행은 명승지 위주로 여행하는 중장년층에게는 생소한 개념이지만 젊은이들 사이에선 이미 보편적인 여행방식으로 자리 잡았다.

트래블코드 이동진 대표는 도시 여행 트렌드를 고도화된 스마트 여행으로 표현한다. 도시여행자는 단순히 특정 관광명소를 둘러보는 것에 그치는 것이 아니라, 각 도시만의 콘텐츠를 즐긴다.

스마트폰 앱을 통해 도시 곳곳에 숨겨진 자신만의 여행지를 발견

위 부산의 새로운 골목 여행지, 영도 흰여울문화마을
아래 부산에서 즐길 수 있는 영화 테마 여행

하고 직접 찍은 사진과 영상 콘텐츠를 SNS에 공유하며 일상처럼 여행한다.

도시여행자들은 남들이 모르는 특별한 장소를 선호하기 때문에 제1도시만을 찾지 않는다. 도시 여행 트렌드가 제1도시에서 제2도시, 제3도시, 제4도시, 그리고 소도시로 넘어간 것이다. 많은 여행자에게 제1도시는 이미 가봤고, 체험해본 곳이 됐다. 부산은 한국 제2도시로서 당연히《뉴욕타임스》의 주목을 받을 만한 것이다.

《뉴욕타임스》가 추천한 부산의 여행지는 전포 카페거리다. 부산 전체를 추천한 것이 아니다. 이제 도시여행자의 목적지는 도시가 아니고 도시의 한 동네다. 뉴욕에 가는 트렌드세터는 더 이상 뉴욕에 간다고 말하지 않는다. 브루클린, 소호, 웨스트빌리지, 사우스브롱스에 간다고 말한다. 도시여행자에게 한 동네를 깊이 체험하고 즐기는 여행은 일주일도 부족하다.

《뉴욕타임스》는 짧은 소개문에서 부산 테마 여행으로 영화와 디자인을 소개했다. 부산이 영화도시로 많이 알려져 있지만 최근에는 부산디자인페스티벌, 부산디자인스폿, 전포 카페거리 등 디자인 관련 시설과 행사가 주목받고 있다.

그들은 다른 도시에 대해서도 테마 여행을 강조한다. 2017년 세계명소에 선정된 포틀랜드의 테마는 음식이다. 힙스터의 여행 성지가 된 포틀랜드의 맛있는 도넛뿐 아니라 라멘 체인, 파인 스트리트 마켓을 소개한다. 또 다른 도시여행지 자메이카 킹스턴에 대해서는 음악 여행을 추천하며, 세계음악축제(One World Ska & Rocksteady Music

Festival)와 덥스텝 음악파티 등을 가볼 것을 권한다.

그렇다면 부산이 아닌 다른 국내 도시도 도시여행지로 각광받을 수 있을까? 아쉽게도 도시여행지로 주목받는 국내 도시는 많지 않다. 2010년 이후 《뉴욕타임스》가 올해 방문해야 할 도시로 추천한 한국의 도시는 서울(2010, 2015), 평창(2016), 부산(2017)뿐이다.

그렇다면 우리의 국내 관광 활성화 전략은 간단하다. 도시 여행으로 승부를 걸어야 한다. 자연과 역사 유적이 아닌 도시문화야말로 우리나라 관광업의 비교우위다. 《뉴욕타임스》가 자연과 역사 중심의 방문지로 남아 있는 제주, 경주, 안동을 반드시 가야할 곳이나 36시간 여행지로 아직 추천하지 않은 이유를 고민해야 한다. 만약 이들 도시가 고유의 자연과 역사에 도시문화와 골목문화를 융합한다면 이야기는 완전히 달라질 수 있다.

《뉴욕타임스》가 매주 추천하는 도시여행지의 코스 구성을 보자. 가

삿포로의 골목 가게들 (사진 제공 : 모선아)

DAY1		DAY2		DAY3	
시간	장소	시간	장소	시간	장소
15:00	도시공원	10:00	아트테마파크	11:00	로스팅 카페
19:00	야기토리 식당	12:30	미소라멘 가게	14:00	골프공원
22:00	수제맥주바	14:30	쇼핑센터		스포츠 박물관
		16:00	초콜릿 카페		
		17:00	지하 갤러리		
		19:00	덴푸라 식당		
		21:00	루프탑 야경		

《뉴욕타임스》가 추천한 삿포로 여행 36시간 코스

장 최근 추천한 도시는 일본 삿포로다. 삿포로 여행자를 위한 36시간 도시 여행 코스는 12개 장소로 구성되어 있다.

추천한 코스를 들여다보면 그 구성이 흥미롭다. 12개 장소 중 전통문화 유적이나 자연 명승지는 한 곳도 없다. 반면 맛집, 바, 카페 등 음식 관련 장소는 무려 7곳이 추천됐다. 그 외에 추천된 장소는 문화예술시설 3곳, 쇼핑센터 1곳, 레크리에이션 시설 1곳이다.

이들 상업시설은 공통적으로 장인 정신과 지역 특색이 살아 있는 가게다. 음식점의 경우, 삿포로 식자재로 음식을 만드는 곳이 많이 추천됐다. 도시여행자들이 다른 도시에서 경험할 수 없는 음식, 상품, 그리고 체험을 찾기 때문이다. 그렇다고 글로벌 도시가 제공해야 하는 보편적 도시 어메니티를 무시한 것은 아니다. 다른 글로벌 도시 수준의 맥주, 디저트, 간식을 제공하는 음식점도 포함되어 있다.

우리는 관광 자원을 문화재, 자연 경관으로 한정하는 경향이 있다. 그러나 급격히 증가하는 도시여행자들에게 중요한 관광 자원은 편리한 대중교통, 걷기 좋은 거리, 그리고 특색 있는 가게와 익숙한 브랜드가 공존하는 상업시설의 존재다. 그렇다면 지자체의 우선 과제는 자명하다. 가장 먼저 해야 할 일은 도시여행자들을 위해 대중교통망을 확충하고 걷고 싶은 거리와 마을을 조성하는 것이다.

지역 도시에는 외국인이 선호하는 도시문화와 공동체문화가 살아 있는 동네나 마을이 많다. 하지만 제한적인 대중교통망과 불법 주차 차량의 거리 점거가 도시 여행 활성화를 방해한다.

숙박시설의 확충도 중요한 과제다. 아직 대부분의 지역 도시에는 가족이 편하게 묵을 수 있는 숙박시설이 없다. 신라호텔, 롯데호텔이 세컨드 브랜드 호텔을 오픈하고 있지만 아직 그 수가 많지 않다. 지역 대도시에서나 찾을 수 있는 특급호텔도 신도시 유흥가에 위치해 있는 경우가 많아 가족뿐 아니라 친구, 연인과도 출입하기 민망하다.

지역 음식 전통이 남아 있어 맛집 상황은 상대적으로 좋은 편이다. 하지만 외국인 여행객과 도시여행자를 유치하기 위해서는 대규모 투자가 필요하다. 일부 대도시와 관광도시는 예외지만, 거의 모든 소도시가 그들이 기대하는 음식문화 인프라를 갖추지 못했다. 스타벅스, 맥도널드 등 외국인 여행객에게 익숙한 글로벌 브랜드 업소를 찾기 어려운 것도 문제다. 지자체가 카페, 맛집, 독립서점, 공방, 게스트하우스, 갤러리 등 도시여행자가 선호하는 상업시설을 적절한 유인책으로 골목상권에 유치해야 한다. 상업시설 유치에 소극적인 지역 정부와 달리 대기업 백화점들은 대형 쇼핑시설을 개발할 때 유명 맛집과 브랜드 유치를 최우선 사업으로 추진하고 있다.

지자체는 관광지와 골목 지역에 화장실, 안내판, 주차장, 미술관 등 공공시설을 제공하고 경관과 거리를 정비하는 것으로 자신의 역할을 제한해버린다. 대기업 공장 유치에는 재정 지원, 규제 완화 등 온갖 특혜를 제공하지만 장기적으로 지역 경제에 더 중요할 수 있는 상업시설 유치를 방치하는 것은 구시대적 사고방식이다.

지역적 특색을 개발하는 것도 중요하다. 정부는 최근 테마 여행 활성화를 위해 대한민국 테마 여행 10선 사업을 시작했다. 전국에 열 개 권역을 선정해 권역별 특성을 잘 살릴 수 있는 코스를 개발하고, 관광지 간 연계성과 접근성을 확대하기 위한 인프라를 구축하고 있다. 또한, 해오름동맹을 통해 지자체 사이의 협력관계를 유지하고, 지역문화 컨설팅, 공공디자인으로 행복한 공간 만들기, 전통 공연예술 활동 지원 등 기존 사업 간의 연계를 도모한다.

물론 우리나라의 모든 지역 도시가 자연생태계, 역사문화, 레포츠

대한민국 테마 여행 10선 전시장

관광으로 성공할 수는 없을 것이다. 그러나 모든 도시가 도시 여행지로서 성공할 수는 있다. 우리 삶의 현장 그 자체가 우리 도시의 특색이며 관광 자원이기 때문이다. 도시 여행 인프라 구축은 기존 관광 자원에 손님을 맞기 위해 필요한 집안 정리 작업을 더하는 작업이다. 소비자도 국내여행 활성화에 동참해야 한다. 나와 어울리는 색깔을 가진 한국의 도시가 어디인지 한 번쯤 생각해볼 때다.

생존을 위해 자동차를 포기한 일본 소도시

일본 작가 후지요시 마사하루의 『이토록 멋진 마을』은 일본 도야마현(県)의 도야마시(市)를 자동차 도시라고 부르는 데 주저하지 않는다. 도야마역에 도착해 처음 접한 시가지 풍경을 마주하면 그의 묘사가 정확했음을 깨닫게 된다. 일본의 다른 도시에서 흔히 볼 수 있는 오밀조밀한 거리 풍광은 찾아보기 어렵고 바둑판 같은 대형 도로에 고층 빌딩숲만 보이니까 말이다.

도야마가 자동차 도시가 된 배경에는 전쟁의 아픔이 있다. 역사 안내가 쓰우라 히로시는 도야마가 2차 세계대전 말 미국의 폭격 대상이 된 이유를 이렇게 설명했다.

"도야마시는 다테야마 연봉(도야마현의 상징인 해발 3000미터급 봉우리들로 구성된 산맥)의 눈이 녹아 만들어진 풍부한 수자원 때문에 예로부터 전력이 풍부했다. 그래서 군수공장들이 많이 들어섰고, 그 때문에 2차 세계대전 말기 연합군의 집중 폭격을 받았다."

미국 대공습으로 파괴된 이 도시는 전후 새롭게 건설됐기에 말 그대로 신도시라 불러도 무방하다.

2002년 취임한 모리 마사시 시장은 자동차 도시 도야마에 변혁의

위 일본 도야마시의 노면전차
아래 넓은 대로와 대형 블록 중심의 자동차 도시 도야마

바람을 일으킨다. 모리 시장은 인구가 감소하고 고령 인구가 급속히 증가하는 도야마가 자동차 도시로 생존할 수 있을지 회의를 품었다. 시 예산의 상당 부분이 도로 수리와 건설 비용으로 쓰였기 때문이다.

당시 도야마의 미래에 대한 전망은 어두웠다. 전문가들은 2045년 도야마의 인구가 2010년 대비 23퍼센트 감소하고, 2030년 65세 이상 고령인구가 전체 인구의 33퍼센트를 차지할 것이라고 예측했다. 지나친 자동차 의존도와 대중교통 이용 감소, 도심 공동화로 인한 도시 활력 감소, 도심 접근성이 떨어지면서 발생하는 높은 행정 처리 비용, 타 도시에 비해 월등히 높은 이산화탄소 배출량 등이 도야마의 미래를 위협했다.

모리 시장은 자동차 도시를 포기하고 대중교통과 보행 중심의 콤팩트시티(Compact City, 압축도시)라는 미래를 선택했다. 콤팩트시티란 각종 상업, 주거, 편의시설 등의 밀집도를 높임으로써 인구감소와 고령화 현상으로 인한 현대 도시 문제들을 해결하고자 하는 도시모델이다. 교통, 의료, 관공서 등 도시 기능을 수행하는 시설들을 도심에 재배치해 효율적이고 복합적인 토지사용을 도모한다. 트램과 같은 친환경 대중교통 수단을 보편화하고, 도시 확대 현상을 억제하기 위해 외곽주변으로 녹지를 조성하는 등 자연환경과 함께 도시 고유의 정체성을 강화해나가는 미래지향적 도시 개발 전략이다.

콤팩트시티 구축을 위한 최우선 사업은 대중교통 확충이었다. 모리 시장은 2003년 '도야마 대중교통 수단 활성화 계획'을 발표하고, 2006년 도야마 LRT, 2009년 도심순환선(City Tram Loop Line)을 연이어 개통했다.

전기를 이용해 도로면의 레일 위를 달리는 LRT는 도야마역부터 도야마항을 연결하던 기존의 JR항선을 리모델링한 신형 경전철이다. 모리 시장은 기존 전철보다 유지 관리 비용이 적게 들고 에너지 및 토지 사용이 절감되는 노면 전차를 도입했다. 경량화되고 소형화된 차량과 저진동 · 저소음이 특징인 노면 전철은 압축된 도심에 적합한 교통수단이었다. 2006년 3월 1일 폐지된 JR항선은 80여 년 동안 적자를 면치 못하다가, 2006년 4월 29일 LRT로 새롭게 탄생하면서 처음 흑자를 기록했다.

13개의 정거장을 가진 센트램(도심순환선)은 2009년 12월 첫 운행을 시작했다. 도시를 가로지르는 기존 두 개의 트램은 각각 편도 6.7킬로미터와 3.8킬로미터인 반면, 센트램은 3.7킬로미터로 도심 지역만 순환함으로써 압축도심 교통망을 강화했다. LRT와 센트램 건설로 모리 시장은 안전하고 친환경적일 뿐만 아니라, 시민들의 도심 접근성을 높일 수 있는 대중교통시스템을 확충했다.

고령자가 많은 시의 특성상 자동차 이용이 불편한 시민들에게 트램은 매우 편리한 이동 수단이다. 도보나 자전거로 도심을 다닐 수 있는 공공교통 이용을 편리하게 함으로써 자동차 의존도가 70퍼센트에 달하는 도야마의 환경 문제를 개선했다.

또한 '도심지구'와 역 주변의 '거주촉진지구'를 지정해 지역 거점을 활성화했다. 거주촉진지구는 철도역에서 500미터, 버스정류장에서 300미터의 범위로 약 3393헥타르의 규모였다. 적정 규모의 집약적 주거·업무·상업·문화·복지 지구가 형성되도록 지원해 자연스럽게 인구, 특히 노년층의 집중을 유도했다. 그 결과 주거지역 내에서도 기본적인 도시 어메니티를 누리면서 일과 여가를 즐길 수 있는 도보권 마을이 탄생했다.

고령자에게 100엔 외출권(오데카케 정기권)을 발급하거나 건설업체나 입주자에게 최대 50만 엔 상당의 보조금을 지급하고 마을 내 상업시설 유치를 위한 어드벤티지를 제공하는 등 다양한 혜택으로 시민들의 자유로운 유입을 유도했다. 시민들이 주도적으로 도시재생 사업에 참여해 도시를 가꾸어나가고, 네트워크를 형성할 수 있는 기반을 만든 것이다.

마지막으로 도심 활성화에 역점을 뒀다. 도시 중앙에 일 년 내내 공연을 할 수 있는 그랜드 플라자를 건설해 매년 100회 이상의 행사와 공연을 연다. 여행자와 주민을 도심으로 유인하기 위해 2015년 세계적인 유리예술 미술관인 도야마 글래스 미술관을 건축하고 다운타운의 랜드마크로 적극 활용한다.

모리 시장의 콤팩트시티 정책은 기대 이상으로 성공했다. 2012년 OECD는 「콤팩트시티 정책보고서」에서 도야마를 세계 선진 5대 도시 중 한 도시로 선정했다. 경제적, 사회문화적, 도시미학적 효과에 대한 구체적인 평가를 언급했는데 가장 직접적인 효과는 대중교통 사용 인구의 증가다. 2006년 도야마 LRT가 개통한 후 기존 JR항선 대비 승객이 2013년 2.5배 증가했다. 자동차나 버스로 출퇴근하던 시민들 중 약 23퍼센트 가량이 LRT를 이용하기 시작했다. 트램 이용

2015년 개장한 도야마 글래스 미술관
ⓒ TT Studio / Shutterstock.com

콤팩트시티 사업으로 활기를 회복한 도야마 도심

자는 주중에는 2.1배, 주말에는 3.6배 늘었다. 특히 낮 시간에 트램을 이용하는 고령자가 크게 증가했다. 트램의 확대로 노년층의 생활 방식이 변한 것이다.

중심 시가지를 찾는 유동인구도 증가했다. 2011년 중심 시가지 보행자 수는 2006년보다 56.2퍼센트 증가하고, 2011년 중심 시가지의 빈 상점 수는 2009년보다 2.3퍼센트 감소했다. 주말 기준으로 시가지에 머무는 시간도 평균 128분으로 자동차 이용자보다 15분 길어지는 효과를 거뒀고, 시민 1인당 중심 시가지 평균 소비액(1만 2000엔)은 3,000엔 이상 증가했다.

도야마는 2014년 일본 지방 도시로는 예외적으로 2005년 인구인 42만 명을 유지할 수 있었다. 젊은 층의 유입이 증가해 2007년부터 2012년 사이 도야마시 초등학교에 재학하는 학생 수가 12.6퍼센트 늘어났다. 도심과 거주촉진지구에 거주하는 인구도 증가 추세다. 전체 인구 중 이 지역에 거주하는 비율이 2005년에는 28퍼센트에 그쳤으나, 2012년에는 31퍼센트로 증가했고 2025년에는 41퍼센트로 증가할 것으로 전망한다.

대중교통 활성화와 중심 시가지 활성화를 이끈 순환선 센트램은 도야마의 콤팩트시티 정책을 상징하는 명물로 자리 잡았다. 트램을 타고 편리하게 도심으로 이동하여 주 업무, 문화생활, 쇼핑생활 등 모두 한 지역에서 해결할 수 있기 때문에 인구 밀집도가 높아지고 도심은 활기를 되찾았다.

도야마가 콤팩트시티로 계속 성장하기 위해서는 탄탄한 지역 산업 기반이 필수적이다. 콤팩트시티 구축을 통해 기존 산업을 고도화하고 새로운 성장 산업을 유치하는 일이 중요한 과제로 남은 것이다.

도야마의 대표적인 향토산업은 제약산업이다. 예로부터 이곳은 '약'으로 유명했다. 에도시대부터 제약공업이 발달해 전통적인 약제 조업자가 세운 중소 규모의 제약공장이 많다. 역 바로 앞에 설치된 도야마 약장사 동상은 제약산업의 위상을 상징적으로 보여준다.

도야마 제약산업을 대표하는 기업이 일본 제일의 복제약품(Generic Drug) 제조사 니치이코제약이다. 지역 산업의 만형답게 니치이코 본사는 시의 최고 중심지에 있다. 지역을 기반으로 글로벌 경쟁력을 유지하는 이 기업은 지난해 미국의 제약회사 사전트를 7억 3600만 달러에 인수하는 등 해외 인수 합병에 적극적으로 나서고 있다.

도야마를 대표하는 또 다른 기업은 세계적인 지퍼 기업 와이케이

위 도야마역 앞에 세워진 도야마 약장사 동상
아래 제약회사 니치이코 본사에서 바라본 도야마성

케이(YKK)다. 도쿄에서 창업한 기업이지만 도야마에서 주력 공장을 운영하고 있다. 앞으로 YKK의 도야마 정체성은 더욱 짙어질 것으로 예상된다. 도쿄 기업 본사의 지역 이전을 지원하겠다는 아베 정부의 정책에 부응해 YKK가 자회사 YKK AP 본사를 도야마시 근교 구로베시로 이전했기 때문이다. YKK는 본사 지방 이전으로 세제를 우대받는 1호 기업이 됐다.

도야마시는 지역 산업과 도심을 유기적으로 연결하기 위해 산업 지역인 이와세 항구와 도야마역을 연결하는 노면전차 포트램(Portram)을 건설했다. 새롭게 활성화된 도심 지역으로 주택, 상업시설, 기업 투자를 유치하는 사업도 병행하고 있다. 대중교통과 보행 중심 모델로 기업 투자를 적극 유치하고 지역 산업을 활성화하는 콤팩트시티 전략이 가시화된 것이다.

콤팩트시티 구축은 다양한 측면에서 긍정적 효과를 불러일으킨다. 경제적인 측면에서 고밀도 집중 개발로 투자와 고용이 늘어 도시경제의 활성화와 지속 가능성 확보가 가능해진다. 환경적인 측면에서는 교통 통행량과 주행거리 감소로 에너지 소비를 줄일 수 있다. 사회적 측면에서는 생활 권역 범위의 집중으로 고령자의 이동과 생활을 편리하게 하고 커뮤니티 전반을 강화할 수 있다. 무엇보다 콤팩트시티 라이프스타일은 미래의 창의인재들을 불러 모을 수 있다.

개성이 뚜렷하고 자유분방한 젊은이들은 일, 주거, 문화생활, 레저생활 등 같은 지역에서 누릴 수 있는 다운타운 라이프스타일을 선호한다. 도심에 근접한 곳에 거주하면서 편리한 대중교통으로 출퇴근하며, 낮에는 일하고 밤에는 청년문화를 즐길 수 있는 도시환경은 창의적 인재를 모을 수 있는 중요한 요인이다.

콤팩트시티는 단순히 도시발전 모델에 그치지 않는다. 콤팩트시티 산업으로 불릴 수 있는 관련 산업을 창조하는 산업 정책이기도 하다. 대중교통산업, 골목산업, 문화산업, 소상공인 창업 등 콤팩트시티 친화적인 도시산업, 그리고 콤팩트시티 라이프스타일에 이끌려 이주한 창조인재가 새롭게 창출하는 창조산업 등을 발전시킨다.

최근 국내에서도 콤팩트시티 사업을 위한 움직임이 감지되고 있다. 춘천, 대구 등 지방 도시들이 도야마를 방문해 모리 시장과 콤팩트시티 전략을 논의했다고 한다. 국내 도시가 도야마시에서 어떤 교훈을 얻었는지 궁금하다. 콤팩트시티를 단순한 도시재생 모델로 이해했을까? 도시 생존에 대한 모리 시장의 절박감도 함께 느꼈을까? 저성장과 고령화 시대로 진입한 우리에게 콤팩트시티 모델은 선택이

2006년 건설된 포트램의 종착역 (이와세하마역)

아닌 필수에 가깝다. 자동차를 포기하고 대중교통과 보행을 선택하는 것 외의 도시 생존 전략이 불투명하기 때문이다.

3장

골목상권 경쟁력 확보를 위한 물리적 조건

젠트리피케이션은 막지 못했지만, 듀플리케이션은 막았다

뉴욕 웨스트빌리지 골목길

뉴욕과 현대 도시의 영웅으로 떠오른 도시계획가 제인 제이콥스(1916~2006). 평범한 가정주부이자 잡지사 직원으로 일했던 그녀를 위해 3개의 전기가 출판됐고, 브로드웨이 뮤지컬이 만들어졌으며, 곧 전기영화도 개봉된다.

제이콥스의 가장 큰 업적은 뉴욕 원도심(1811년 도시계획에서 제외된 맨해튼 남부 지역)의 구제다. 1950년대부터 1960년대까지 그녀가 싸우지 않았다면, 웨스트빌리지, 그리니치빌리지, 소호, 리틀 이태리 등 맨해튼 원도심 지역은 빌딩 숲이 되었을 것이다. 대중은 그를 시민운동가로 기억하지만, 학계는 현대 도시학의 선구자로 존경한다. 학부 수료 학력만으로 새로운 학문 분야를 개척하고 노벨경제학상 후보자로 언급될 수준의 위대한 업적을 남겼기 때문이다.

제이콥스에 대해 관대한 주류 사회의 평가와 달리, 정작 그가 속했던 진보 지식인 사회의 평가는 냉정했다. 그들은 누구를 위해 웨스트빌리지를 구했는지 묻는다. 그가 투쟁해 지킨 동네가 뉴욕, 아니 세계에서 가장 비싼 주거지로 젠트리파이(Gentrified)됐기 때문이다.

하지만 일방적인 비판은 공정하지 못하다. 1960년대 제이콥스가 싸워 막아낸 것은 젠트리피케이션이 아닌 획일적 도시 모델을 강요하는 듀플리케이션(Duplication, 복제화)이었다. 그는 웨스트빌리지가 고급 주택지로 변하는 것은 막지 못했지만 재개발을 통해 대형 아파트촌으로 변하는 것은 저지했다. 그 노력 덕분에 맨해튼 남부, 브루클린 중심부 등 뉴욕의 많은 지역이 재개발 없이 옛 모습을 그대로 간직하게 됐다.

오랜만에 찾은 웨스트빌리지는 부동산 열기로 인한 후유증을 앓고 있었다. 불과 5년 전에 500만 달러 수준이었던 타운하우스가 지금은 2000~3000만 달러에 거래된다고 한다. 2016년 루퍼트 머독(Rupert Murdoch) 뉴스코포레이션 회장이 140평 규모의 3층 타운하우스를 2750만 달러(원화 300억 원)에 매각해 화제가 되기도 했다.

주택 가격 소식을 듣자마자 제일 먼저 골목상권이 걱정됐다. 과거에 경험하지 못한 부동산 투자 붐을 겪는 동네는 독립 가게는 물론이고 대기업 명품 브랜드도 운영이 어려워지게 마련이다.

우려한 대로 블리커스트리트, 허드슨스트리트 등 중심 상가 거리에서 부동산 시장 과열을 피부로 느낄 수 있었다. 활기 잃은 거리에는 급격한 임대료 상승으로 '임대문의' 표지를 내건 빈 상점들이 즐비했다.

진보학계가 비판한 대로 이미 1980년대에 상류층이 중산층을 대체하는 거주 젠트리피케이션은 완료됐다. 상가 젠트리피케이션은 상가가 공동화되는 마지막 단계다.

제이콥스가 막은 것은 듀플리케이션이었다. 제이콥스의 골목 보호 운동이 없었다면, 정치인과 건설업계는 웨스트빌리지뿐 아니라 맨해튼 전체를 대로와 큰 블록으로 이뤄진 계획도시로 만들었을 것이다.

뉴욕은 도시 모델의 실험장이다. 끊임없이 도시 모델을 제공하는 세계의 수도 뉴욕이 처음 전파한 모델이 계획도시다. 마천루, 넓은 대로와 대형 블록, 그리드 구조, 도시 고속도로, 도시와 교외 공원 등으로 만들어진 글로벌 메가폴리스 뉴욕은 세계 모든 대도시가 벤치마크하고 싶어 하는 계획도시의 전형이다.

흥미로운 점은 계획도시와 도시 재개발뿐 아니라 도시재생도 뉴욕의 수출품이라는 사실이다. 낙후된 지역에 대한 도시의 선택은 두 가지다. 하나는 기존 건물과 도시를 철거해 새로운 계획도시를 건설하는 재개발 사업이다. 다른 하나는 기존 건물과 도로를 유지하면서 리

위 임대를 알리는 사인이 늘어나는 블리커스트리트 상가
가운데 뉴욕시가 LOMEX의 진입구로 지정한 워싱턴 스퀘어 공원 입구
아래 계획대로 설치됐다면 LOMEX 진입로는 아치에서 시작해 공원 동쪽(이 사진의 오른쪽)을 지나갔을 것이다

모델링, 도시 어메니티 투자, 지역경제 활성화 사업으로 낙후 지역에 활력을 불어넣는 도시재생 사업이다.

체계적인 도시계획 제도가 도입된 1911년 이후 지속적으로 재개발 사업을 추진한 뉴욕 정부에 제동을 건 사람은 정치인, 언론인, 학자가 아닌 웨스트빌리지에 거주한 평범한 시민 제인 제이콥스였다. 그가 이끈 주민단체는 뉴욕시가 제안한 로우어 맨해튼 익스프레스웨이(Lower Mahattan Expressway, 이하 LOMEX) 사업을 무산시켜 계획도시와 재개발 중심의 도시 개발 패러다임에 근본적인 변화를 가져왔다.

뉴욕 역사에서 가장 많이 등장하는 인물은 1928년부터 1968년까지 무려 44년 동안 뉴욕 SOC 사업을 지휘했던 로버트 모세스(Robert Moses), 전(前) 뉴욕시 공원관리위원장이다. 1946년 10월 그는 2차 세계대전 전부터 구상한 숙원사업인 LOMEX 건설을 공식 발표한다. 계획대로라면 LOMEX는 1948년 건설이 시작돼 1949년 완공될 예

웨스트빌리지를 구하기 위해 기자회견 중인 제인 제이콥스

정이었다.

LOMEX는 맨해튼 남부를 관통하는 고속도로다. 뉴저지에서 맨해튼으로 들어오는 홀랜드 터널에서 시작해 맨해튼 동부의 브루클린 브리지와 윌리엄스버그 브리지를 통해 브루클린으로 빠져나가도록 디자인됐다. 이 고속도로를 건설하기 위해서는 소호, 리틀 이태리를 철거해야 했으며, 웨스트빌리지, 그리니치빌리지, 첼시 등 맨해튼 남부의 저밀도 지역 전체를 재개발 대상으로 지정해야 했다. 1958년 뉴욕시는 내부 조정 문제로 연기됐던 사업을 재추진하기 시작했다.

제이콥스는 1962년에서 1968년까지 LOMEX를 반대하는 시민운동을 주도했다. 그는 주민 대표로 구성된 LOMEX 저지 공동 위원회(Joint Committee to Stop the Lower Manhattan Expressway)를 조직하고 시 정부를 압박했다. 인류학자 마거릿 미드(Margaret Mead), 프랭클린 루스벨트 대통령의 부인 엘리노어 루스벨트(Eleanor Roosevelt), 건축 비평가 루이스 멈포드(Lewis Mumford), 도시계획 변호사 찰스 에이브럼스(Charles Abrams) 등 유명 인사들의 참여와 지원이 시민운동에 큰 힘이 됐다.

제이콥스는 시위, 회의장 점거 등의 혐의로 두 번이나 체포당할 만큼 공격적인 반대 운동을 펼쳤다. 1950년대 웨스트빌리지 마을 보호 운동에 참여하면서 체득한 조직화와 선전 능력을 십분 발휘했다. 그가 주도한 주민 반대 운동에 부딪친 뉴욕시는 결국 1969년 공식적으로 LOMEX 계획을 철회했다.

제인 제이콥스는 펜실베이니아 스크랜튼의 부유한 가정에서 태어

위 LOMEX의 시발점으로 지정된 홀랜드 터널 입구
가운데 지금은 부동산 업소가 입점한 허드슨가 555호. 제이콥스 자택이었다.
아래 저밀도 전원도시로 유지된 브루클린 프로스펙트 파크 지역나 고등학교를 마치고 뉴욕으로 이주, 여러 잡지사에서 기자 생활을 했다. 뉴욕에 거주하면서 컬럼비아대학교 비학위 과정(General Studies)을 2년 동안 청강한 것이 그녀의 최종 학력이다.

1952년 건축 잡지 《아키텍처 포럼(Architecture Forum)》에서 일하기 시작하면서 도시계획 이슈에 관심을 갖게 된다. 1954년 흑인 주민들을 거리로 내몬 필라델피아 재개발사업을 비판하는 기사를 쓰면서 재개발 중심의 도시계획 패러다임에 도전했다. 외부인이 보기에 낙후된 동네지만 실제로 들어가 보면 마을 문제를 스스로 해결하는 살아 있는 공동체를 발견한다고 주장한 것이다.

제이콥스는 저밀도 지역에서 공동체 정신이 살아 있는 이유를 공간 디자인에서 찾았다. 보행하기 편리한 골목길, 저밀도의 다양한 건물, 거리가 짧고 서로 연결된 블록 등 골목길 동네가 주민의 협력을 유도하고 삶의 질을 높이는 것을 목격한 것이다. 저층 건물에 사는 주민들이 발코니와 현관 층층대를 통해 자연스럽게 거리를 감시하는 눈이 된다는 '거리의 눈(Eyes on the Street)', 생활, 일, 쇼핑 등 다양한 용도의 건물이 한 지역에 공존한다는 의미의 '혼합적인 주요 용도(Mixed Primary Uses)', 골목 동네의 주민들이 네트워크를 형성해 도시 활력성을 높이는 현상을 가리키는 '사회적 자본(Social Capital)' 등 제이콥스는 현재 도시학의 기본 개념으로 통용되는 다수의 개념을 발견했다.

도시 경제학에서도 제이콥스의 기여는 지대하다. 그는 도시 디자인과 경제 발전의 관계를 체계적으로 정리하고, 도시의 창조적 능력에 관한 가설을 정립했다. 도시가 성장을 주도하는 이유는 단순히 생산과 소비의 집적을 통한 규모의 경제 때문이 아니라, 다양한 배경을 가진 행위자들의 상호작용을 통한 혁신 때문이라고 주장했다.

제이콥스의 도시 이론은 하버드대학 강연 발표를 통해 학계에 알려지기 시작했다. 유력 경제 잡지 《포브스》는 1958년 「다운타운은 시민을 위한 것이다(Downtown is for People)」라는 기고문을 게재해 그를 도시학의 일약 스타로 만들었다. 이후 록펠러 재단의 지원을 받아 골목길 창조성 이론을 체계적으로 발전시킨 책이 도시학의 고전 『미국 대도시의 죽음과 삶(The Death and Life of Great American Cities)』이다.

현재 젠트리피케이션 논쟁으로 곤욕을 치르는 한국사회는 젠트리피케이션과 듀플리케이션의 차이를 인지하고 주목해야 한다. 뉴욕 역사는 골목길 정책의 목표를 어디에 두어야 하는지를 보여준다. 젠트리피케이션에 대한 관리도 중요하지만, 듀플리케이션 예방을 위한 현실적 대안도 함께 고민해야 한다.

도시 정책이 어려운 이유는 성장하는 도시에서 젠트리피케이션과 듀플리케이션, 모두를 저지하기 어렵다는 데 있다. 골목길 구조를 유지하는 동네와 대규모 아파트 단지로 재개발되는 동네, 즉 젠트리피케이션과 듀플리케이션 중 하나를 선택해야 한다. 나의 선택은 물론 제이콥스 모델이다. 도시의 다양성과 창의성을 치명적으로 위협하는 듀플리케이션을 먼저 막아내야 한다.

다시 동네 상가로 돌아간 골목길

이대 후문과 연대 동문 사이의 골목길

누군가 1995년 서울의 대표적인 골목상권이 어디냐고 물었다면, 나는 망설임 없이 이대 후문이라고 답했을 것이다. 조용하고 고풍스러운 거리에 다른 지역에서는 보기 힘든 고급 한식당, 커피전문점, 프랑스 식당, 피자전문점을 즐길 수 있었던 그곳은 당시 번잡한 일반 상권과 차별화된 골목상권이었다.

그러나 20여 년이 지난 지금, 이대 후문은 그저 평범한 동네 상가다. 매력적인 모습이 일부 남아 있지만, 여행자가 찾아올 만큼 개성 있고 아기자기한 골목상권이 아니다. 2000년대 중반 이후 연남동과 연희동 골목상권이 급격히 성장하는 동안 이대 후문은 조용히 1980년대의 자리, 즉 지역 주민이 주로 이용하는 동네상권으로 회귀했다.

그동안 이대 후문에서 무슨 일이 일어난 것일까? 2013년 이후 서울의 다른 골목상권에서 발생한 급격한 젠트리피케이션이 상권 쇠락을 초래한 핵심 요인은 아니다. 근본적인 원인은 경쟁력 상실이다. 2000년대 중반 이후 홍대 상권이 확장하자 고립된 공간이란 구조적 한계가 상권의 치명적인 약점으로 드러난 것이다.

이대 후문 상권의 역사는 1980년 초반으로 거슬러 올라간다. '한국 전통 한정식을 제공하는 품위 있는 음식점'을 모토로 내건 석란이 1981년 이대 후문 대로변에 문을 연 것이 지역 상권화의 시작이다.

한식당 석란의 전경

석란에 이어 마리가 1984년 이 동네에서 둥지를 텄다. 마리는 개성 음식을 기반으로 깔끔하고 효율적인 한식 코스를 개발, 한식 발전에 기여했다. 1990년대 중반에는 담소원과 방비원이 합류했다. 담소원은 1995년에 문을 연 냉면 · 고깃집이었고, 방비원은 이대 앞에서 오랫동안 분식집 가미를 운영했던 주인이 1996년 시작한 칭기즈칸 요리 식당이었다.

고급 한식당에 이어 카페와 서양음식점도 속속 들어섰다. 1992년 압구정동에서 한국 최초의 케이크 전문 카페로 시작한 카페 라리가 1997년 2호점을 이대 후문에 열었다. 카페 라리는 커피전문점 달마이어, 프랑스 음식점 작은 프랑스와 더불어 이대 골목에 고풍스러운 유럽 색깔을 더했다.

1995년 완공된 5층짜리 쌍둥이 빌딩 하늬솔 빌딩도 거리 변화에 기여했다. 담소원, 카페 라리, 그리고 피자전문점 제시카, 피자리아 등이 이 건물에 입점했다. 방비원, 담소원, 마리, 작은 프랑스, 카페 라리는 당시 강북에서 보기 어려웠던 고급 식당과 카페였다.

2000년대 후반 품격 있고 낭만적인 레스토랑의 창업이 이어졌다. 프렌치 이태리 퓨전 레스토랑 지노 프란체스카티, 샌드위치 전문점 로드샌드위치, 타르트 전문점 라본느타르트 등 특색 있는 가게들이 자리한 이대 후문은 선구적인 골목상권의 개척자였다.

이대 후문 골목의 부상은 문화와 감성이 담긴 가게 정체성과 함께 입지 조건도 작용했다. 1970년대 이 지역은 연세대와 이화여대 교직원들이 모여 살던 조용한 고급 주택가였다. 상권으로 부상한 데에는 1979년 금화터널의 개통도 한몫했다. 광화문에서 근무하는 공무원과 회사원들이 자동차로 5분 이내에 도착할 수 있는 상권이 된 것이다. 세브란스 병원, 연세대, 이화여대 등 인근에 병원과 교육기관이 많은 것도 상업시설 유치에 유리했다.

골목상권 선두주자로 발돋움하던 이대 후문이 2000년대 후반 예상치 못한 도전에 직면했다. 홍대 상권이 경쟁 상권으로 급격히 부상한 것이다.

홍대 상권은 연남동, 연세대 서문 지역인 연희동까지 확장됐다. 조용한 주택가였던 연희동이 새로운 핫플레이스로 언론의 주목을 받기 시작한 것은 2010년대 초반이다. 이 동네의 랜드마크인 사러가쇼핑센터 뒤 작은 골목, 연희로 11가길이 그 중심이었다.

2000년대 초반 연희동에서 먼저 자리 잡은 깔끔한 디자인의 브런치 카페 뱅센느, 단독 주택을 개조해 만든 제니스커피, 아담하고 분위기 있는 이태리 레스토랑 몽고네, 브런치 맛집 엘리, 커피의 매력이 느껴지는 매뉴팩트 등은 전문가들의 호평을 받으며 성장했다. 연희동이 홍대 상권 확장의 최대 수혜자가 된 것이다.

홍대 상권의 부상으로 가장 크게 타격을 받은 곳은 오랫동안 연세대 상권을 주도해온 신촌이었다. 1990년대까지 명동, 종로와 함께 강북의 3대 상권으로 군림한 신촌은 신촌블루스, 해바라기, 한영애의 활동 무대로 7080 문화의 한 축을 담당했다. 2000년대 청년과 패션문화가 홍대로 이동하면서 신촌은 직장인 유흥가로 퇴보했다.

이대 후문도 홍대 확장의 영향을 피할 수 없었다. 돌이켜보면 꾸준히 발전하던 이 지역에 이상 징조가 보이기 시작한 시점은 방비원이 폐업한 2010년이었다. 한때 연세대 교직원들이 많이 찾아 연세대 교수식당으로 불렸지만 경영 악화로 문을 닫았다.

그 후 지역의 터줏대감으로 자리 잡았던 마리와 석란도 방비원의 뒤를 따랐다. 마리는 다른 사업자에게 가게를 양도했고, 석란은 영업을 중단하고 건물을 매도했다. 2016년 카페 라리마저 지역 상권 판도의 변화를 이기지 못하고 문을 닫았다. 카페 라리의 폐업으로 1990년대 이대 후문 전성시대를 이끈 가게들이 모두 사라졌다.

이대 후문(연대 동문), 신촌(연대 정문), 연희동(연대 서문), 이 세 지역은 연세대를 중심으로 형성된 대표적인 상권이다. 상권 추이를 보면 연희동이 질적인 면에서 타 지역을 능가한다. 소위 '맛집 골목'으로 주목

대형 매장과 프랜차이즈가 늘어나고 있는 신촌 연세로

받으며 질 좋은 음식과 개성을 갖춘 이색적인 레스토랑이 증가하는 데 반해, 신촌과 이대 후문은 프랜차이즈가 늘고 있기 때문이다. 업체 수 역시 2012년 이후 연희동은 꾸준히 증가하는데, 다른 두 지역은 정체를 벗어나지 못하고 있다.

연희동 부상의 배경에는 독특한 문화적 개성이 한몫했다. 오랫동안 예술가가 많이 사는 동네로 알려졌던 연희동은 2000년대 후반을 시작으로 더 미디엄, CSP111 아트스페이스 연희동 프로젝트, 연희문학 창작촌이 자리 잡으면서 문화 중심지가 되었다. 최근에는 연희동 골목길에서 작업실을 마련하는 공예 작가들이 늘었다.

이대 후문을 지키는 한 가게의 주인은 "연세대가 캠퍼스 안에 상가를 조성하고 이 지역 상인이 단결을 하지 못해 쇠락한다"라며 어려움을 토로했다. 정문의 상인들은 서울시가 2014년 시작한 대중교통 전용지구 사업을 탓한다. 연세대 정문과 지하철 2호선 신촌역을 잇는 연세로가 차 없는 거리로 바뀌면서 이면도로의 상점을 찾는 손님이 크게 줄었다는 것이다. 그러나 연희동의 경쟁력은 보다 근본적인 요인에서 찾아야 한다. 이대 후문, 신촌, 연희동의 가장 큰 차이는 공간 디자인이다.

신촌은 구조적으로 걷고 싶은 거리와는 거리가 멀다. 대중교통 전용지구 사업을 완성하면 달라질 수 있겠지만, 아직까지 이곳은 대형 매장과 프랜차이즈 가게, 좁은 골목과 자동차 길이 혼잡하게 얽혀 있는 전형적인 대로변상권이다.

이대 후문은 마치 고립된 섬처럼 산(안산), 고가(봉원고가차도), 대형 건

공방, 갤러리, 독립서점이 즐비한 연희동 골목상권

물(세브란스병원, 연세대 · 이화여대 캠퍼스)로 둘러싸여 다른 지역의 유동인구가 넘어오기 힘들다. 빌딩 위주의 상가 구성은 아기자기한 골목 가게의 진입을 어렵게 만든다. 가장 큰 제약은 골목 자원이 부족하다는 점이다. 중심 도로인 성산로가 대형 고가와 이대 캠퍼스에 인접해 있다. 성산로의 이면도로인 300미터 길이의 연대동문길이 양쪽으로 상가가 조성될 수 있는 유일한 거리다. 반면 연희동은 연남동, 홍대와 보도로 연결되어 있어 걸어서 접근하기 쉽다. 임대료가 저렴한 주거 전용 지역의 골목길에는 작고 개성 있는 가게들이 들어서 있다. 서울에 몇 남지 않은 대규모 단독주택 지역으로 특유의 조용하고 우아한 분위기를 자아내는 것 역시 특징이다.

우리가 이대 후문 상권의 부침에서 얻을 수 있는 교훈은 두 가지다.

첫째, 골목상권은 수요, 공급, 시장 경쟁이 단위 상권의 흥망성쇠를 결정하는 하나의 산업이다. 서울 골목상권 전체가 산업이라면, 단위 골목상권은 그 산업에 속한 기업인 셈이다. 대규모 젠트리피케이션의 피해를 입지 않은 이대 후문이 쇠퇴한 것도 결국 골목상권 간 경쟁의 결과였다.

둘째, 골목상권의 성공은 지역 공간 디자인이 관건이다. 특히 다른 지역과의 연결성을 확대하는 도로와 대중교통 인프라가 필수적이다. 이대 후문 경험에서 볼 수 있듯이 제한된 골목 자원과 낮은 접근성은 다른 상권과의 경쟁에서 치명적 제약으로 작용한다.

젠트리피케이션은 모든 골목상권이 극복해야 하는 중대한 위협 요인임에는 틀림이 없다. 하지만 이대 후문 사례가 보여주듯이 젠트리피케이션 시대 전에도 골목상권의 흥망은 존재했다. 골목상권의 성쇠를 결정하는 것은 궁극적으로 경쟁력이다. 골목상권이 늘어나고 경쟁이 격화되는 미래에는 확장성, 접근성, 정체성, 다양성 등 골목상권의 원천 경쟁력이 더욱 중요한 성공 요인이 될 것이다.

스타벅스 임팩트

미국 시애틀 스타벅스 1호점

도시재생은 낙후된 구도심을 주민과 젊은이가 살고 싶어하는 곳으로 만드는 사업이다. 하지만 쉽지 않은 일이다. 구도심의 애로사항을 해소하고 일자리, 문화 인프라, 대중교통 등 그들이 원하는 도시 어메니티를 단기간에 제공하기 어렵기 때문이다. 지역의 구도심이 아무리 노력해도 하루아침에 공연, 미술전시, 쇼핑을 서울 수준으로 제공할 수는 없다. 전 세계 어디든 문화 자원에 있어 중앙 도시와 지역 도시의 차이는 존재한다.

하지만 젊은 세대가 선호하는 골목길 상업시설은 다르다. 지역사회가 조금만 관심을 가지면 지역의 원도심도 가로수길, 홍대, 삼청동과 같은 아기자기한 골목상권을 조성할 수 있다. 대구, 부산, 군산, 전주, 통영 등 이미 많은 지방 도시가 개성 있는 골목상권으로 국내외 관광객을 유치하고 있다.

하루빨리 매력적인 골목상권을 조성하길 원한다면, 가장 현실적인 대안은 상권 확대 효과가 큰 거점 상점의 유치다. 성공한 골목상권은 경기가 나쁠 때도 꾸준히 유동인구를 유발하는 상점, 즉 거점 상점을 보유하고 있다. 오늘날 한국에서 실패가 없는 명실상부 거점 상점은 젊은 소비자들이 열광하는 커피전문점 스타벅스다.

지방도시에서 골목상권 조성이 중요한 이유는 성장 잠재력이 높은 환경 때문이다. 개발할 수 있는 골목길 자원이 많고, 도시재생 사업의 일환으로 추진할 수 있어 큰돈이 들지 않는다. 문제는 창의적으로 골목을 개발할 도시기획자 그리고 골목상권에서 개성 있는 가게, 커피전문점, 베이커리, 음식점을 창업할 수 있는 소상공인의 풀(Pool)이다. 전국적으로 이런 능력을 가진 인재는 많지 않다. 대규모 정부 투자를 통해 고숙련 소상공인 풀을 획기적으로 늘리지 않는 한, 골목상권의 성공을 좌우할 인력 공급난에 시달릴 것이다.

이런 한계를 극복할 대안은 거점 상점을 지방 도시 골목길로 유인하는 것이다. 재래시장과 골목상권을 위협하는 대형마트와 달리 커피전문점과 같은 골목형 프랜차이즈는 오히려 골목경제를 활성화시킬 수 있다.

거점 상점으로 언급한 스타벅스가 대표적인 예다. 스타벅스 매장 입점이 주변 부동산 가격의 상승으로 이어진다는 사실은 여러 연구에서 입증됐다. 미국 최대 온라인 부동산 정보 사이트 질로(Zillow)의 연구에 따르면, 1997년에서 2014년 사이에 일반 주택의 평균 지가 상승률이 65퍼센트였던 것에 반해 스타벅스 주변 주택은 96퍼센트나 오르며 현격한 차이를 보였다.

스타벅스 입점은 주변의 다른 가게들에도 혜택으로 작용한다. 미국에서 스타벅스가 전국 시장으로 진출하기 시작한 2000년대 초반, 많은 독립 커피전문점들이 스타벅스의 진입을 위협으로 받아들이며 반대했다. 하지만 결과는 전혀 다른 양상으로 나타났다. 주변 모든 상점의 매출이 함께 늘어난 것이다. 네브래스카주 오마하에서는, 스타벅스가 도심에 여섯 개 매장을 동시에 오픈한 직후 모든 도심 가게의 매출이 25퍼센트 상승했다.

스타벅스의 영향력은 다른 프랜차이즈와도 차별화된다. 질로의 연구를 보면, 던킨도너츠의 경우 주변 주택의 지가 상승률이 80퍼센트에 그친다. 스타벅스에 비해 16퍼센트포인트 낮다. 가장 큰 위력은 보다 많은 유동인구를 상권으로 끌어들이는 브랜드 파워다. 스타벅스를 찾은 손님들이 자연스럽게 주변 가게를 방문해 전체가 활성화되는 스필오버(Spillover) 효과가 일어나는 것이다. 관광객들도 스타벅스 매장이 있는 곳을 선호한다. 스타벅스 간판을 보면 그 지역의 수

위 1999년 개장한 이대 앞 스타벅스 1호점
아래 스타벅스 입점을 홍보하는 아파트 경희궁자이의 상가

준을 어느 정도 인정하게 되기 때문이다.

여러 장점을 차치하더라도, 일단 스타벅스의 존재 자체는 도움이 된다. 스타벅스가 상징하는 품격 덕분에 부동산에 프리미엄이 붙는 것이다. 경쟁력 있는 독립 가게는 스타벅스의 진출을 두려워할 필요가 없다. 스타벅스에 사람이 몰리면 복잡함을 피해 주변의 다른 커피점을 찾는 손님이 늘어난다. 또한 아무리 스타벅스라도 모든 고객의 취향을 다 만족시킬 수는 없다. 개인서비스를 제공하고 지역의 특징을 살리는 제품을 개발하는 독립 가게들은 스타벅스와 경쟁하며 상호보완적으로 성장할 수 있다.

한국도 스타벅스가 유발하는 시장 확대 효과, 즉 스타벅스 임팩트를 체험하고 있다. 1999년 스타벅스가 한국에 진출한 이후 국내 커피시장은 가파르게 성장했다. 1999년부터 2011년의 성장률은 연평균 21.6퍼센트에 달했다. 한국의 커피시장은 스타벅스와 동반 성장해왔다고 해도 과언이 아니다. 대형상가를 개발한 건설사는 상권 거점으로 기능하는 스타벅스 입점을 최우선으로 추진한다.

개인 상가 건물주가 가장 유치하고 싶어 하는 상점도 스타벅스다. 스타벅스 매장이 입점하면 건물 가격이 두 배 이상 뛴다는 업계의 공공연한 소문 때문이다. 스타벅스 유치만큼 지역의 구도심 경제와 관광산업을 빠르게 활성화할 수 있는 사업이 또 있을까. 상권 재생이 시급하고 지역 혁신 인력의 유입이 단기적으로 어려운 낙후지역에서는 스타벅스 유치가 새로운 돌파구가 될 수 있다.

그러나 안타깝게도 스타벅스가 자발적으로 지역의 구도심으로 진입할 가능성은 낮다. 전국 1100여 개에 이르는 매장을 운영하지만 그 중 66퍼센트가 서울과 여섯 개 대도시에 밀집돼 있다. 2016년 기준 전국 228개 지자체 중 약 38퍼센트에 이르는 86개 지자체가 단 한 개의 매장도 갖고 있지 않다.

한두 개 매장이 위치한 도시라도 그것만으로 도시재생 효과를 기대할 수는 없다. 대부분의 중소도시 매장은 구도심에서 떨어진 대학가나 신도시에 위치해 있다. 스타벅스가 대도시 상권에 집중된 것은 전략적 배치로 인한 것이다. 스타벅스는 철저하게 상권을 분석하고 매장을 오픈하는 기업으로 유명하다. 이미 상권으로 성숙한 지역에만 진입하는 것이다. 낙후된 상권에 진입해 상권을 키우는 것을 자신의 역할이라고 생각하지 않는다.

지역경제와 도시의 미래에 있어 도시재생의 중요성을 인지한다면, 정부와 스타벅스 모두 발상의 전환이 필요하다. 정부는 상업시설 유치가 정부 역할이 아니라는 통상적 관념에서 벗어나야 한다. 현재 관광단지와 문화지역 조성, 도시재생 사업에서 정부의 역할은 도로, 편의시설, 공공시설 등 인프라 지원에 한정된다. 상권 개발과 분양은 건설업체의 몫이다.

정부의 직접 지원이 어렵다면 민간 기관이 정부와 협력하는 것도 방법이다. 젊은 층이 좋아하는 상업시설을 유치해 미국 라스베이거스 도심을 재생하는 기업 자포스, 제주 원도심을 비슷한 방식으로 재생하는 아라리오뮤지엄 등은 상업시설 유치를 통해 도시를 재생하는 대표적인 민간사업자다.

다행히 최근 건설업계에서도 변화가 시작됐다. 건설 공사만 수행하는 도급형 사업에서 벗어나, 건설 후 운영까지 총괄하는 디벨로퍼 모델로 전환하고 있는 것이다. 이미 일부 건설업체는 스타벅스와 같이 상권 확대 효과가 큰 브랜드를 유치해 상가 가치를 높이기 위해 노력한다.

무엇보다 중요한 것은 지역 개발을 책임지는 지도자들이 상업시설 포트폴리오의 중요성을 인식하는 것이다. 상가 건물을 일단 짓고 나면 소비자가 원하는 상점이 알아서 찾아올 것이라는 수동적 사고에서 탈피해야 한다. 지역 정부는 개성과 다양성을 추구하는 소비자와 관광객이 요구하는 상품 및 서비스를 제공할 수 있는 상업시설 포트폴리오를 체계적으로 구축해야 한다. 이제는 한국 전역에 거점 상점 효과, 즉 스타벅스 임팩트를 극대화해야 할 때다.

길은 길로 평가 받아야

'서울로 7017'이라는 보행로로 변신한 서울역 고가도로

역 중심으로 6개 동네가 밀집되어 있는 지역이 있다. 중앙역 서쪽 3개 지역은 상가와 수공업이 일부 들어선 낙후된 주택지다. 동쪽 3개 지역은 고층 빌딩이 들어선 상업 지역이다. 10차선 도로와 철길이 갈라놓은 6개 지역을 걸어서 이동하는 것은 거의 불가능하다. 보행객이 없는 도시 거리는 사막과 진배없이 삭막하다. 동부와 서부를 연

결하는 유일한 통로는 고가도로다. 오래전부터 안전성 문제가 제기되어온 철거 대상이다. 도시재생 수업 시간에 논의하기 좋을 사례다. 교수는 학생들에게 이 지역을 살릴 수 있는 방법을 찾으라고 질문할 것이다. 과연 학생들은 어떤 대안을 제시할까?

뛰어난 건축가나 도시재생 전문가도 빌딩 숲에 묻혀 있는 철도 지역을 활기찬 도시 공간으로 만드는 아이디어를 내놓는 일은 간단하지 않다. 교수는 학생들이 제시한 대안을 토론한 후 정부가 실제로 선택한 대안을 공개할 것이다. 자신이 제시한 대안과 실제 선택을 비교하는 것이 사례 연구 수업의 매력이다. 학생 입장에서는 정답 없는 문제가 답답하겠지만.

교수가 공개한 정답은 (그러니까 정부가 실제로 선택한 대안은) 고가 공원 조성이다. 시장선거에 나온 정치인이 선거 공약으로 고가도로를 보존하고 보행로와 공원으로 활용하는 방안을 내세웠고 당선 후 이를 실행에 옮겼다고 부연할 것이다. 이제 학생들의 반응은 어떨까? 과연 고가 공원을 정답으로 지지할까?

서울시민이라면 이미 이 사례가 박원순 시장의 서울로 7017 프로젝트임을 간파했을 것이다. 실제 상황의 평가자는 시민들이다. 시민 평가는 현재진행형이다. 박 시장이 고가 공원을 제안한 그날부터 시작된 논쟁은 2017년 5월 개통된 이후에도 계속되고 있다.

서울로 7017은 과연 필요한 길일까? 서울로 7017에 대한 수많은 평가 중 가장 와 닿은 말은 서울시 어느 공무원의 코멘트였다.

"서울로 7017은 공원보다는 길이라는 것에 중점을 두고 생각해주

위 서울로 7017에서 펼쳐진 흥겨운 문화행사
아래 서울시가 내건 서울역 고가 공원 홍보 포스터

셨으면 합니다. 서울로는 사람을 중심으로 하는 도시 정책의 첫걸음입니다. 자동차가 다니던 길은 사람이 다니는 길이 되고, 주변 역시 걷기 좋은 길로 만들 계획입니다."

그렇다. 공원에 대한 논란에 빠져 우리는 서울로가 길이라는 사실을 잊고 있었다. 서울로가 좋은 길이고 필요한 길이면 그 자체로 인정받아야 한다. 공원으로서의 성공 여부는 그다음 문제다.

다시, 서울로가 정말 필요한 길일까? 서울역은 서울의 중앙역이다. 중앙역이기에 외부 접근성은 더할 나위 없이 좋다. 중심 철도인 경부선의 종착역이자 공항철도역과 지하철역, 그리고 버스 환승장이 위치한 교통의 요지다.

서울역 주변이 통합된 지역으로 발전하는 데 가장 큰 장애물은 내부 연결성이었다. 내부 도로의 부재로 서울역 주변의 여섯 개 지역은 서로에게 섬 같은 존재였다. 서울로 7017의 개통으로 이 지역들은 이제 도보로 연결되었다. 특히 서울역에서 명동으로 연결되는 중심 도로는 공항철도를 이용해 시내로 진입하는 외국 여행객에게 쾌적한 보행로를 제공한다.

추가적인 보행로 사업이 진행되어 서울역 인근이 걷기 좋은 지역으로 탈바꿈한 미래를 상상해보자. 서울역에서 내려 남대문과 명동으로 걸어갈 수 있는 우리가 더 이상 도쿄역에서 내려 황궁, 긴자로 걸어가는 일본인을 부러워할 필요가 있을까? 만리동, 청파동, 중림동 등 서부 지역의 활용 가능한 관광 자원을 함께 누리게 됨으로써 서울역 주변은 광화문에 버금가는 서울 대표 관광명소가 될 것이다.

장기적으로는 지역 활성화 효과가 관건이다. "사람의 길이 열리면 경제가 살아납니다." 서울시의 서울역 고가 공원 홍보 포스터에 담긴 문장이다. 사람이 다니는 길인 고가 공원이 서울역 주변 경제를 살린다는 주장을 감성적으로 표현했다.

'사람의 길'이 '경제의 길'이라는 말은 맞다. 유동인구가 늘어나면 도로변 상가를 찾는 사람이 많아진다. 서울시 주장대로 우리는 찻길로 둘러싸여 초거대 철도역의 잠재력이 주변으로 스며들지 못하는 서울역을 너무 오랫동안 방치해왔다. 서울역과 주변 지역을 살리기 위해서는 차가 다니는 길을 사람이 다니는 길로 대체해야 한다.

하지만 광화문 광장 조성과 청계천 복원 사업에서 목격했듯이 '사람의 길'이 저절로 '경제의 길'로 이어지는 것은 아니다. 광화문 광장과 청계천 산책길이 열렸지만 인접 상권이 활성화되었다고 느끼기는 어렵다. 이유는 간단하다. 광화문 광장과 청계천은 보행길 바로 옆에 상가를 조성할 수 없는 구조이기 때문이다. 안타깝게도 서울로 7017도 비슷한 한계를 안고 있다. 고가 공원 역시 구조상 보행로 옆에 상가를 만들 수 없다.

결국 서울로가 경제적 효과를 내려면, 주변 지역 활성화를 위한 간접적인 방법을 모색해야 한다. 문제는 서울역 주변 지역을 활성화하는 것이 어렵다는 데 있다. 오랜 시간 낙후되어 우울한 분위기가 조성된 지역에 쾌적한 공원이 하나 들어섰다고 해서 기업과 사람이 한순간에 모이기를 기대해선 안 된다. 광화문과 청계천 사업 때보다 훨씬 더 많은 시간과 공을 들여야 한다.

서울로 7017과 연결된 상가

골목길 경제의 진화 과정을 살펴보면 지금 서울역 주변에 필요한 것이 무엇인지 알 수 있다. 홍대, 가로수길, 이태원 등 서울을 대표하는 골목상권은 공통적으로 문화 인프라와 다른 지역과의 연결성, 골목길 인프라 등을 바탕으로 성장했다. 이들 거리는 골목상권이 들어서기 전에도 각각 화랑, 건축사무소, 외국인을 위한 편의시설이 갖춰져 있는 곳이었고, 이 시설들을 중심으로 예술적 성향을 가진 사람들이 자주 찾았다. 반면 중림동, 공덕동, 청파동 등 서울시가 서울로를 통해 개발하려는 서부지역은 아직 1세대 골목상권만큼 문화 자원이 무르익지 않은 상태다. 서울시는 서계동 국립극단을 앵커시설로 삼아 지역 문화를 활성화한다는 계획을 발표했지만, 공연장만 덩그러니 있는 국립극단 주변이 문화 중심지로 발전하려면 상당한 시간이

걸린다. 인프라와 더불어 인근 상권 연결성도 부족하다. 서울시는 명동과 남대문시장을 찾는 관광객과 쇼핑객이 고가 공원을 통해 서부지역으로 이동할 것이라고 기대하지만, 이는 명동과 남대문 상권이 서부지역으로 확산될 때 가능한 이야기다.

최근 성장하고 있는 연남동, 상수동, 합정동 등 홍대 주변 지역의 사례는 시간이 지남에 따라 저렴한 임대료를 찾아 골목상권이 주변으로 확산된다는 사실을 보여준다. 문제는 명동과 남대문 시장이 전통적인 골목상권이 아니라는 데 있다. 대기업 프랜차이즈나 도매상을 중심으로 상권이 형성돼 있기 때문에 상대적으로 임대료가 낮은 다른 지역으로 이전하는 가게가 많지 않을 것이다. 또 이들 상권과 서울로를 연결하는 골목길이 없는 것도 상권 확산의 약점이 된다. 그렇다고 서울역 고가 공원의 성공 가능성이 없는 것은 아니다. 서부지역의 풍부한 골목길 인프라를 활용한다면 '경제의 길'이 될 수 있다.

대규모 상업시설과 아파트 단지가 들어서지 않은 만리동, 서계동, 청파동, 중림동은 옛 골목길의 모습을 그대로 간직하고 있다. 골목마다 개성 있는 가게와 음식점이 들어설 수 있는 환경은 골목상권 조성의 필수 조건 중 하나다. 이미 만리동 입구 지역에는 변화가 감지되고 있다. 서울로가 개통되면서 오래된 건물을 활용한 특색 있는 카페와 커피전문점이 들어서기 시작한 것이다.

앞으로 서울역 골목길 경제를 더욱 발전시키기 위해서는 무엇을 해야 할까?

우선은 서부지역으로 예술가들이 모여들 수 있어야 한다. 새로운 문화시설을 유치하기 어렵다면 기존 문화시설을 국립극단 주변으로 이전하는 방안도 괜찮다. 또한, 기존 상권과의 연결성을 극대화하는 것도 필요하다. 고가 공원 동부의 남대문시장과 명동을 서부의 가장 가까운 상권인 숙대입구와 자연스럽게 연결하는 것이다. 기존 상권과 서울로 사이의 거리를 걷고 싶고 볼거리 많은 보행로로 만드는 것이 고가 공원 사업의 성패를 결정할 것이다.

마지막으로, 서부지역에 대규모 건설 사업을 추진하는 것을 지양해야 한다. 골목길 인프라를 보전하는 방향으로 서부지역을 재생하는 것이 바람직하다. 건축가 황두진의 지적대로 서울은 5층 규모의 주상복합 건물로 도시 보편성에 맞는 밀도를 유지해야 한다.

국내 철도망의 중심지이자 공항철도의 시발점인 서울역은 우리나라의 얼굴이나 다름없다. 차량과 철로로 둘러싸인 채 노숙자 밀집지역으로 방치되고 있는 서울역을 재생하는 것은 우리나라의 자존심을 회복하는 일이기도 하다. 서울로를 시작으로 서울역 주변에 수많은 '사람 길'이 열리고 서울역이 선진국 도시의 중앙역과 같이 문화와 비즈니스의 중심지로 기능하기를 소망해본다.

젠트리피케이션 없는 완벽한 골목상권

글로벌 라이프스타일 잡지 《모노클(Monocle)》이 2014년 '완벽한 도시 구역(The Perfect City Block)'을 도해한 포스터를 공개했다.

《모노클》의 완벽한 블록은 마치 런던의 한 거리를 옮겨놓은 듯하다. 저층의 타운하우스, 그 뒤에 위치한 작은 공원, 루프탑 테라스와 태양광 패널, 다양한 유형의 건축물과 아기자기한 상점이 가득한 꾸러미 같은 거리. 우리가 좋아하는 거리의 전형이다. 포스터를 보며 다시 상상해본다. 가장 완벽한 골목상권은 어디일까?

뉴욕, 런던, 파리, 도쿄의 여러 상권이 유력 후보로 떠오른다. 그중에서도 도쿄의 한 곳을 선택해야 할 것 같다. 골목상권 자원이 가장 풍부한 도시가 도쿄이기 때문이다. 《모노클》도 2015년 가장 살 만한(most livable) 도시로 도쿄를 선정하지 않았던가.

수많은 도쿄 골목상권 중에서 모든 기준을 충족하는 이상적인 곳을 고르기란 쉽지 않다. 다행히 도쿄 시민들이 2005년부터 2015년까지 11년 연속 가장 살고 싶어하는 동네로 뽑은 곳이 있다. 바로 도쿄 서부 교외 도시 기치조지다.

기치조지가 속한 무사시노시는 이 지역을 "모든 것이 다 가능한

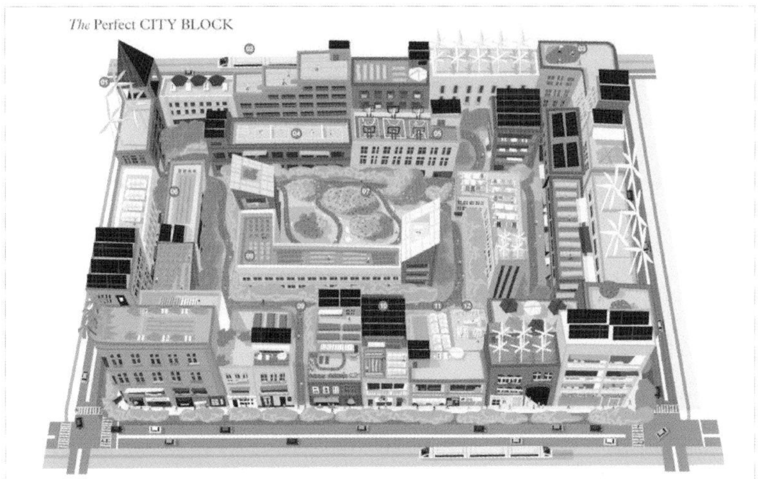

위 도쿄 서부 교외 기치조지역 풍경
아래 《모노클》이 소개한 '완벽한 도시 구역' 포스터

곳"이라고 소개한다. 도쿄 시민이 선망하는 도시 기치조지. 모두의 사랑을 한몸에 받는 비결은 과연 무엇일까.

이곳은 안정된 부동산 시장과 공동체 정신으로 유지하는 다양하고도 개성 있는 상권이 자리하고 있다. 특히 1991년 자산 버블이 붕괴된 후 고착화된 상업용 부동산의 과잉 공급이 오히려 독립 가게들에게는 임대료 압박 없는 영업 환경을 제공한 셈이 되었다. 이런 현상은 상권의 다양성과 정체성 확보에 크게 기여했다. 매력적인 도시문화 발전에 경기 침체가 오히려 득이 된 것이다.

도쿄 시민들이 기치조지를 살고 싶은 도시로 꼽은 이유는 위치와 교통, 교육, 공원과 문화시설, 그리고 상권이다. 기치조지는 세 개의 전철 노선이 교차하는 교통의 요지로 시부야, 신주쿠 등 도쿄 시내 출퇴근이 용이하다.

도시 전역이 조용하고 전원적인 주택가여서 훌륭한 양육 환경 또한 제공한다. 중심상권을 조금만 벗어나면 공원에서 뛰어노는 아이들을 쉽게 만날 수 있다. 무사시노 학군이 좋은 것도 아이를 가진 가정이 이곳을 선호하는 이유다.

도쿄 시민들에게 사랑받는 이노카시라 공원도 도시의 자랑이다. 공원 남쪽에는 일본 만화 산업의 성지, 지브리 미술관이 위치해 있다. 최소 한 달 전에는 예약을 해야 입장이 가능한 곳이지만 미야자키 하야오 감독의 명성을 느낄 수 있어 항상 많은 관람객으로 붐빈다.

전 세계적으로 유명한 애니메이션 제작소, 지브리 스튜디오가 1985년 이곳에서 창업했다. 한적한 교외 도시였던 기치조지는 만화

위 기치조지 주택가 풍경 (사진 제공 : 박상애)
가운데 이노카시라 공원
아래 종로 피맛골을 연상케 하는 하모니카 요코초 (사진 제공 : 김동민)

가나 재즈 뮤지션들이 모여들면서 일본 만화 산업의 중심지로 성장했다. 지금도 비 트레인, 코아믹스 등 다수의 만화 기업들이 이곳에 본사를 두고 있다.

기치조지의 매력은 무엇보다 활기찬 상권의 다양성이다. 에도시대를 연상케하는 좁은 길의 상가, 전통시장, 고급 골목상권, 청년문화거리, 백화점과 쇼핑몰 등 풍부한 유형의 상권들은 고유의 개성을 간직한 채 공존한다.

"모든 것이 다 가능한 곳"

"젊음과 자유, 여유로움이 살아있는 곳"

"한 번쯤 살아보고 싶은 곳"

여행자들의 찬사가 끊이지 않는 기치조지 골목은 완벽에 가깝다 해도 과언이 아니다.

중심상권은 크게 북부와 남부로 나뉜다. 역 북쪽 게이트로 나오면 바로 맞닥뜨리는 곳이 광장이다. 광장 왼쪽이 종로의 피맛골을 연상시키는 하모니카 요코초다. 작은 상점들이 다닥다닥 붙어 있는 모습이 하모니카 구멍처럼 보인다 해서 붙여진 이름이다. 2차 세계대전 이후 암거래 시장으로 시작된 상가는 현재 100여 개의 개성 있는 독립 가게가 영업하는 관광 명소다.

광장 정면에는 또 다른 상가로 들어가는 입구가 보인다. 일본 도시에서 흔히 볼 수 있는 아케이드형 전통시장 선로드(Sun Road)다. 선로드를 따라 북쪽으로 걸어가면 길 양쪽으로 다양한 가게와 음식점을 만날 수 있다.

하모니카 유코초와 선로드가 북서쪽 상가라면, 북동쪽에는 전형적인 도쿄 쇼핑 거리인 나카미치가 자리 잡고 있다. 이체리 작가의 여행 에세이 『도쿄 일상산책』에서는 이 길을 "상점마다 고유한 분위기와 개성을 가지고 있으면서도 전체적으로 볼 때 하나의 그림처럼 잘 어우러진다"라고 소개한다. 유명 커피 체인점과 대기업 브랜드가 잠식한 천편일률적 골목상권과 확연히 다르다.

대표적인 남부 상권은 이노카시라 공원으로 연결된 나나이바시도리다. 전통시장, 백화점, 전문점이 즐비한 북쪽 상가와는 달리 이곳은 '미니 하라주쿠'라고 불릴 만큼 젊은이들 취향의 잡화점, 인테리어 용품, 카페, 레스토랑 등이 즐비하다. 자유롭고 여유로운 기치조지의 청년문화를 체험할 수 있는 곳이다. 기치조지 상권의 특별함은 전통시장과 독립 가게로 채워진 골목길과 백화점이나 대형 쇼핑몰이 들어선 대로가 공존한다는 데에서 온다. 도큐, 마루이, 파르코 백화점뿐만 아니라 기라리나 게이오, 아트레 등 대형 쇼핑몰 등이 함께 성업 중이다.

전문가들은 일본 골목상권이 각기 다른 정체성을 유지하는 이유를 전통적인 '무라(村) 정신'으로 설명한다. 공동체의 룰을 어긴 사람에게 가해지는 집단적인 제재 양식으로 인해 이런 정신은 더욱 철저히 지켜지고, 그 결과로 강력한 공동체 의식과 사상의 일체화를 강조하는 집단주의 문화가 확고히 구축되는 것이다.

일본은 상권 내 상인들 간 공동체문화가 강해 임대료 자체 규제, 대형-소형 가게의 상생 등 사회적 문제를 자율적으로 해결한다. 상

위 아케이드형 전통시장 선로드 입구
가운데 이노카시라 공원에서 기치조지역으로 향하는 거리
아래 대형 상가와 골목길이 공존하는 기치조지

생 노력이 가장 두드러지는 부분은 상점가들의 고유 영역 존중이다. 각 상점가는 다른 상점가의 업종이나 상품에 침범하지 않는다. 예컨대 대형마트는 전통시장이 선점한 신선식품을 판매하지 않는 것으로 분업한다.

공간 디자인에서도 상호 존중 전통을 엿볼 수 있다. 동아일보 임상균 기자는 그의 저서 『도쿄 비즈니스 산책』에서 기치조지의 공동체 정신을 다음과 같이 설명한다.

> 기치조지는 역에서 나와 백화점, 전문 쇼핑몰 등 대형 매장으로 가려면 반드시 전통 상점가를 지나도록 설계됐다. 법으로 대형 매장이 골목상권과 몇 미터 이상 떨어져야 한다거나 역을 중심으로 전통 시장과 현대식 상가의 위치를 규정하고 있는 것이 아니다. 기치조지의 이런 구조는 도시가 경쟁력을 갖추기 위해서는 현대식 유통 업체와 골목상권이 공존하면서 다양성을 갖춰야 한다는 데 도시 전체가 공감한 결과라 할 수 있다.
>
> - 임상균 지음, 『도쿄 비즈니스 산책』, 한빛비즈, 2016

물론 공동체 규범이 자율적으로만 집행되는 것은 아니다. 상인들은 상인회를 구성해 내부 결속을 강화하고 관련 지자체는 물론, 다른 상점가의 상인회, 지역 주민회 등과 협력하는 거버넌스 체제를 구축했다.

상권 거버넌스에서 지역 주민들도 중요한 역할을 한다. 한 연구에 따르면 "기치조지 상점가 주변에는 양호한 환경을 갖춘 주거 지역이 있어 상점가와 지역 전반에 대한 지역 주민들의 관심도가 높다. 지역 내 치안 및 안전 문제에 민감하기 때문에 안전한 마을 만들기를 위한 활동에 적극적이다. 실제로 지역 주민들의 적극적인 반대로 유흥업소 입지가 무산된 사례도 있다"(임화진 외)고 한다.

도시계획 관점에서 가장 부러운 점은 젠트리피케이션의 부재다. 도쿄에서 주목받는 상권임에도 젠트리피케이션 논란은 들리지 않는다. 그 이유는 크게 네 가지다.

첫째, 공동체문화다. 앞서 설명한 것처럼, 건물주와 상인들 간 공동체가 형성되어 비공식적인 임대료 규제가 작동한다.

둘째, 기치조지의 대지주는 사찰이다. 사찰 소유지가 많아 토지 매입을 통한 상가 개발이 어렵다. 사찰의 비영리적 특성으로 인해 임대료가 급상승하는 현상이 발생하지 않는다.

셋째, 상권의 무분별 팽창을 견제하는 주민들의 노력이다. 이곳에서는 주거 건물을 상업 용도로 쉽게 전용해주지 않아 프랜차이즈 업소의 대규모 진입이 어렵다.

넷째, 1991년 자산 버블이 붕괴된 이후 지속된 부동산 침체는 구조적으로 젠트리피케이션이 발생하기 어려운 환경을 만들었다.

이 가운데 경제학 관점에서 흥미로운 요인은 부동산 경기의 침체다. 1980년 후반 일본 부동산 시장의 버블 규모는 상상을 초월했다. 버블이 터진 후 도쿄에서는 주택 가격이 최고 90퍼센트, 상업용 토지 가격은 99퍼센트까지 하락했다.

1980년대 이후 도쿄와 기치조지의 공시지가 변화 추이는 포스트 버블 시대의 부동산 경기 침체를 단적으로 보여준다. 1993년 이후 도쿄와 기치조지의 공시지가가 급격히 하락해 2016년까지도 회복하지 못했다.

상가 임대료도 비슷한 패턴을 보여, 1990년대 초반 급락한 후 계속 정체됐다. 2008년에서 2015년 사이에 도쿄 주요 상가의 1층 매장의 임대료는 오히려 평당 5만 3000엔에서 4만 3000엔으로 하락했다.

2015년 취임한 아베 신조 총리가 경기부양책을 가동한 이후 도쿄 부동산 시장은 30년 가까운 디플레이션에서 벗어나는 모습을 보인

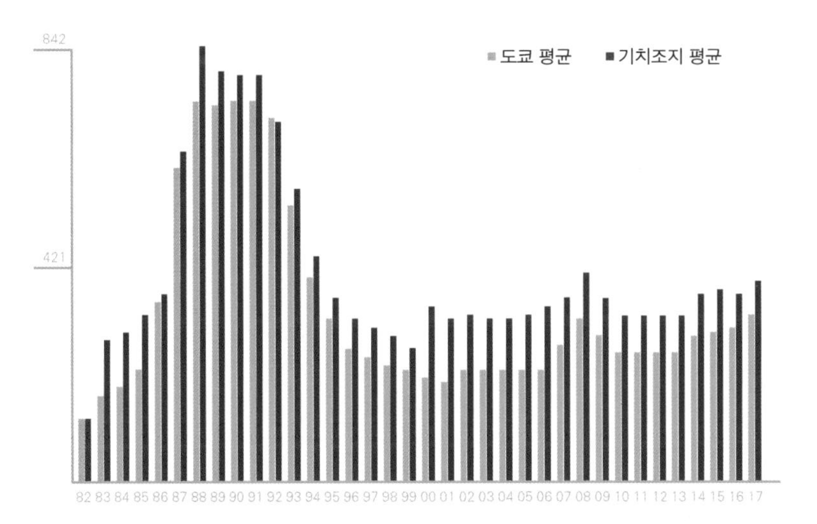

도쿄와 기치조지의 공시지가 변화 추이 (출처 : tochi-value.com)

개성과 분위기를 판매하는 기치조지의 커피전문점 (사진 제공 : 김승훈)

다. 하지만 그 전에는 건물주가 임대료를 인상할 수도 없었고, 임차인을 골라 선택할 수도 없었다. 임대차 시장의 불황 속에서 상업 젠트리피케이션이 발생하지 않은 것은 경제학적으로 당연한 결과다.

부동산 시장의 장기 불황이라는 특수한 상황에서 성공적이었던 기치조지 모델이 미래에도 유지될 수 있을까? 안타깝지만 낙관할 수만은 없다. 한 언론 기사에 따르면, 2016년 이후 관광객 급증으로 하모니카 요코초에 패밀리 레스토랑과 같은 기업형 업소가 부쩍 늘었다고 한다.

도쿄 부동산 시장이 살아나면 기치조지도 다른 글로벌 도시의 프리미엄 상권과 같은 궤적을 따를 가능성이 높다. 뉴욕과 런던의 많은 상권은 임대료 상승으로 지역 정체성을 상징하는 독립 가게는 다른 지역으로 떠나고 명품이나 대기업 가게만 남는 젠트리피케이션 현상을 피하지 못했다.

하지만 기치조지를 응원하는 이웃나라 시민으로서 장인 정신과 공동체문화의 힘을 믿고 싶다. 사찰, 주민, 상인회 등 많은 공동체 주체들이 활동하고 있는 기치조지는 모든 골목상권이 지향해야 하는 장인 공동체 모델을 상징한다. 이 도시가 정체성을 지키지 못한다면 다른 누구도 지킬 수 없을 것이다. 부동산 침체의 여건 속에서 완벽한 골목상권으로 성장한 기치조지. 이 도시가 상생의 노력으로 젠트리피케이션의 위협을 지혜롭게 헤쳐나가길 기대해본다.

골목길을 복원하는 상하이

1992년 중국 정부가 투자 자유화를 통해 국제금융도시로 키우고자 경제특구로 지정한 상하이 푸둥신구는 높은 빌딩이 가득한 금융무역지구로 변신했다. 마천루 숲이 돼버린 상하이도 한때는 골목도시였다. 1990년대까지만 해도 전체 인구의 80퍼센트가 스쿠먼(石庫門) 단지 등 저밀도 주택단지에서 거주했다.

고층건물과 쇼핑센터가 즐비한 가운데 사라지고 가려졌던 골목길은 오늘날 젊은 세대와 외국인이 찾는 골목상권으로 되살아나고 있

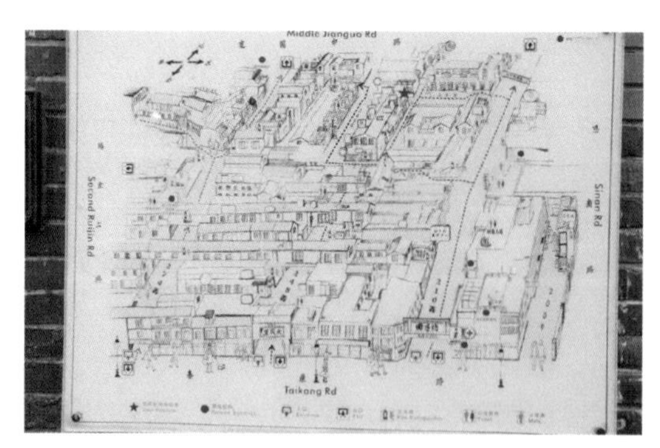

상하이 티엔즈팡 골목길 지도

다. 서구적이고 힙(hip)한 쇼핑거리 신티엔디(新天地), 젊은 예술의 거리 티엔즈팡(田子坊) 등이 상하이의 대표적인 골목상권이다.

좁고 오래됐지만 이색적인 느낌이 가득한 골목이 인기를 끄는 것과 함께, 전 세계적으로 전통 건축을 복원하는 레트로 붐이 불고 있다. 서울에서는 한옥마을, 상하이에서는 스쿠먼 마을이 관광지로 부상하고 있다.

두 도시 모두 관광객을 유치하고자 전통 주택을 보호하고 단지를 조성한다. 그러나 전통 주택에 대한 반응에는 미묘한 차이가 있다. 중국에서는 전통가옥의 실제 거주 수요가 증가하는 데 비해, 한국은 관광자원으로 활용해야 한다는 인식에 머물러 있다. 왜 이토록 다른 양상을 보이는 것일까.

문화로 주변국을 지배한 경험이 있는 중국은 문화의 힘을 이해하고, 경쟁력으로 활용하는 데 익숙하다. 반면 전통에 대한 자신감이 부족한 한국에서는 정체성보다는 편리성과 트렌드를 따르는 문화가 자리 잡았다. 문제는 미래다. 상하이가 스쿠먼 주택과 거리를 복원하는 것을 보면서, 서울이 상하이 골목상권과 경쟁할 수 있는 전통문화 상권을 배출할 수 있을지 궁금해졌다. 우리가 한옥을 포함한 전통문화의 생활화에 적극적으로 나서야 기대할 수 있는 미래다.

엄격히 말해 스쿠먼은 전통가옥이 아니다. 상하이가 반식민 지배를 받던 조계(租界)시대(1850~1940년대)에 유럽인들이 중국인 근로자를 위해 지은 근대 건축물이다. 외관은 당시 유럽과 미국의 산업도시에서 근로자를 위해 건설한 공동 주택과 비슷하지만, 중국 풍수 전통에

위 상하이 스쿠먼 주택지를 복원해 조성한 쇼핑거리 신티엔디 입구
가운데 상하이 전통주택 스쿠먼
아래 상하이의 전형적인 공인신촌 단지 입구

따라 남과 북에 각각 정문과 후문을 뒀다.

> 외관은 유럽식 연립주택과 비슷하고, 내부 구조는 정원을 사이에 두고 삼면이 가로막힌 중국 삼합원(三合園) 형태다. 대문 위 상인방의 넝쿨 장식과 박공, 툭 튀어나온 베란다 역시 유럽 건축의 영향이다. 스쿠먼이라고 부르는 이유는 돌(石)로 문틀과 기둥을 만들었기 때문이다.
>
> – 도선미, 「100년 묵은 상하이 서민의 집, 스쿠먼 탐방기」, 《중앙일보》, 2016

가옥들은 직선 골목길 양쪽에 나란히 놓여 하나의 블록을 이룬다. 중앙 골목길을 중심으로 평행 배치된 블록들이 모여 주택 단지를 이룬다. 이러한 저밀도 공동주택 거주 단지를 리룽(里弄)이라고 불렀다.

1949년 중국 공산당이 스쿠먼 주택 건축을 중단했을 당시, 400만 명의 상하이 주민이 9000개의 리룽에 거주했다. 그러나 1980년대 이후 실행된 대규모 철거로 2017년 현재 상하이에 남아 있는 리룽은 약 1900개에 불과하다.

1949년 이후 중국 공산당이 건축한 노동자 주거지 공인신촌(工人新村)도 2~3층 공동주택으로 이뤄진 저밀도 집단 주거 단지였다. 상하이시는 1949년부터 1978년까지 모두 256개의 공인신촌을 건설했으며, 그중 86퍼센트인 196개를 1951년부터 1958년에 집중적으로 건설했다. 경제개방 이전의 상하이는 이처럼 전통적인 리룽과 1950년 건설한 공인신촌 저밀도 주택단지로 구성된 도시였다.

고속 성장 과정에서 상하이는 처음에 저밀도 주택단지를 고층건물과 대형 쇼핑몰로 교체했다. 하지만 2000년대 이후 서양과 중국 건축 양식이 혼합된 이국적인 분위기와 문화적 가치를 인정받기 시작하면서 스쿠먼 단지를 보호하기로 했다.

상하이의 대표적인 쇼핑거리로 재탄생한 신티엔디와 티엔즈팡에 이어 최근에는 젠예리(建業里)와 시테 부르고뉴(Cite Bourgogne) 등 프랑스 조계지 내의 스쿠먼 단지를 최고급 주택가와 쇼핑 단지로 새롭게 개발했다.

눈여겨볼 점은 최근 들어선 스쿠먼 단지가 주거지라는 것이다. 상가 중심으로 개발한 신티엔디와 티엔즈팡과 달리, 젠예리는 상하이 부유층과 외국인을 위해 만든 최고급 주택지다. 상하이뿐만이 아니다. 베이징 중국 부유층 사이에도 전통 주택 후통(胡同)을 개조해 자택, 사무실로 사용하는 것이 유행이다.

전통가옥을 선호하는 중국의 엘리트 계층과 아파트나 주상복합을 선호하는 한국의 엘리트 계층. 이들의 차이는 어디에서 비롯된 것일까. 이를 단순히 선호와 문화의 차이로 평가해야 할까. 한국 고유의 문화 경쟁력 제고를 위한 역사적 전통의 중요성을 인식한다면, 가볍게 넘어갈 문제는 아니다.

한옥의 생활화를 위해 정부가 노력하지 않는 것은 아니다. 서울 은평뉴타운 등 일부 지역에서 단열기법, 조립식 건축 등의 신기술을 접목한 한옥 단지를 조성하고, 기존 한옥 보전을 위해 적지 않은 보조금을 지원한다.

하지만 서울시 가구 전체를 보면 한옥 가구 수는 해마다 감소하는 추세다. 지자체가 경쟁적으로 건설하는 한옥마을도 실질적으로는 주민이 살지 않는 관광단지다. 한옥마을의 원조라 할 수 있는 전주 한옥마을에서도 한옥 주택이 상업시설로 전환돼 거주민의 비중은 갈수록 줄고 있다.

우리가 진정으로 경쟁력 있는 도시 외관과 정체성을 원한다면, 중국뿐만 아니라 한옥호텔을 경쟁적으로 짓는 국내 호텔업계에서 교훈을 얻을 수 있다. 현대중공업은 2015년 6월 강릉에 6성급 씨마크 호텔을 개장했다. 이 호텔이 자랑하는 시설 중 하나는 한옥 스위트 객실인 호원재다. 호텔 측은 "품격 있는 휴식과 전통문화를 경험할 수 있는 최고급 한옥 객실을 선보이기 위해" 호원재를 운영한다고 설명했다.

인천 송도의 한옥호텔 경원재 앰배서더

비슷한 시기에 앰배서더 호텔 그룹은 인천 송도에 건물 전체가 한옥인 경원재 앰배서더 호텔을 오픈했다. 2만 8000제곱미터의 넓은 부지에 총 30개 객실을 갖춘 객실동과 영빈관, 한식당 건물로 구성된 이 호텔은 한옥호텔로서는 전국 최대 규모를 자랑한다. 호텔신라도 장충동 부지에 대규모 한옥호텔의 건립을 추진하고 있다.

최고급 호텔이 한옥 건물을 신축하는 이유는 외국인 관광객이 한옥을 선호하기 때문이다. 현지 문화를 경험하고 싶어하는 외국인 여행객들은 한옥에서 숙박을 하며 한국문화를 체험하고자 한다.

한옥 시설은 호텔의 품격을 상징하는 역할도 한다. 고급 전통문화를 계승하는 호텔로 마케팅함으로써 기업 문화의 대외적 이미지를 높이는 것이다. 한옥의 이러한 홍보 가치 때문에 호텔을 운영하지 않는 대기업도 별도로 한옥 영빈관을 마련해 외국 귀빈을 접대한다.

한옥 붐은 이제 한옥 시설을 통해 관광 수요를 창출하고 기업 이미지를 제고하는 호텔과 기업에서 일반 시민으로 확산돼야 한다. 한옥에 대한 국내 관심과 소비가 부족한 탓에, 한옥 건축 인력 대부분이 기존 한옥을 보호하고 보전하는 일에 집중돼 있다. 한옥에 대한 대중적 사랑이 뒷받침되어야 전문 건설 기업들도 한옥 산업화와 시장화에 발 벗고 나설 것이다.

전통문화의 산업화에 한국 산업의 미래가 달렸다고 해도 과언이 아니다. 개성과 문화를 중시하는 선진국 소비자를 만족시키려면 기술력이 접목된 한국만의 특별한 상품과 서비스가 필요하기 때문이다. 한국 고유의 전통문화와 가치에서 영감을 얻어 첨단 기술과 혁신적인 사업 모델이 결합된 창의적인 상품이 생산되지 않으면, 미래 시장에서 생존하기 어려울 것이다.

서울시가 2015년에 발간한 「서울의 미래」에서 네이버 김상헌 전 대표는 한국사회의 고유한 생활문화가 IT 기업에 많은 비즈니스 소재를 제공하고 있다고 밝혔다. 유료 문자 메시지 시장을 대체하기 위해 만들어진 메신저 서비스 카카오톡과 한국에만 존재하는 음식 배달 문화에 IT 기술을 접목한 배달의 민족 등이 한국의 특수성을 사업에 반영한 대표적인 사례다.

전통문화는 외국 기업이 모방하기 힘든 한국 기업만의 원천 콘텐츠가 될 수 있다. 그런 의미에서 전통문화의 산업화는 한국 경제의 구조적 어려움을 극복하기 위해 반드시 실현해야 하는 새로운 성장 전략이다.

한옥 사례에서 보듯, 전통문화 산업이 부진한 근본적인 원인은 우리가 실생활에서 전통문화를 즐기지 않는 데 있다. 대중화를 통해 시장 수요가 창출되지 않는다면, 전통문화의 산업화와 세계화는 유명무실해진다.

그렇다면 한국 전통문화 정체성이 뚜렷한 골목상권은 과연 가능할까. 열악한 전통문화 환경에서도 전통문화로 경쟁력을 유지하는 상권이 인사동이다. 한국을 대표하는 전통문화거리답게 건축물, 거리 디자인, 상업시설이 판매하는 상품들 대부분이 전통문화에 기반한다. 문제는 서울의 다른 상권이다. 글로벌 도시에 걸맞게 다양한 외국문화를 수용하는 것은 환영하지만, 최소한 반 이상의 상점은 한국다운, 국적 있는 상품을 판매해야 하지 않을까.

대표적으로 정체성을 상실한 업종이 바로 주점이다. 언젠가부터 일본식 주점 이자카야가 전국의 골목상권을 점령했다. 전통을 담은 다양한 맛과 디자인의 한국식 주점이 주를 이루는 가운데 일본식, 중국식, 서양식 주점이 간간이 섞여 있는 것이 이상적인 한국문화 중심의 상권일 것이다.

역사가 작품이 되는 도시 에든버러

스코틀랜드 수도 에든버러의 전경

스코틀랜드 수도 에든버러는 인구 50만의 작은 도시다. 공식적인 통계로 잡히는 주요 산업은 행정, 교육, 그리고 금융이다. 15세기 이후부터 스코틀랜드 수도였던 에든버러의 가장 큰 산업은 행정이다. 정부의 주요 기관과 공공 미술관, 박물관, 연구기관이 모두 밀집되어 있다.

또한 세계적인 명문대학인 에든버러대학을 비롯한 네 개의 종합대학을 보유한 교육 도시다. 대학에 재학하는 학생 수가 인구의 4분의 1을 차지할 정도로 대학생이 많다.

런던 다음으로 큰 영국의 금융 중심지이기도 하다. 스코틀랜드 은행, 세인스버리 은행, 테스코 은행, 스코티시 윈도우즈, 스탠더드 라이프 본사가 여기에 있다.

하지만 여행자의 이목을 끄는 산업은 따로 있다. 18세기 이후 애덤 스미스(Adam Smith), 데이비드 흄(David Hume), 최근에는 해리 포터 저자 조앤 롤링(Joan K. Rowling)까지, 작은 도시가 했다고 믿기 어려울 만큼 많은 수의 작가를 배출한 이야기 산업이다. 단순히 학문과 교육의 중심지였기 때문일까? 다른 교육 도시들의 작가 배출 성적을 볼 때, 교육 중심지였다는 이유만으로는 작가 생산성을 설명하기 어렵다.

그렇다면 에든버러의 무엇이 이야기 산업을 발전시켰을까? 그것은 아마 지역 역사와 상상력의 융합 덕분일 것이다. 역사와 전설을 작품으로 만드는 상상력을 발휘할 수 있는 문화 말이다.

2015년 1월 에든버러역에 도착해 호텔로 가는 길 언덕에서 색다른 가두 간판을 만났다. 매주 주말이면 세계 제일의 문학도시(The World's First City of Literature)가 배출한 작가들이 살던 집과 자주 드나들던 장소를 구경시켜주는 투어가 제공된다는 메시지가 담겨 있다.

에든버러의 문학 전통을 잘 몰랐던 나는 간판에 적힌 작가 이름을 보고 깜짝 놀랐다. 로버트 번스(Robert Burns), 월터 스콧(Walter Scott), 로버트 루이스 스티븐슨(Robert Louis Stevenson), 아서 코난 도일(Arthur

위 에든버러 작가 투어 안내 사인
가운데 해리 포터 20주년 기념 특별반을 전시하는 에든버러 서점 (사진 제공 : 최현정)
아래 조앤 롤링이 해리 포터를 집필한 카페 엘리펀트 하우스

Conan Doyle), 제임스 매튜 배리(James Matthew Barrie), 알렉산더 맥콜 스미스(Alexander McCall Smith), 이언 랜킨(Ian Rankin), 그리고 조앤 롤링이라니.

스코틀랜드의 민족시인 로버트 번스는 우리에게 친숙한 작별의 노래 「올드 랭 사인(Auld Lang Syne)」의 가사를 썼다. 스코틀랜드 방언으로 시를 쓴 그는 친구와 함께 스코틀랜드 민요와 설화를 수집할 정도로 모국을 사랑했다. 스코틀랜드 사람들은 그의 생일인 1월 25일을 '번스의 밤'으로 부르며 국경일처럼 기린다.

번스와 더불어 스코틀랜드 문학과 문화를 대표하는 작가가 월터 스콧이다. 1771년 에든버러에서 태어난 그는 번스와 마찬가지로 스코틀랜드 작은 도시들의 옛 전설과 민요를 채집해 출판하기도 했다. 2017년 스코틀랜드 은행은 「마지막 음유시인의 노래(The Lay of the Last Minstrel)」, 「호수의 연인(The Lady of the Lake)」, 「로브 로이(Rob Roy)」를 대표 작품으로 남긴 그의 초상을 10파운드 은행권에 새겼다.

에든버러 문학 전통은 현대에도 이어졌다. 셜록 홈즈를 탄생시킨 아서 코난 도일도 이곳에서 태어나 의학 공부를 마쳤다. 1887년 셜록 홈즈가 처음 등장하는 소설인 『주홍색 연구(A Study in Scarlet)』를 시작으로 대중의 인기를 얻은 수많은 작품을 발표했다.

작가 투어 안내 간판에 적힌 이름 중 나를 가장 놀라게 한 사람은 조앤 롤링이었다. 해리 포터를 쓴 작가가 에든버러 출신임을 처음 알았기 때문이다. 지역 스토리와 배경을 토대로 작품을 쓴 다른 작가들과 달리 해리 포터와 스코틀랜드, 특히 에든버러를 연결하기가 쉽지 않았다.

해리 포터와 에든버러의 첫 번째 연결고리는 작품의 탄생지라는 점이다. 에든버러는 롤링이 해리 포터 시리즈의 첫 편인 『해리 포터와 마법사의 돌(Harry Potter And The Sorcerer's Stone)』을 쓴 도시다. 그녀는 남편과 결별한 후 소설의 첫 3장이 담긴 원고를 가지고 언니가 살던 에든버러로 갔다.

그리고는 변변한 직장 없이 시간 날 때마다 시내 카페에서 원고를 완성했다. 집필 장소는 시내 여러 곳에 남아있는데 대표적인 장소가 바로 카페 엘리펀트 하우스다.

롤링은 작가로서 크게 성공한 후에도 에든버러를 떠나지 않고 지역사회의 지도자로 기여했다. 2008년 하버드대학 졸업식에서 연설을 한 그는, 2004년 에든버러대학에서 명예박사학위를 받았다. 그의 명예박사학위 사진이 에든버러대학 채플의 한 면을 장식하고 있다. 지역사회에서 그가 차지하는 비중을 간접적으로 보여준다.

그러나 해리 포터 소설에서 에든버러가 더 중요한 이유는 공간적 배경이 된 도시 경관 때문이다. 해리 포터 시리즈의 매력 중 하나는 소설의 분위기와 어울리는 배경이었다. 호그와트 마법학교와 마법사들의 세계는 모든 것이 상상의 결과만은 아니다. 에든버러와 스코틀랜드에 가보면 롤링이 이 지역의 역사와 외관에서 영감을 얻었음을 쉽게 알 수 있다.

에든버러는 판타지 소설의 소재를 제공하는 전설과 건물로 가득하다. 한국예술종합학교 양정무 교수는 "영국이라는 나라 전체가 중세

위 해리 포터 영화에 자주 등장하는 글렌피넌 고가교 (사진 제공: 최현정)
가운데 그레이프라이어 묘지 (사진 제공 : 최현정)
아래 로열마일의 애덤 스미스 동상

의 무대로 느껴지는 것은 고딕 건축 양식이 19세기에 들어 대대적으로 다시 유행했기 때문"이라고 설명한다. 산업혁명으로 세계 최대 강국이 된 영국이 문화 정체성 강화를 위해 건축한 중세 종교 건축이 이야기 산업의 기반이 된 것이다.

2017년 출판 20주년을 맞아 전 세계 팬들이 꼽은 에든버러의 해리 포터 '성지'는 엘리펀트 하우스, 조지 해리엇 스쿨, 그레이프라이어 묘지, 발모랄 호텔 등이다.

그레이프라이어 묘지는 소설 속 인물들의 모델이 된 실존 인물의 무덤을 찾을 수 있는 장소다. 볼드모트의 본명인 토머스 리들(Thomas Riddle)은 실존했던 에든버러 인물이고, 그의 묘비가 이곳에 있다. 미네르바 맥고나걸 교수의 모델로 추정되는 시인 윌리엄 맥고나걸(William McGonagall)도 여기에 잠들어 있다.

해리 포터의 주요 배경 중 하나인 호그와트 마법학교는 에든버러 중심에 위치한 조지 해리엇 스쿨(1628년 개교)에서 영감을 받은 것으로 알려져 있다. 엘리펀트 하우스 근처에 위치한 이 학교는 마치 동화 속에서 튀어나온 것처럼 아름답다. 관광객에게 개방하지는 않지만, 매년 여름 열리는 에든버러 축제 기간에는 작은 행사를 주최한다.

18세기 이후 에든버러가 배출한 탁월한 학자와 작가의 동상과 무덤이 모여 있는 로열마일은 이 도시의 정체성과 전통을 상징한다.

스코틀랜드가 자랑하는 문학, 사상, 과학은 1707년 합병 법안(Union Act)을 통해 대영제국에 합류한 후 번성하기 시작했다. 유럽에서 가장 빈곤한 국가였던 스코틀랜드의 국민들은 대영제국이 제공한 해외 진출 기회를 적극 활용해 문화 중심지가 되기 위해 필요한 부와 지식을 획득했다. 이 과정에서 자유, 자족, 도덕적 규율, 과학기술 존중 등의 가치가 스코틀랜드 문화로 자리 잡았다.

스코틀랜드인들이 외부 기회를 진취적으로 활용한 데에는 16세기 스코틀랜드 교회를 개혁한 존 녹스(John Knox) 목사의 장로교회가 큰 역할을 했다. 녹스 목사는 스코틀랜드인은 선택받은 사람이며, 스코틀랜드는 새로운 예루살렘이 돼야 한다고 설교했다. 선민의식을 바탕으로 스코틀랜드 장로교는 당시 기준으로 가장 민주적인 교회 조직을 운영했다. 이런 민주적인 토양에서 18세기 스코틀랜드 계몽주의(The Scottish Enlightenment)가 발현할 수 있었다.

공교육 시스템도 문학과 철학의 발전에 기여했다. 녹스 목사는 국가가 국가 교육제도를 도입해 시민들을 직접 교육시켜야 한다고 주장했다. 정부가 이를 점진적으로 수용한 덕에 18세기 스코틀랜드는 유럽에서 가장 교육을 많이 받은 시민들이 살고, 유럽 여러 국가의 평민들이 유학을 오는 대중적인 대학교육을 실시하는 국가가 됐다.

시장, 자유, 규율 등으로 세계 시장에서 성공한 스코틀랜드 엘리트들은 자신의 경험을 하나의 철학으로 정리했다. 스코틀랜드 계몽주의라고 불리는 이 철학은 자유주의 철학의 발전뿐만 아니라, 미국 독립사상, 장로교 선교 등을 통해 세계 역사 발전에 큰 영향을 미쳤다.

18세기 에든버러 지식인들도 따지고 보면 스코틀랜드의 가치와 경험을 학문적으로 정리한 학자들이다. 애덤 스미스의 시장 경제주의는 스코틀랜드의 경험과 이익에 기인한다. 스코틀랜드의 경험에서 자유 무역의 우월성을 찾았기 때문이다. 데이비드 흄도 스코틀랜드의 역사와 경험을 통해 삼권분립, 분권 등 자유주의 가치와 제도의 중요성을 인식했다고 평가할 수 있다.

에든버러는 전통 보전과 교육을 통해 뚜렷한 역사관과 소명의식을 가진 위대한 작가를 배출한 도시다. 전통과 역사가 창조의 원천인 것이다. 해리 포터와 다른 스코틀랜드 배경 판타지 소설이 보여주듯, 미래에 대한 영감도 역사와 과거에서 찾을 수 있을 것이다.

뚜렷한 가치와 영혼이 담긴 한국의 길과 도시는 어디인가. 한국의 수많은 도시가 이야기 산업을 키우고자 하지만, 에든버러 같이 역사와 정체성을 보전한 도시만이 그것을 이룩해나갈 수 있는 게 아닐까. 만약 그렇다면 우리는 지금부터라도 지역 콘텐츠 산업을 육성하기에 앞서 지역의 역사와 정체성이 경관과 문화를 통해 드러나는 도시를 육성해야 한다. 역사 속에 사는 것이야말로 과거가 현재로 이어져 미래를 창조할 풍부한 영감을 얻는 이야기 산업의 원천이기 때문이다.

4장

골목을 골목답게 만드는 정체성과 문화

티옹바루에서
싱가포르의 미래를 엿보다

싱가포르 골목상권 티옹바루의 벽화거리

경제적으로나 사회적으로 부족함이 없어 보이는 나라 싱가포르. 싱가포르의 1인당 국민총소득(GNI)은 5만 5000달러로 아시아를 넘어 세계 최고 수준이다. 1990년대에는 한국과 비슷한 2만 달러 수준이었는데 20년이 지난 현재 한국의 두 배 수준에 이른 것이다. 경제성장도 순조로워 2015년에는 2.0퍼센트, 2016년에는 1.8퍼센트의 성장률을 기록했다. 싱가포르의 미래는 앞으로도 희망적일까.

경제적 비결은 알려진 대로다. 기업인의 천국이라고 할 만큼 정부 정책이 개방적이고 규제가 합리적이며 투명하다. 도시환경도 20세기 초 전원도시 운동의 이상을 실현한 듯 아름답고 쾌적하며 편리하다. 여기에 역사적 개방성과 지리적 위치가 더해져 싱가포르 경제 모델이 완성됐다.

사회적 성과도 모범적이다. 그 어떤 나라보다도 안전하며 사회적 신뢰도가 높다. 사회 안정의 배경에는 개인의 책임과 국가의 책임이 균형을 잡은 고유의 복지 모델이 존재한다. 혁신적인 복지 모델 덕분에 시민들은 세계 수준의 교육, 의료, 주택 복지를 누린다.

싱가포르는 이처럼 시장과 공동체의 양 날개로 글로벌 경쟁력을 가진 금융, 제조업, 서비스 경제로 비상했다. 이제 싱가포르가 집중하는 차세대 성장 동력은 IT, 인공지능, 생명공학 등 최첨단 기술 산업이다. 창업에 소극적이었던 젊은이들도 블록 71 등 대규모 정부 재정 지원과 높은 수준의 대학 연구 인프라를 기반으로 급속히 성장하는 싱가포르 스타트업 중심지로 몰리고 있다.

그렇다고 싱가포르가 모든 분야에서 탁월한 경쟁력을 발휘하는 것은 아니다. 이 나라에 걱정거리가 있다면 문화산업일 것이다. 세계 경제가 개성, 다양성, 삶의 질을 중시하는 탈물질주의 산업 중심으로 재편해도 싱가포르가 현재의 산업 경쟁력을 유지할 수 있을까.

싱가포르의 골목길은 어떤 모습일지 궁금해진다. 한 나라가 문화 강국이 되고 싶다면 새로운 도시 트렌드를 창출하고, 그 문화로 세계

위 티옹바루 베이커리 플레인 바닐라
가운데 티옹바루 호커센터 2층 식당가
아래 티옹바루 독립서점 북스 액츄얼리

의 도시여행자를 유인할 수 있는 골목길 하나 정도는 보유해야 한다. 싱가포르 친구들에게 싱가포르의 그리니치빌리지가 어디인지 물었더니 힙스터 지역으로 알려진 티옹바루를 추천했다.

티옹바루는 시내에서 멀지 않은 곳에 있다. 차이나타운, 리틀인디아, 아랍스트리트 등 다른 상업지역과 달리 이곳은 한가한 주택가에 위치한 근린상권이다. 가로 네 블록, 세로 네 블록 정도의 작은 마을로 규모도 아담하다.

티옹바루는 1930년대에 건설된 싱가포르 최초의 공공주택단지로 이루어져 있다. 곳곳에는 공동체 협력을 강조하는 마을회관, 학교, 공원 등 공동체 시설이 들어서 있다. 20미터 간격으로 배치되어 있는 주민회 안내판에서 이곳 주민들이 엄격한 수준의 공동체 생활을 하고 있음을 엿볼 수 있다.

마을 입구에 들어서면 동네 시장 호커센터가 방문객을 맞이한다. 다른 공공주택단지와 마찬가지로 이곳에서도 호커센터가 마을 공동체 생활의 중심이다. 주민들은 호커센터에서 생활용품을 구입할 뿐 아니라 2층에 위치한 식당가에서 하루 세 끼를 해결할 수 있다. 1인당 국민총소득이 5만 달러가 넘는 선진국 싱가포르가 원화 2000원, 3000원으로 한 끼 식사를 할 수 있는 장소를 제도적으로 마련했다는 사실이 놀라웠다. 일부 호커센터 식당은 미슐랭 별을 받을 정도로 유명한 맛집이다.

시장과 식당가의 결합이 처음부터 계획된 것은 아니다. 초기 동네 시장은 식당가가 따로 없는 전통시장이었다. 정부가 거리에서 음식을 판매하는 것을 금지하면서 거리에서 밀려난 포장마차(호커)를 수용하기 위해 시장에 식당가를 건설한 것이다.

호커센터에서 나와 건너편 골목길을 거닐면 아기자기한 골목상권이 등장한다. 싱가포르 젊은이들이 좋아하는 음식점, 카페, 커피전문점, 베이커리, 바, 꽃가게, 디자인 숍이 동네 안에 자리 잡고 있다. 고층빌딩과 쇼핑센터가 지배하는 다른 상권과 달리 사람 냄새가 나는 여유롭고 다정한 골목길이다.

티옹바루가 예술의 거리로 불리는 이유는 마을 이곳저곳에 들어선 갤러리 때문이다. 싱가포르 다른 지역에서 만나기 힘든 인디문화가 여기에서 싹트고 있는 것이다. 동네서점 북스 액츄얼리와 우즈 인 더 북스에 진열된 미술서적, 그림책, 그리고 고서적에서 외부 여행객에게는 좀처럼 드러내지 않는 싱가포르 사람들의 문화적 감수성을 느낄 수 있다.

그런데 왜 티옹바루였을까? 독립 후 건설된 주거단지와 달리 티옹바루는 저층 공동주택 중심의 거주지다. 골목길에 필요한 저밀도 주거 환경이 조성된 것이다. 접근성도 한몫했다. 도심과 가까워 자연스럽게 상권으로 발전했다. 주택 가격과 임대료가 싼 것도 1980년대 이후 젊은 가족과 예술가들을 유인하는 데 기여했다. 1990년대 이후 싱가포르 정부가 문화재 보호에 힘쓴 것도 마을 건축물들을 보전하는 데 도움이 됐다.

우리는 티옹바루에서 싱가포르의 가능성과 고민을 동시에 체험할 수 있었다. 이 작은 마을은 공동체 경쟁력으로 성장한 골목상권의 역사뿐 아니라 미래에 무엇이 더 필요한지도 함께 보여준다.

이곳이 풀어나가야 할 앞으로의 숙제는 상권 확장이다. 일정 수준 규모의 경제를 달성해야 홍대, 시부야 등 아시아의 다른 도시 골목상권과 경쟁할 수 있다. 제한적인 청년들의 열정과 인디문화 인프라로는 글로벌 수준의 골목길로 발전하기 어려운 것이 현실이다.

다시 묻는다. 티옹바루가 진정한 의미의 그리니치빌리지가 될 수 있을까? 문화산업의 현재 수준을 보면 미래 경쟁력을 낙관하기 어렵다. 대부분의 사람에게 싱가포르는 금융, 무역 중심지다. 엄격한 법 규칙과 벌금 등 권위주의 문화가 먼저 연상되는 것이 현실이다.

문화산업의 경쟁력 부족은 어떻게 보면 정부가 의도한 결과다. 경제개발 과정에서 정부의 우선순위는 문화산업이 아니었다. 1965년

1930년대 아트데코 양식으로 건설된 티옹바루 공동주택 단지

말레이시아에서 독립한 싱가포르를 30년 가까이 통치한 리콴유 총리는 처음부터 끝까지 생활산업 중심의 실용주의 노선을 걸었다. 그에게 "시(詩)는 우리가 감당할 수 없는 사치(Poetry is a luxury we cannot afford)"였다.

그래서인지 부족한 게 없을 것 같은 싱가포르 젊은이들이 오히려 외국의 대중문화를 부러워하고 이에 열광한다. 한류도 이들이 좋아하는 외국 문화의 하나로 자리 잡았다. 한류문화를 직접 체험하기 위해 한국을 방문하는 학생이 늘고 있다. 싱가포르 명문 난양공대의 학생들은 교환학생으로 가장 가고 싶은 나라로 한국을 꼽는다.

싱가포르 문화산업의 미래는 단순히 그들만의 문제가 아니다. 사회과학자에게도 매우 중요한 연구 주제다. 과연 싱가포르가 현재의 권위주의 시스템으로 문화강국이 될 수 있을까? 우리는 일본, 한국, 중국의 성장모델에서 권위주의가 산업 발전을 일으킬 수 있음을 익히 알고 있다. 그러나 전통산업에서 입증된 권위주의의 경쟁력이 문화산업에도 적용될지는 확실치 않다.

자유주의 성향의 사회과학자들은 권위주의 국가의 조직력이 문화분야에서 발휘될 가능성에 대해 회의적이다. 권위주의와 문화산업은 상호배타적이기 때문이다. 문화 창작력과 창의성은 표현의 자유, 출판의 자유, 언론의 자유 등 개인의 자유에서 분출된다. 개인의 자유를 보장하지 못하는 권위주의 사회에서 개인의 창의력에 의존하는 문화산업이 번성하는 것은 구조적으로 어렵다.

물론 전근대 왕국들이 보여주었듯이 개인의 기본권을 억압하는 권위주의 사회에서도 발레, 오페라, 오케스트라, 미술 등 엘리트 문화산업은 육성할 수 있다. 엘리트 문화산업은 소수의 예술가와 후원자로 경쟁력을 유지할 수 있기 때문이다.

하지만 대중의 수요와 참여를 요구하는 대중문화는 다르다. 세계 젊은이들이 열광하는 대중문화는 천재적 재능을 가진 소수의 아티스트로 성공할 수 없다. 온 국민의 문화생활에서 배어 나오는 국가 매력도도 정부의 강요에 의해 쉽게 개선될 수 있는 게 아니다. 다수의 예술가와 소비자가 자유롭게 표현하고 활동할 수 있는 민주적인 사회에서 대중적 문화가 꽃필 수 있다.

싱가포르 정부는 사회과학자들을 무시하듯이 권위주의 체제를 그대로 유지하면서 문화산업을 육성하기 위해 노력한다. 2000년대 이후 미술, 음악, 출판, 공연 등 문화예술산업과 음식, 패션, 연예 등 대중문화산업에 막대한 예산을 투입하고 있다. 싱가포르 여론은 그리

베트남 작가 작품을 전시하는 티옹바루 갤러리 아트블루 스튜디오

호의적이지 않다. 싱가포르 시청자들은 자국 드라마가 왜 한국 드라마와 다르게 재미없는지 이해하기 어렵다고 불평한다.

장기적으로 보면 문화산업 육성은 궁극적으로 싱가포르의 의지에 달렸다. 사회과학적 통념을 과감하게 파괴해온 '이단아' 싱가포르가 진정으로 문화도시를 원한다면 불가능한 미래가 아니다.

원하는 일을 하고,
살고 싶은 삶을 사는 사람들

죽도해변을 가득 채운 서퍼들 (사진 제공 : 박민아)

골목상권은 아직까지 우리에게 소비 공간이다. 골목에서 특유의 분위기, 추억 그리고 멋을 즐기는 이들 중 정작 골목에 사는 사람은 많지 않다. 하지만 골목길이 좋아 그곳에서 창업하고 거주하는 사람이 늘고 있다.

반대로 생각해보자. 골목길에 사람이 먼저 모이고 그다음 그들이

위 죽도해변 서핑마을 거리
가운데 원색의 지붕들이 인상적인 서핑마을 건물들
아래 죽도해변 서프숍 시맨

상권을 일굴 수 있을까? 비슷한 가치를 추구하는 사람들이 함께하고자 모인 마을이 있다면 골목상권 하나쯤 생길 개연성은 충분하다. 곰곰이 생각해보니 파주 헤이리마을, 파주 출판도시, 남해 독일마을, 양양 죽도해변 서핑마을이 하나둘 떠오른다.

골목길의 미래에 관심이 많은 이들이 공동체 마을을 주목하는 이유는 뭘까? 바로 공동체와 골목길의 관계 때문이다. 공동체가 모여 사는 골목길은 무엇이 달라도 다르다. 특히 라이프스타일을 공유하는 공동체는 정체성과 결속력이 강하다. 그렇다면 동일한 라이프스타일을 추구하는 사람들이 조성한 상권이 더 효과적으로 상권 정체성을 유지할까?

문화예술인, 출판인, 독일교포 은퇴자들도 동일한 배경을 가졌지만 그들의 라이프스타일은 주류 사회로부터 크게 벗어나지 않는다. 반면 서핑을 직업으로 삼고 있는 전업 서퍼들은 주류 사회의 가치와 동떨어진 대안적 라이프스타일을 추구한다. 서핑문화가 막 시작된 한국에서 서퍼들과 주류 사회의 간격은 더욱 크다.

죽도해변은 해마다 늘어나는 서퍼들과 그들을 위한 숙박시설, 상업시설이 어우러져 하나의 공동체를 이룬다. 사람이 모여 살면서 자연스럽게 골목상권이 형성됐다. 예상대로 내가 방문한 죽도해변 골목길은 이미 서퍼들을 위한 시설들이 즐비한 서퍼거리로 변신해 있었다.

서핑마을은 동서로 3블록, 남북으로 2블록 규모의 작은 마을이다. 중심 도로는 북쪽 동산항구 입구에서 시작해 남단 인구초등학교에서 끝나는 인구중앙로다. 이 길과 주변 도로에 단일 해변으로는 국내에서 가장 많은 15개의 서프숍들이 모여 있다.

15개 서프숍 중 원주민이 운영하는 곳은 1곳이고, 나머지 14개는 외지인이 창업한 가게다. 대부분 서핑이 좋아 직장을 떠나 타지에 가게를 연 사람들이다. 서핑 장비를 빌려주고 초보자를 강습하는 서프숍은 제법 장사가 되는 사업이다. 성수기가 되면, 임대료와 강습료를 포함해 1인당 8만 원을 지불해야 하는 고객이 하루 100명을 훌쩍 넘는다. 서프숍 하나가 800만 원 이상의 수입을 하루만에 얻는 것이다.

전업 서퍼들은 세속적 가치와 남의 시선을 크게 신경 쓰지 않는다. 레게머리, 염색, 문신, 액세서리, 선탠 등 전형적인 서퍼 패션으로 거리를 활보한다. 이들만의 자유로운 분위기는 서핑을 소재로 한 웹툰 「파도를 걷는 소녀」에서도 확인할 수 있다. 국내 서퍼들 특유의 라이프스타일이 대중문화 콘텐츠가 된 예이기도 하다.

그들의 강한 개성은 서핑마을 외관에서도 두드러진다. 노란색과 주황색 건물이 자아내는 이국적인 분위기는 강렬한 첫인상으로 남는다. 서퍼들이 하와이를 연상케 하는 원색의 페인트로 집들을 칠했다고 한다. 정체성이 강한 사람들이라 패션뿐 아니라 건축에 대해서도 자신의 색깔을 입히려는 것처럼 보인다.

전업 서퍼들만 마을 주민으로 살아가는 것은 아니다. 서퍼를 위한 음식점과 바를 운영하는 사람도 많다. 이들도 대부분 서핑을 즐긴다. 상업시설은 중심 도로인 인구중앙로, 거기서 죽도암으로 이어지는 새나루길, 그리고 배후 골목길에 골고루 분포돼 있다.

특이하게 서핑마을에서 인기 있는 음식점은 모두 외국 음식을 파는 곳이다. 서프문화가 미국에서 유래된 탓에 상권도 미국 식문화 중심으로 발전했다. 디셈버펜션 노정성 대표는 수제햄버거 맛집 파머스키친, 퓨전짬뽕집 나뽕남, 커피전문점 디셈버커피를 죽도해변 3대 맛집으로 꼽았다. 바베큐도 서프문화의 일부로 자리 잡았다. 서퍼들이 캠프장이나 숙소에서 바베큐를 직접 요리하는 모습을 흔히 볼 수 있다. 성수기에는 간이 바베큐 트럭도 나타난다.

서프문화는 저녁에도 이어진다. 서핑을 마친 젊은이들은 저녁이 되면 술집과 바에 모여든다. 수제맥주 양양케미스트리가 2016년에 인구중앙로에 문을 열었고, 스톤피쉬, 서핑바911 등 개성 있는 술집도 성업 중이다. 성수기에는 몰려드는 서퍼를 위해 인구중앙로에서 야간 파티를 열기도 한다.

죽도해변에서 정확히 언제 서핑이 시작됐는지는 확실치 않다. 대략 2008년 즈음에 부산을 떠난 서퍼들이 파도가 높고 방파제가 없는 죽도해변에 몰리기 시작한 것으로 알려져 있다. 시작 연도는 불확실하지만 2013년 시점에는 양양군이 홍보할 정도로 서핑 중심지로 부상했다.

조용한 어촌마을에 관광객을 위한 시설이 처음 들어온 시기는 디셈버펜션이 개장한 2006년이다. 2009년 처음으로 서프숍이 입점했다. 서프숍 1호점은 지금도 운영되고 있는 동산항 블루코스트다. 이후 연이어 서퍼911 등이 죽도해변에서 오픈했다.

서퍼들이 자발적으로 협력한 덕분에 죽도해변에 자유로운 서핑 환

위 죽도해변 3대 맛집의 하나로 유명한 수제햄버거집 파머스키친
가운데 2017년 처음으로 운영될 서퍼들을 위한 공공시설
아래 2006년부터 서핑마을 개척에 선구자적 역할을 한 디셈버펜션이 운영하는 북카페

경이 조성됐다. 2015년 서프숍들이 공동으로 죽도해변을 3년 임대했다. 서프숍들이 서핑 공간을 확보했기 때문에 성수기에도 해수욕객과 서퍼들이 충돌하지 않고 바다를 즐길 수 있게 됐다. 서퍼들이 공유하는 라이프스타일이 그들만의 공동체문화를 가능케 했다.

15개의 서프숍과 비슷한 수의 상업시설이 아담하게 들어선 서핑마을에서도 임대료 상승에 대한 우려는 존재한다. 일부 지역에서는 평당 600만 원에서 700만 원을 호가한다고 한다. 그러나 여유로운 마을 공간에서 부동산 과열을 감지하기 어렵다.

죽도해변이 속한 현남면 인구리에는 아직 서핑마을이 확장할 공간이 남아 있다. 인구중앙로와 새나루길이 교차하는 지점의 남쪽은 조용한 시골마을이다. 서핑 관련 상권과 시설이 학교, 면사무소, 우체국, 시장이 모여 있는 현남면 중심가까지는 미치지 않는 것이다. 여유공간을 고려할 때 당분간 젠트리피케이션 압력을 우려하지 않아도 될 것 같다. 서핑마을이 더 확장된다고 해도 마을의 성격상 다른 지역에서 볼 수 있는 젠트리피케이션 현상이 재현될 가능성은 낮다.

워낙 서퍼들의 문화와 취향이 독특해 그들이 프랜차이즈 가게를 애용하는 모습을 상상하기는 어렵다. 지금도 죽도해변에서 성공한 가게들은 서퍼들의 기호가 반영된 곳이다. 노래방, 단란주점, 체인점 등 서프문화와 어울리지 않는 점포들은 이곳에서 찾기 어렵다.

서핑마을을 찾는 서퍼들이 크게 늘어나도 프랜차이즈가 진입할 가능성은 낮을 것이다. 서핑은 계절 스포츠이기 때문에 비수기에는 가게 문을 닫을 정도로 손님이 없다. 자영업자는 모르지만 프랜차이즈

가맹점이 비수기 휴업을 감수하면서 오픈하지는 않을 것이다.

매력적인 서핑마을에 필요한 세 가지가 있다면 정주인구와 서프산업, 그리고 로컬 소비문화일 것이다. 죽도해변이 국제적 수준의 서핑마을로 발전하기 위해서는 현재 100명 수준의 정주인구로는 부족하다. 정주인구의 성장은 전체적인 서핑인구의 성장에 달렸다. 다행히 서핑인구는 매년 증가하고 있다. 성수기에 죽도해변을 찾는 서퍼는 하루 2,000명에 달한다.

레크리에이션 서퍼는 앞으로도 꾸준히 늘어날 전망이다. 서핑은 젊은이라면 한 번쯤 꿈꾸는 라이프스타일이기 때문이다. 캘리포니아의 독립적이고 매력적인 라이프스타일도 서프문화에 기반을 두고 있다. 기후와 자연환경이 서핑을 하기에 알맞은 캘리포니아에는 매년 전 세계 서퍼들의 발길이 끊이지 않는다. 양양을 찾는 서핑인구가 늘면 서프산업 정주인구도 증가할 것이다. 인구가 감소하는 양양에서 젊은 세대 중심의 서프문화 라이프스타일과 새로운 산업으로 성장할 수 있는 해양스포츠는 지역 발전의 미래가 될 수 있다.

미국의 서핑 중심지 캘리포니아는 세계적으로 유명한 서퍼 패션 브랜드, 서프보드 제작 회사가 많은데 매출 규모는 연간 80억 달러에 이른다. 한국 서프산업의 경제적 규모는 아직 크지 않다. 서핑인구가 수만 명으로 늘어난다 하더라도 국가적으로나 지역적으로나 중요한 산업으로 성장하지 못할 수도 있다. 그러나 서핑의 가치는 사람을 끌어모으고 지역을 변화시키는 데 있다. 서핑이 좋아 양양을 찾은 인재가 직접적으로 서프산업에 참여하지 않더라도, 지역경제의 성장을

서프문화가 스며든 LA 헌팅턴비치의 대형마트 (사진 제공 : 성예은)

이끌 수 있는 기업을 만들어나가는 미래를 충분히 상상할 수 있다.

물론 서핑인구가 늘어도 국내 소비자가 외국 서핑 장비만 선호하면 국내 서핑장비 산업이 성장할 수 없다. 일정 규모의 서프산업을 원한다면 서퍼 자신들이 로컬소비로 장비의 국산화와 산업화를 지원해야 한다. 서프산업이 현재의 서프숍과 부대 서비스업을 넘어 제조업으로도 발전해야 서퍼들이 원하는 규모의 서프산업과 서핑인구가 형성된다.

우리는 오랫동안 산업사회를 대변하는 엘리트 라이프스타일을 동경하면서 살아왔다. 하지만 미래는 달라져야 한다. 전 세계를 휩쓸고 있는 탈물질주의 혁명은 우리로 하여금 라이프스타일을 다시 생각하게 한다. 개인의 행복을 위해서도, 국가경제의 경쟁력을 위해서도 이제 개성, 자유, 삶의 질에 기반한 다양한 라이프스타일이 필요하다.

탈물질주의는 서핑마을 골목길에도 살아 있다. 전국의 골목상권이 반복적으로 보여주듯, 물질주의가 지배하는 골목길에서 젠트리피케이션은 이제 공식과도 같다. 탈물질주의 라이프스타일로 사는 서퍼들의 골목길은 달라야 하고 실제로 다르다. 그것이 내가 죽도해변의 골목길 정체성이 유지될 것으로 믿는 이유다.

히피들이 성공한 골목길

고급 히피문화를 체험할 수 있는 버클리 고메게토 거리

"히피들이 승리했다(The Hippies Have Won)."

지난 4월 4일 《뉴욕타임스》의 헤드라인 제목이 독자들의 이목을 집중시켰다. 《뉴욕타임스》는 좋은 삶, 건강, 식생활과 관련된 다양한 아이디어나 상품들이 쏟아져 나오는 최근의 현상을 1960년대 '히피 문화의 승리'라고 표현했다. 이 기사는 단지 요가나 명상뿐만 아니라,

위 히피문화에 대한 부정적인 이미지를 연상시키는 버클리의 히피 지역
아래 채식 피자와 함께 음악을 제공하는 고메게토의 대표 가게, 치즈보드 콜렉티브

미국인들이 즐겨 소비하는 그래놀라, 콤부차(홍차버섯), 아몬드 우유 등 요즘 유행하는 식품 대다수가 히피문화에서 유래됐다고 주장한다.

뉴욕과 샌프란시스코의 고급 레스토랑에도 큰 변화가 일어났다. 1970년대 초반 학생 운동가들이 뉴욕 이타카에서 창업한 무스우드 레스토랑의 채식주의 식단(미소, 타히니, 대추, 씨앗, 울금, 생강 등을 새롭게 해석한 식단)이 다시 유행한다는 것이다. 채식주의(Vegetarianism)와 비거니즘(Veganism)에 근간을 두는 이 음식문화는 히피문화를 대변하는 라이프스타일이기도 하다. 비거니즘은 동물성 식품뿐 아니라 가죽제품, 동물실험 화장품 등 동물과 연관된 모든 상품과 서비스를 거부하는 운동을 말한다.

그렇지만 히피문화가 완전히 미국 주류 문화로 부상했다고 단정 짓기는 무리다. 고전적인 히피문화는 아직도 미국사회에서 하위문화로 존재한다. 히피운동의 성지로 알려진 버클리 텔레그래프에비뉴에 가면 노숙자, 마약 복용자, 과격 정치운동가 등 우리가 히피운동에서 연상하는 부정적인 모습을 여전히 목격할 수 있다.

주류 사회로 진입한 히피문화는 고전적인 히피문화가 아닌 젠트리파이된, 즉 고급화된 히피문화다. 텔레그래프에비뉴에서 불과 1마일 떨어진 노스버클리 골목길 고메게토에 가면 고급 히피문화를 체험할 수 있다. '고급 음식점이 몰려 있는 빈민가'라는 수식어가 붙은 이곳에서 우리는 히피문화의 진원을 발견한다.

샤턱에비뉴와 바인스트리트에 모여 있는 고메게토 음식점, 갤러리, 명상원, 독립서점, 부티크들은 공통적으로 남다른 특징을 가진다.

히피문화를 계승한 지역답게 로컬푸드, 유기농, 공정무역, 아르티장(Artisan) 등 사회적 책임과 상업적 독립성을 강조하는 상품을 판매하는 곳이 대다수다. 항상 줄지어 기다리는 손님들이 가득한 채식 피자 전문점 치즈보드 콜렉티브를 포함, 많은 가게가 사회적 기업 전통을 기반으로 한 협동조합으로 운영된다.

친환경 음식문화인 로컬푸드 운동의 발원지도 바로 고메게토다. 버클리에서 작은 식당을 운영한 자영업자 앨리스 워터스(Alice Waters)를 계기로 로컬푸드 운동은 시작됐다. 워터스가 개업한 프랑스 음식점 셰파니스는 시작부터 평범하지 않았다. 그가 신선하고 좋은 품질의 식자재를 구매하기 위해 기존 농산물 유통 시장을 거부했기 때문이다. 지역 농부와 직접 거래하며 양질의 유기농산물을 확보하는 그의 경영 방식은 소비자의 전폭적인 호응을 얻었고, 다른 식당들도 너나 할 것 없이 이에 동참했다. 이러한 움직임은 팜투테이블(이하 F2T)이라고도 불리는 로컬푸드 운동으로 발전했다. F2T를 실천하는 식당 모두 농장에서 직접 재배한 모든 재료의 원산지와 재배자를 메뉴에 표기해 정직, 안전, 건강 등 탈물질적 가치를 추구했다.

F2T 선두주자 워터스는 '음식은 정치'라고 주장하며 단순히 식당을 경영하는 데 그치지 않았다. 1996년 셰파니스 재단을 설립해 학교를 대상으로 건강한 음식문화를 전파했고, 버클리 지역 공립학교는 이 재단의 지원을 받아 교과 과정의 일부로 음식에 대해 가르친다. 학생들은 교내 텃밭에서 직접 재배한 채소를 활용해 요리를 하고, 수학과 과학 등 다른 과목의 수업자료로 농산물 그림과 자료들을 이

로컬푸드 프랑스 음식점 셰파니스

용하기도 한다. 유기농산물로 만든 급식을 제공하는 재단 사업은 청소년 비만 문제를 해결하기 위해 영부인이었던 미셸 오바마(Michelle Obama)가 시작한 '렛츠 무브(Let's Move)' 운동의 모델이 됐다.

워터스 사례는 지역 운동의 파급력이 한 도시의 음식문화를 창조한 것을 뛰어넘어 국가적인 사업으로까지 발전할 수 있음을 보여준다. 워터스와 셰파니스 재단 그리고 렛츠 무브 운동은 버클리를 대표할 뿐만 아니라 주류 도시문화의 아이콘이 됐다.

고메게토에서는 커피문화를 선도하는 글로벌 기업이자 스타벅스의 원형인 피츠 커피 1호점도 만나볼 수 있다. 스타벅스는 버클리 출신 기업가들이 1971년 피츠 커피를 모델로 시애틀에서 창업했다. 창업 당시 스타벅스의 공식 명칭 '스타벅스 커피 앤드 티'는 피츠 커피

위 스타벅스의 원형, 피츠 커피 1호점
가운데 고메게토에 위치한 고메 푸드코트
아래 미국을 대표하는 히피 기업인 애플의 본사 건물 (사진 제공 : 성예은)

의 이름 '피츠 커피 앤드 티'에서 따온 것이다. 인생은 돌고 도는지, 스타벅스 창업자들은 1987년 매물로 나온 피츠 커피를 인수하기 위해 버클리로 돌아간다. 오늘날 전 세계적으로 커피문화를 주도하는 스타벅스 제국의 역사가 버클리의 한 카페에서 시작했다는 사실은 흥미롭다.

F2T와 커피문화 외에 버클리에서 파생된 다른 도시문화도 물론 존재한다. 버클리 거리를 걷다 보면 현대 도시문화의 초석을 닦은 가게들이 쉽게 눈에 띈다. 1950년대 후반 카페라테를 처음 개발한 카페 메디터레니언, 식품 협동조합 운동의 중심 버클리 코업, 독립서점의 원형으로 불리는 셰익스피어 서점과 모스 서점 등 다양한 분야에서 버클리식 도시문화가 탄생했다.

버클리에서 시작해 대중화된 로컬푸드, 스페셜티 커피, 유기농 음식, 에스닉(Ethnic) 퀴진, 독립서점, 인디음악, 빈티지 패션 등은 점차 세계 주요 도시의 주류 문화로 자리 잡았다. 이 도시의 역사를 살펴보면, 캘리포니아의 소도시임에도 세계 도시문화를 선도한 것이 크게 놀랄 일이 아니다. 60~70년대 반전운동, 히피운동, 자유언론운동 등 대항문화(Counterculture)의 중심지로 알려진 버클리는 지난 50여 년 동안 많은 부침을 겪었지만 도시문화의 정수가 된 대항문화 정체성만큼은 변하지 않았다.

버클리 정신이 살아남은 이유는 대항문화가 정치운동을 넘어선 문화운동을 주도했기 때문이다. 히피들은 베트남 전쟁을 반대하는 등 정치적인 성향을 보이기도 했지만, 근본적으로 자유, 인간, 평등, 환경을 강조한 대안적 라이프스타일을 추구하며 문화운동을 주도했고, 이는 현재 새로운 도시문화의 근간이 되어 널리 재구성되고 전파되고 있다.

대항문화 전통은 작은 도시 버클리뿐만 아니라 전반적으로 미국 자본주의에 큰 영향을 끼쳤다. 미국의 대기업들이 효율성으로 대변되던 근대적 물질세계를 벗어나 탈물질적 가치에 주목하기 시작한 것이다. 변화의 진원지는 애플, 구글, 홀푸드마켓 등 창조기업이다. 애플은 "다르게 생각하자(Think Different)", 구글은 "일하며 즐기자(Work and Play)", 홀푸드마켓은 "경영하며 공헌하자(Balance Business with Social Impact)" 캠페인을 통해 수익과 이상을 동시에 추구하는 기업 문화를 강조한다. 그 어느 나라보다도 물질주의가 팽배했던 미국의 기업들이 가치중심적 사고로 전환하게 된 이유는 무엇일까? 앞서 언급한 애플(스티브 잡스)을 필두로, 홀푸드마켓(존 맥케이), 벤앤제리(벤 코헨&제리 그린필드), 버진 에어라인(리차드 브랜슨), 임프레사리오 매거진(필릭스 데니스), 롤링스톤즈지(잔 웨너) 등 다양한 문화와 가치를 창출하는 창조기업의 설립자들이 히피 출신이라는 점이다. 이들은 일명 히피 자본가(Hippie Capitalist)로 분류된다.

특히, 애플의 잡스는 히피문화에 심취해 마약을 복용했던 젊은 시절을 공공연하게 자랑할 정도로 히피 정체성이 강했다. 잡스의 생생한 진술이 담긴 월터 아이작슨(Walter Isaacson)의 『스티브 잡스』에는 잡스가 빌 게이츠(Bill Gates)를 시야가 좁은 '공부벌레'로 표현한 대목이 있다. 그는 "마이크로소프트 유전자에는 인간애와 인문학이 없다"라고 지적하면서, 마약과 히피문화가 시야를 넓히는 데 도움이 된다고 주장했다. 기성 사회의 틀에 박힌 가치에 순응하지 않고, 자기 고유의 가치와 의미에 따라 개성을 표현하고자 했던 히피 출신 기업가가 소비 활동을 통해 의미 있는 경험을 구축하고자 하는 포스트모던 소비자의 욕구를 발 빠르게 파악한 것은 당연한 일이었을지도 모른다. 몇몇 기업인의 사례로만 히피 자본주의를 논하는 것은 히피문화의 영향력을 과소평가하는 일이다. 뉴욕타임스 과학전문기자 존 마코프(John Markoff)는 2006년 저서 『도마우스가 한 말(What the Dormouse Said)』에서 PC산업의 발전이 히피문화가 대표하는 대항문화에 기인했다고 주장한다.

IBM, DEC 등 기존 미국 동부 메인프레임 컴퓨터 산업과 비교할 때, PC산업은 태생적으로 저항적 성격을 지닌다. 메인프레임 컴퓨터가 대기업의 권력을 상징한다면, 개인이 독립적으로 정보를 보관하고 관리할 수 있도록 해주는 PC는 자유와 탈권력을 의미하기 때문이다. 이러한 의미에서 대항정신과 맞닿아 있는 PC산업이 그 문화의 중심지였던 샌프란시스코 인근의 실리콘밸리에서 탄생한 것은 우연이 아니다. 실제로 마코프의 책에 따르면 마우스, 이메일, 워드 프로세서 등을 개발한 더글러스 엥겔바트(Douglas Engelbart)를 비롯해 실리콘밸리 개척에 일조한 많은 기술자와 기업인들이 대항문화를 추종했다. 모든 국가가 부러워하는 미국의 IT산업은 이처럼 대항문화를 바탕으로 성장했다. 스티브 잡스(Steve Jobs) 등 실리콘밸리를 세우고 변화시킨 혁신가들은 대항문화의 영향을 받아 투철한 이단아 정신으로 기존 비즈니스의 질서를 거부하고 파괴한 것이다. 이렇게 대항문화는 창조적 파괴를 통해 기업과 사회의 변화를 추구하는 '히피 자본주의'로 진화했다.

문제는 한국이다. 대항문화 전통을 기반으로 새로운 도시문화와 산업을 개척하는 미국과 경쟁할 수 있을까? 자영업을 통해 새로운 도시문화를 개척한 워터스, 첨단산업을 통해 개인이 자유롭게 행복을 추구할 수 있는 문화를 창조한 잡스 등 히피 출신 기업가들의 공통점이 있다면 그것은 소명의식이다. 이들에게 기업은 사회 변화라는 꿈과 이상을 실현하기 위한 수단이었다. 한국 기업인들도 세계적인 트렌드로 부상한 탈물질주의 가치를 적극적으로 수용해야 미국과 경쟁할 수 있다.

히피운동과 같은 대항문화를 체험하지 못한 한국사회에서 혁신과 창조를 이끌 이단아 세력을 키운다는 것은 쉬운 일이 아니다. 하지만 청년 세대에서 희망을 찾을 수 있다. 지금의 젊은 세대가 개성, 창의성, 다양성, 삶의 질 등 다양한 라이프스타일을 추구하는 것은 새로운 변화의 가능성을 시사한다.

관건은 소비 중심으로 차별성을 추구하고 있는 젊은이들이 가치 생산에도 관심을 두느냐다. 그들이 개성과 변화에 대한 욕구를 소비에서 멈추지 않고 새로운 생산과 창업 활동을 주도하는 기업가 정신으로 분출한다면, 머지않아 한국에도 다양성과 창의성을 중심으로 한 새로운 도시문화와 자본주의가 출현할 것이다.

성수동, 이단아 이재웅의 또 하나의 실험

성수동 코워킹 스페이스 카우앤독

서울의 많은 골목상권 중에서 문화 정체성이 뚜렷한 지역은 많지 않다. 독립문화의 홍대, 외국인 문화의 이태원 정도가 대표적이다.

다른 지역도 나름 저마다의 특색이 있다고는 하지만, 다른 곳에 없는 그곳만의 문화가 무엇인지 물으면 선뜻 답하기 어렵다. 다들 카페, 베이커리, 브런치 · 파스타 · 디저트 전문점, 독립서점, 칵테일바 등으로 구성된 '표준 골목길 세트'를 크게 벗어나지 않는다.

개성과 차별성이 아쉬운 서울에서 2010년대 초반 새로운 성격의 골목상권이 부상했다. 100여 개의 소셜벤처가 모여 있어 소셜벤처밸리라 불리는 성수동이다.

사회 문제를 해결하는 혁신적 아이디어를 사업화하는 체인지 메이커와 소셜벤처들이 성수동에 정착한 것은 대략 2014년이다. 그해 사회혁신가를 지원하는 루트임팩트가 성수동에 자리 잡았고, 소셜벤처 투자 기업 소풍이 바로 합류했다.

왜 성수동이었을까. 혹자는 입지 조건을 꼽을 것이다. 실제로 소셜벤처들이 새로운 장소를 찾던 2010년대 초반의 성수동은 저평가된 지역이었다. 서울숲 개장(2005), 신분당선 개통(2012)으로 성수동의 환경과 접근성이 현격히 개선됐음에도 이 지역에 주목한 투자자는 의외로 많지 않았다.

그러나 입지 조건이 전부는 아니다. 지역 환경과 잠재력을 눈여겨본 '첫 기업'이 다른 기업들의 성수동 입주를 이끌어냈다. 그래서 성수동에서 선도적으로 소셜벤처를 오픈한 기업가에 주목해야 한다. 눈길을 끄는 초기 개척자는 바로 벤처산업의 이단아 이재웅 소풍 창업자다.

1995년 다음커뮤니케이션을 설립한 이재웅 대표는 벤처 창업가, 그것도 항상 새로운 사업에 도전하는 연쇄 창업가로 평가된다. 그를 이단아로 표현하는 이유는 또 있다. 주류 산업뿐만 아니라 주류 문화에 유난히 도전적인 그의 기질 때문이다.

다음커뮤니케이션 제주 본사 스페이스닷원

그의 개척정신과 도전정신은 2004년 다음 본사의 제주 이전으로 여실히 드러난다. 왜 다음이 제주로 옮겼는지 직접 들어보자.

> 사람은 제주로 보내고 말은 서울로 보내는 시대가 됐다. 말은 서울로 보내야 한다. 서울은 회색이고 자연이 없다. 서울은 이제 사람보다 말도 사는 곳으로 만들어야 한다. (중략) 서울에선 하루 직장에서 8시간 일하는데 출퇴근 시간이 서너 시간 걸리면 자기계발이 안 된다. 지금은 공부하겠다면 지역에 상관없이 인터넷을 통해 가능해진 시대다. MIT 강의도 인터넷에 오픈했다. 그런 세상에 서울과 제주를 갈라 중앙이다, 지방이다 하고 생각하는 것은 우습다는 거다.
>
> -김수종 지음, 『다음의 도전적인 실험』, 시대의창, 2009

작은 실리콘밸리 구축은 대대적인 실험이었다. 2005년 처음 제주에 둥지를 튼 부서는 인터넷지능화연구소(Net Intelligence Lab)였다. 연구소는 제주 애월 유수암에 펜션을 개조한 건물에 입주했다. 이후 인터넷 뉴스와 정보 서비스를 운영하는 미디어본부가 이주했고, 2006년 글로벌미디어센터(GMC) 사옥이 완성되자 새 건물로 입주했다. 서울 인력은 스페이스닷원 본사 건물이 완성된 2012년 이후 본격적으로 옮겨갔다.

결과는 희망적이었다. 직원들 삶의 질이 높아지고 업무 몰입도도 상승해, 일과 삶이 모두 즐거운 기업 문화가 형성됐다. 창의적인 근무환경으로 얻은 성과도 적지 않았다. 아고라, TV팟 등이 제주에서 런칭한 혁신적 서비스였다. 그러나 2016년 다음과 카카오가 합병하자 제주 본사 실험은 동력을 잃는다. 카카오가 일부 인력만 남긴 채 대부분을 판교의 카카오 인력과 통합했다. 다음의 혁명적인 지방 이전 프로젝트는 이렇게 마감된 듯하다.

다음은 제주를 떠났지만 카카오 본사는 아직 제주에 등록되어 있다. 연구개발, 제주 기반 사업 등 회사에 중요한 업무는 제주에 남아 있다. 제주 개발에 대한 다음의 철학은 카카오가 정부의 권유로 설립한 제주창조경제혁신센터로 이어졌다. 카카오 임직원이 운영하는 센터는 혁신적인 창업가를 제주로 유치하는 '제주 한 달 살기', 창의적이고 실험적인 비즈니스 모델을 추진하는 제주 창업가들을 연결하는 '제주 더 크래비티' 등 다른 센터에서 볼 수 없는 자생적 산업 생태계 구축 사업을 추진한다.

제주 실험의 가장 큰 성과물은 카셰어링 기업 쏘카다. 쏘카는 다음의 제주 본사에서 근무했던 김지만 전 대표가 2011년 제주에서 창업한 기업이다. 2017년 6월 현재 7000대 차량과 260만 명 회원을 보유할 만큼 성장했다. 초기 투자자로 참여한 이재웅 대표는 2016년 쏘카 지분을 추가적으로 매입, 실질적인 지배주주가 됐다.

김 전 대표는 제주 자동차 시장에서 사업 아이디어를 얻었다. 제주 주민들은 대중교통이 부족해 자동차를 많이 구입하지만, 실제 사용량이 많지 않아 대부분의 차들이 주차장에 세워져 있는 일이 허다했다. 그가 목격한 공급과 수요의 격차에서 착안해 제주의 유휴 차량들을 활용할 수 있는 비즈니스 모델을 기획한 것이다.

2013년에는 서울시가 쏘카를 공유차 공식 사업자로 선정하자 서울에 사업장을 마련했다. 쏘카의 성수동 사업장은 현재 실질적인 본사로 기능한다.

제주에서 시작된 이재웅 대표의 도전은 소풍과 쏘카를 통해 성수동에서 이어진다. 쏘카를 비롯한 소셜벤처에 투자하는 소풍은 두 가지 측면에서 주류에 대한 도전이다.

첫째, 투자 수익 극대화를 추구하는 벤처업계의 통념을 깨고, 사회가치 극대화를 추구하는 소셜벤처를 전문적으로 지원하는 기업을 설립했다.

둘째, 강남, 판교 등 기존 IT 비즈니스 중심지가 아닌 도심에서 다소 소외된 성수동을 소풍의 사업장으로 선택했다. 제주와 성수동의 선택에서 볼 수 있듯이, 이재웅 대표는 한국 주류 CEO들과 달리 장

위 제주 탑동 쏘카 주차장
가운데 임팩트 투자자 소풍이 입주한 성수동 카우앤독과 건물 앞 쏘카존
아래 성수동 소셜벤처밸리의 골목길. 공정무역 기업 더페어스토리의 가게 (사진 제공 : 김성모)

소에 가치를 둔다. 원하는 비즈니스를 실현하기 위해서는 특정 물리적 환경이 필요하며 그런 환경을 제공하는 장소를 찾거나 그렇게 만들어야 한다고 생각한다. 장소에 대한 그의 가치관을 다시 들어보자.

> (제주에서) 작은 의미의 실리콘밸리를 생각해볼 수 있다. 실리콘밸리를 만든 것은 인도인과 중국인들이다. 실리콘밸리의 다양성을 제주가 생각해볼 필요가 있다. 제주도는 중국인, 필리핀인, 베트남인에게 매력적인 것이 될 수 있다. 출퇴근이 쉽고 깨끗하고 아름다운 환경이 있는 제주도에 일자리가 있다면 말이다.
>
> -김수종 지음, 『다음의 도전적인 실험』, 시대의창, 2009

이재웅의 새로운 실험이 성공할까? 제주와 달리 성수동에 이재웅 대표와 뜻을 같이하는 소셜벤처가 많은 것은 긍정적인 신호다. 이들은 클러스터를 형성해 다른 지역에 없는 독특한 기업 문화와 지역 문화를 창출한다.

지리적으로도 성수동의 성공 가능성이 제주보다 높다. 허름한 공장들과 숲 사이로 오밀조밀 밀집된 골목 구조는 강한 문화 결집을 촉진한다. 성수동은 새로운 실험을 통해 혁신적 가치 창출을 즐기는 소셜 라이프스타일을 추구하는 기업들의 클러스타가 될 수 있다.

골목 정체성은 좀처럼 변하지 않는다. 다양한 문화를 포용해야 하는 도시와 달리, 골목은 특색 있는 단일 문화로 공동체를 구축하기에 유리하다. 물론 소셜벤처밸리가 완벽하진 않다. 무한한 가능성과 잠재력에도 불구하고 한국은 많은 고용을 창출하는 간판 소셜벤처를 아직 배출하지 못했다.

가장 성공적이라고 평가할 수 있는 쏘카의 미래에도 불안 요인이 존재한다. 2016년 경영권 재편 과정에서 대주주로 참여한 SK그룹이 쏘카 경영권을 놓고 소풍과 갈등을 빚게 되면 안정적 성장을 위협할 것이다. 성수동 지역 문제도 녹록지 않다. 소셜벤처가 원하는 성수동 상권은 소셜 라이프스타일 상권이다. 하지만 성수동은 이미 수제구두 거리, 대기업(이마트), 대형 주상복합, 상업적 상권과 사회적 상권이 공존하는 대규모 상업지역으로 발전했다.

상업 젠트리피케이션도 위협 요인이다. 성수동 임팩트 투자자들이 소셜벤처의 성수동 창업을 권장하고 있으나, 소셜벤처만으로 상권 전체의 상업화를 막기는 어려울 것이다.

고령화, 환경, 복지 등 소셜벤처의 역할이 중요한 분야가 산적해 있다. 현재로서는 성수동만큼 성숙한 소셜벤처 생태계가 한국에 존재하지 않는다. 성수동 소셜벤처밸리는 국가적으로 성공시켜야 하는 프로젝트일지도 모른다. 성수동은 이단아 문화의 중심지가 돼야 한다. 한국 벤처문화가 꽃피우려면 더 많은 이단아 창업자가 필요하다.

작가의 도시 브루클린

뉴욕 맨해튼 독립서점 스트랜드

작가라면 한번쯤은 파리 생제르맹데프레 카페에서 글을 쓰고 다른 작가와 대화하는 자신의 모습을 상상했을 것이다. 작가는 유난히 도시의 한 모퉁이에 모여 사는 것을 좋아하는 듯하다. 프랑스 카톨릭 신학자 앙토냉 세르티양주(Antonin Sertillanges)가 『공부하는 삶(The Intellectual Life)』에서 지적했듯이 속세와 떨어져 홀로 외로이 창작하는 작가에게 다른 작가와의 교류는 작가의 삶에서 없어서는 안 될 활력소이기 때문일까?

작가들이 좋아하는 동네는 일반적으로 지식의 생산과 공유가 가능하고 물가가 비교적 저렴한 지역이다. 대학과 가까이에 있는 뉴욕의 그리니치빌리지나 파리의 생제르맹데프레가 한때 작가의 거리로 유명했던 것은 우연이 아니다. 서울도 지역 문화 전통을 올바르게 계승했다면 대학가인 동숭동과 신촌이 지식인 동네로 성장했을 것이다.

하지만 전 세계적으로 작가의 거리는 사라지는 추세다. 사회주의, 페미니즘, 아나키즘, 동성주의 등 현대사회의 모든 사상이 유래했다는 뉴욕의 웨스트빌리지도 이제 부유층 주거지역에 불과하다고 비판받는다. 작가 지망생과 여행객이 유명 작가를 만나기 위해 생제르맹데프레 카페를 기웃거리는 것도 1960년대의 추억으로만 남았다.

그런데 최근 뉴욕의 한 지역이 많은 작가가 거주하고 창작하는 '작가의 도시'로 돌아왔다. 뉴욕의 독립서점, 독립출판의 중심지로 부상한 브루클린이다. 뉴욕 언론은 여행자에게 조언한다. 미국 현대 문학의 거장을 거리에서 만나고 싶다면 브루클린 독립서점 여행을 떠나라고.

왜 브루클린인가. 제일 먼저 떠오르는 이유는 특색 있는 문화다. 뉴욕은 버러우(Borough, 자치구)로 불리는 다섯 개 행정 구역으로 나뉘며, 브루클린도 다른 버러우와 마찬가지로 독특한 억양과 문화를 가진 하나의 도시로 기능한다.

브루클린 문화를 한마디로 정의한다면, 가장 먼저 떠오르는 키워

위 브루클린행 전철이 떠나는 맨해튼 유니온 스퀘어역
아래 소설가들의 도시 브루클린

드는 대안(Alternative)이다. 맨해튼이 주류 문화를 상징한다면, 브루클린은 예술가와 작가에게 물질적인, 문학적인 대안을 의미한다. 독립적이고 비판적인 사고가 가능한 대안적인 장소에서 문학이 꽃피는 것은 어쩌면 당연한 일이다.

그보다 더 중요한 성공 요인은 지역 자부심으로 하나가 된 작가와 독자들로부터 찾을 수 있다. 브루클린 작가들은 유별나게 출신 도시에 대한 자부심이 강하다. 특히 현존하는 미국 최고의 작가로 칭송받는 폴 오스터(Paul Auster)의 브루클린 사랑은 남다르다. 그는 브루클린에 거주하며 그곳을 배경으로 한 소설을 많이 썼다. 2005년작 『브루클린 풍자극(The Brooklyn Follies)』이 보여주듯이 그는 제목에서도 브루클린을 등장시킨다. 그는 브루클린에 대한 사랑을 작품의 주제로 삼았다.

이 지역 문학 공동체의 중심지는 독립서점이다. 독립서점들이 지역 작가와 독자를 연결한 새로운 출판문화와 공동체문화를 창조했다. 책을 사랑하는 이들이 모여 토론하고 다양한 생각을 공유할 수 있는 공간이 없었다면 작가의 도시가 탄생할 수 있었을까? 지역의 유능한 작가를 발굴하고 독자와 직접 소통하도록 연결해주는 독립서점이 가득한 브루클린을, 우리는 문학 중심지로 여긴다.

세 집 중에 적어도 한 집은 소설가가 산다고 할 정도로 소설가들이 많이 산다는 브루클린. 비평가 에런 히클린(Aaron Hicklin)은 농담 반, 진담 반으로 미국에서 작가로 성공하려면, 두 가지 조건을 만족해야 한다고 말한다. 첫 번째 조건은 유명 대학의 문예창작 석사학위

(Masters of Fine Arts)고, 두 번째는 브루클린 정착이다. 학위를 받은 후 소설가로 성공하기 위해 브루클린으로 이주하는 작가가 많기 때문에 이런 풍자가 나왔다.

맨해튼에서 강 건너 거리인 브루클린은 19세기부터 유명 작가들의 거주지였다. 처음 작가들이 정착한 곳이 맨해튼과 가장 가까운 브루클린하이츠다. 여기에서 월트 휘트먼(Walt Whitman)이 《브루클린 이글(The Brooklyn Eagle)》이라는 잡지를 편집했고, 노만 메일러(Norman Mailer)와 트루먼 카포트(Truman Capote)가 친구들을 모아 토론했다. 하지만 브루클린이 맨해튼을 제치고 문학 중심지로 부상한 시기는 최근이다. 마틴 에이미스(Martin Amis), 줌파 라히리(Jhumpa Lahiri), 제니퍼 이건(Jennifer Egan), 조너선 사프란 포어(Jonathan Safran Foer) 등은 1980년대 이후, 그러니까 브루클린이 젠트리파이된 후 정착했다.

브루클린 문학계의 구심점은 단연 독립서점이다. 2014년 《브루클린 매거진(Brooklyn Magazine)》에서 20개 이상 주요 서점이 소개될 정도로 지역 전역에 퍼져 있다.

독립서점들은 지역 작가를 위해 다양한 활동을 한다. 브루클린 북페스티벌 기간에는 저명 작가를 초대해 독서회와 저자 사인회를 연다. 평상시에도 거의 매일 독서회를 열고 커뮤니티 행사를 통해 브루클린 작가들의 작품을 홍보하고 판매한다.

브루클린에서 처음으로 독립서점을 연 가게는 파크슬로프에 위치한 커뮤니티 북스토어다. 이 차분하고 세련된 서점은 지역사회의 구심점이자 폴 오스터, 시리 허스트베트(Siri Hustvedt), 니콜 크라우스

위 브루클린 독립서점 언네이머블
가운데 브루클린 최초의 독립서점 커뮤니티 북스토어
아래 브루클린 덤보 서점 파워하우스의 브루클린 관련 서적 전시대

(Nicole Krauss)가 자주 찾는 곳으로 유명하다.

독립서점의 지역주의(Localism) 전략은 서점 문을 열고 들어가면 금방 느낄 수 있다. 희귀본과 절판본을 전문으로 하는 덤보의 독립서점 피에스 북샵은 문 옆에 브루클린 기념품 전시대를 배치한다. 기념품에는 브루클린 작가의 작품도 포함돼 있다.

> 이 서점의 효자는 브루클린 지역 지도나 빈티지 책의 표지를 활용한 포스터다. 덤보 방문을 예쁜 포스터 한 장으로 담아가려는 이들이 많은 까닭이다. 저자 사인본이나 명저의 초판본 같은 귀한 책들을 수집하는 취미가 있다면 당연히 들려야 할 곳이겠지만, 책에 관심이 없더라도 다양한 소품을 구경할 수 있는 재미가 있으니 지나치지 않길 바란다.
>
> - 이나연 지음, 『뉴욕 생활예술 유람기』, 퀠파트프레스, 2016

독립서점은 지역 독자와 작가가 만나고 대화하는 일종의 사랑방이다. 독자들은 독립서점에서 인터넷 쇼핑이 제공하지 못하는 문화와 가치를 체험할 수 있다. 다양한 지역 주민들과의 소통은 작가에게 중요하다. 그들의 경험과 스토리가 작품의 소재를 제공하기 때문이다.

중고 소설책을 파는 서점으로 유명한 윌리엄스버그의 북서그네이션은 더 적극적인 지역사회 연계 전략을 추구한다. 지역 작가를 지원하는 것 외에도 서점 공간을 다양한 지역사회 행사 공간으로 대여해 지역 공동체 발전에 기여한다.

독립서점뿐만이 아니다. 유통업계 전체가 인터넷 쇼핑으로 사슬이 풀린 소비자를 한곳에 묶어놓는 방법을 찾고 있다. 특히 은행, 커피 전문점, 슈퍼마켓 등 지역에 매장을 가진 기업들이 공유 공간을 넓혀 동네생활의 중심지, 동네 비즈니스의 플랫폼이 되기 위해 노력한다.

독립서점은 브루클린뿐만 아니라 전국적으로 도서 시장의 혁신을 주도한다. 2009년과 2014년 사이 미국의 독립서점 수는 30퍼센트 증가했다.

독립서점에게 새로운 기회를 제공한 계기는 대형 서점의 불황이었다. 온라인 서점의 부상으로 2011년 대형서점 보더스가 파산했고, 반즈앤노블도 2009년과 2014년 사이 60개 이상의 매장을 폐쇄했다. 《위크(The Week)》 매거진의 제시카 헐링거(Jessica Hullinger)는 독립서

자체 발간한 독립 출판물의 수를 홍보하는 맨해튼의 독립서점 맥널리 잭슨

점의 경쟁력을 특별한 체험 제공, 맞춤형 도서 추천, 상품의 다변화, 지역 공동체 구축 등 네 가지로 설명했다.

작은 도시의 독립서점은 개인 맞춤형, 지역 커뮤니티 비즈니스 모델로 대형 서점과 경쟁한다. 《뉴욕타임스》가 2016년 보도한 미 중서부의 한 독립서점은 무려 1,500명의 고객을 개별적으로 관리한다. 등록한 고객에게 매달 추천 도서를 이메일로 보내고, 구매 도서에 할인 혜택을 준다.

지역을 기반으로 작가와 독자를 발굴하고 지원하는 독립서점과 독립출판사가 전반적으로 침체된 출판업계를 구할 수 있을까? 독립출판은 3D 프린팅, SNS, 인공지능 등의 기술 혁신 덕분에 출판과 마케팅 비용이 현격히 떨어지면서 상업성이 높아져 더욱 주목받고 있다. 지식인과 작가는 상업 출판사와 일하지 않아도 책을 쓰고 팔 수 있게 됐다.

독립출판은 이제 시작 단계다. 서점, 출판사, 작가, 소비자를 연결하고, 공동체를 구축하는 혁신적인 비즈니스 모델을 계속 발굴해야만 독립출판이 대규모 상업출판과 경쟁할 만큼 성장할 수 있다. 한국에서도 홍대 지역을 중심으로 독립서점과 독립출판 클러스터가 형성되고 있다. 미국과 일본의 독립서점과 같이, 동네 거점으로서 주민에게 특별한 책을 소개하고, 동네에서 구하기 어려운 문구류나 아트상품을 판매한다.

과연 홍대가 한국의 브루클린으로 성장할 수 있을까? 독립서점과 독립 출판사가 영업하는 장소만으로는 부족하다. 진정한 의미의 브루클린이 되기 위해서는 우선 작가와 책을 좋아하는 사람들이 모여 사는 공동체 구축이 필요하다. 주민들이 책에 대해 열띤 토론을 나누고 독서를 즐기며, 풍부한 이야깃거리를 통해 글을 쓰는 작가들이 많은 지역 문학 공동체가 작가의 도시 브루클린을 만들었음을 기억해야 한다.

뉴욕 골목상권의 미래

뉴욕의 빌딩 숲 골목길

서울의 골목상권이 성장하면, 종국에는 어떤 모습일까? 모든 상권은 현재 가장 진화한 골목상권과 유사해질 것이다. 최고의 골목상권은 세계의 수도라는 뉴욕에 있다. 뉴욕에서 최고이면 세계에서 최고일 테니까.

뉴욕에서 제일 비싼 골목상권은 웨스트빌리지다. 중심 거리의 작은 가게 임대료는 월 4~5만 달러에 달한다. 문화적으로도 최고의 골목상권으로 불리는 데 손색이 없다. 뉴욕 미술산업의 중심지인 미트패킹과 첼시, 예술가와 작가의 거주지인 그리니치빌리지와 실질적으로 하나의 생활권을 이루는 이곳은 뉴요커 문화의 중심지다.

웨스트빌리지의 현재 모습은 결코 이상적이라고 평가하기 어렵다. 중심 거리인 블리커스트리트, 허드슨스트리트 등 중심 상가 거리는 임대 문의 사인이 붙은 빈 가게가 즐비하다. 상인들이 급격한 임대료 인상을 감당하지 못해 떠나버린 가게들이다.

《뉴욕타임스》에 따르면 블리커스트리트의 공실률이 심각하며 크리스토퍼스트리트에서 뱅크스트리트에 이르는 5개 블록에 15개 가까운 가게가 비어 있다고 한다. 웨스트빌리지가 상업 젠트리피케이

웨스트빌리지와 첼시의 경계에 위치한 휘트니미술관

션의 마지막 단계인 '고임대료 화석화(High-Rent Blight)' 현상으로 고통받고 있는 것이다.

이 지역의 부동산 가격이 급등하기 시작한 시기는 1990년대 후반이었다. 인기 드라마 「섹스 앤 더 시티」의 배경으로 등장한 후 관광객이 몰리기 시작하고, 기존 동네 상점들이 밀려난 자리에는 고급 디자이너 가게들이 들어왔다. 임대료도 덩달아 올랐다. 1990년대 1제곱피트(feet)에 월 75달러였던 상가 임대료가 2000년 후반 월 300달러로 상승했다. 월 7,000달러의 임대료를 지불하던 상점들이 이제는 월 5만 달러 수준의 임대료를 내야 한다.

과연 웨스트빌리지가 이 위기를 극복할 수 있을까. 많은 우려에도 불구하고 미래를 긍정적으로 전망할 수 있는 이유는 많다. 우선 웨스

임대 광고로 가득 찬 브리커스트리트 상가

트빌리지는 골목길 경관이 뛰어나고 문화 중심지로서 위치가 견고하다. 골목상권의 성공 조건 중 하나인 골목친화적 공간 디자인은 유지될 것이 확실하다. 전체 건물의 80퍼센트가 문화재로 지정돼, 저층 건축과 짧은 블록 구조를 바꾸기는 어렵다.

문화시설도 계속 확장되고 있다. 뉴욕의 새로운 명물로 떠오른 하이라인파크가 웨스트빌리지에서 시작되고, 입구 중심으로 형성된 첼시와 미트패킹디스트릭트의 갤러리 산업이 계속 확장되고 있다. 휘트니 미술관이 2015년 하이라인파크 입구로 이전한 후 웨스트빌리지의 미술 중심지 위치는 더욱 견고해졌다.

그러나 위협 요인도 만만치 않다. 골목상권에 대한 소비자 수요가 관건이다. 독립 가게 중심의 웨스트빌리지 라이프스타일이 좋아 높은 주택 가격을 지불한 주민들에 의해 유지되겠지만, 임대료가 지나치게 오르면 가게들이 그곳을 떠나지 않고 영업을 계속할 수 있을지 불확실하다. 온라인 쇼핑도 독립 가게를 위협한다. 온라인 쇼핑의 부상으로 백화점과 쇼핑몰은 급속히 사양화되고 있다. 최고급 브랜드 기업들도 핵심 상가인 5번가의 플래그십 스토어를 철수하고 있다.

오프라인 상권이 온라인 쇼핑과 경쟁하는 상황에서 웨스트빌리지도 변신해야 한다. 1960년대 도시 운동가 제인 제이콥스가 복제화를 저지하기 위해 노력했던 것과 같이, 미래 위협을 극복하고 생존할 수 있는 저력을 보여줘야 한다. 웨스트빌리지의 독립 가게가 선택해야 할 전략은 하이 터치다.

개성이 뚜렷하고 문화적 가치가 높은 상품과 서비스로 하이테크

(High Tech) 온라인 쇼핑몰과 대형 유통기업과 경쟁해야 하는 것이다. 기계가 인력을 대체하는 상황에서 독립 가게는 기계가 제공할 수 없는 소비자의 감성적 니즈를 충족하는 하이 터치 서비스로 대응할 수밖에 없다. 최정규 전 맥킨지 파트너는 오프라인 유통 기업에 "물리적 공간에서만 가능한 경험과 하나의 상품이 아닌 해결책을 제공해야 한다"라고 조언한다.

하이 터치 전략에도 이커머스가 포함돼야 한다. 최 파트너는 "한정판 또는 고가 제품은 자체 이커머스를 통해서만 판매하고 범용 제품은 쇼핑몰이나 오픈 커머스(Open Commerce)를 통해 판매하는 것"을 대안으로 제안한다. 독립 가게도 경쟁하기 위해서는 온오프라인 옴니 채널(Omni-Channel)을 구현해야 하는 것이다.

최근 뉴욕에서도 아날로그 문화에 기반한 상품과 비즈니스가 회생하고 있다. 대표적인 분야가 독립서점이다. 골목상권은 독립서점과 마찬가지로 맞춤형 서비스, 지역 기반 비즈니스로 온라인 쇼핑과 경쟁해야 한다.

장기적으로 골목상권의 미래에 가장 중요한 조건은 문화 정체성의 유지다. 웨스트빌리지도 다른 지역이 모방할 수 없는 고유의 문화를 유지하면, 상당 기간 문화 중심지로서의 위상을 지킬 것이다.

현재 뉴욕 도시문화는 세 가지 조류로 나뉜다. 어퍼이스트사이드가 대표하는 부르주아지, 윌리엄스버그가 상징하는 보헤미안, 웨스트빌리지의 보보스 문화다.

부르주아지가 물질주의 문화라면, 보헤미안과 보보스는 탈물질주의 문화다. 물질주의는 근면, 성실, 규율, 조직력을 강조하는 산업사회 가치를 추구하는 반면, 탈물질주의는 삶의 질, 개성, 다양성을 강조한다. 어퍼이스트사이드의 부르주아지는 한마디로 산업사회의 귀족이다. 산업활동으로 부를 축적한 자본가들을 부르주아지로 통칭했다. 노력을 통해 성공한 부르주아 계층은 사회에 대한 책임감이 강하다. 하지만 전체적으로는 타 계층에 배타적이고 폐쇄적이며, 부의 세습을 통해 귀족사회를 구축하기를 열망한다.

보헤미안 문화는 산업사회에서 기성 부르주아지 문화에 대항한 문화다. "속세의 관습이나 규율 따위를 무시하고 방랑하면서 자유분방한 삶을 사는 시인이나 예술가"를 보헤미안이라고 칭한다. 보헤미안 전통에 기반한 현대 도시문화로 힙스터 문화를 들 수 있겠다.

윌리엄스버그는 자타가 공인하는 힙스터 도시다. 힙스터는 1990년대 미국에서 시작된 새로운 대항문화를 추구한다. 힙스터를 한마디로 정의하기는 쉽지 않다. 주로 패션을 통해 드러나는 히피는 복장, 머리 모양 등 외모로 확실히 구별된다. 그런데 힙스터는 외적인 특징이 확실하지 않다. 힙스터 관련 문헌에서 찾은 정보에 의하면, 힙스터는 20~30대 나이에 빈티지나 재활용 옷을 즐겨 입는 사람으로 정의된다.

많은 힙스터가 픽시(Fixie)라고 불리는 싱글 기어 자전거를 타고 다닌다. 평범한 자전거와 달리 다양한 색깔과 디자인으로 만들어진 독특한 자전거다. 소비 성향도 남다르다. 인디 음악, 카페, 허름한 바, 채식, 아날로그 레코드 등이 그들이 좋아하는 문화 상품이다. 2000년

위 뉴욕 상류사회 주거지 어퍼이스트사이드
아래 힙스터 문화 중심지 윌리엄스버그

대 후반에는 힙스터에 대한 비판적 시각이 늘어나기도 했다. 어떤 사람들은 대안도, 지식도, 문제의식도 없으면서 남들보다 우월하다고 생각하는 부류라고 비난한다.

문화사적으로 보면 힙스터는 1960년대에 활발했던 히피문화의 후손이다. 1960~1970년대 미국 이단아들은 대항문화를 통해 자신의 정체성을 확립했다. 마약, 반전운동, 섹스 등은 이단 정신을 표현하는 수단이었다. 미국의 히피 세대는 달랐다. 베트남 전쟁을 반대하는 등 정치적인 성향을 보이기도 했지만, 전체적으로 반전뿐만 아니라 자유, 인간, 평등을 강조한 대안 라이프스타일을 추구했다.

제3의 도시문화 보보스의 중심지는 웨스트빌리지다. 《뉴욕타임스》 칼럼니스트 데이비드 브룩스(David Brooks)가 지적한 대로 미국 진보 진영의 신주류는 1990년대에 미국의 강남좌파 격인 보보스로 교체됐다. 보보스는 보헤미안과 부르주아의 합성어로, 진보 가치를 추구하는 고소득 전문직 종사자를 뜻한다. 빌 클린턴(Bill Clinton) 전 대통령, 힐러리 클린턴(Hillary Clinton) 전 국무장관, 앨 고어(Al Gore) 전 부통령 등이 보보스를 대표하는 정치인이다.

탈물질주의, 취향과 개성의 다양화 추세를 고려할 때, 어퍼이스트사이드, 윌리엄스버그, 웨스트빌리지는 상호 보완적이면서도 독립적으로 발전할 것이다. 보헤미안, 대항문화 전통이 강한 뉴욕에서 웨스트빌리지와 윌리엄스버그가 없는 미래는 상상할 수 없다. 중장기적으로 윌리엄스버그가 웨스트빌리지화 될 수는 있다. 젠트리피케이션으로 터전을 떠나는 힙스터들은 새로운 성지를 찾아 나갈 것이다.

젠트리피케이션이 긍정적으로 작용해 뚜렷한 개성과 매력적인 상점들로 채워져 소비자들의 감성을 자극하는 하이 터치 전략이 작용한다면, '인터넷 만능 쇼핑' 태세를 극복한 상권이 될 것이다.

뉴욕의 미래는 머지않은 한국의 미래이기도 하다. 서울에서도 문화 정체성이 뚜렷한 골목상권이 도시문화를 주도할 것이다. 그렇다면 서울 골목상권의 숙제는 자명하다. 정체성을 강화하는 공공재 투자가 시급한 때다.

5장

장인 정신과 기업가 정신

지역사회와 친환경 슈퍼마켓의 상생

연희동 골목상권의 간판 상점 사러가쇼핑센터

2017년 6월 16일 전자 상거래 기업 아마존이 유기농 슈퍼마켓 홀푸드마켓을 137억 달러(15조 5000억 원)에 인수한다고 발표했다. 홀푸드마켓을 사랑하는 소비자들은 충격에 빠졌다. 거대기업인 아마존의 손에 들어간 홀푸드마켓이 기존대로 친환경 슈퍼마켓의 정체성을 유지할 수 있을까.

전문가들은 회의적이다. 가격 경쟁력을 목표로 시애틀에서 계산대 없는 식료품점인 아마존 고(Amazon Go)를 운영하는 아마존이 고품질의 값비싼 친환경 유기농 식품을 판매하는 홀푸드의 경영 방식을 유지할 리 만무하다는 것이다.

전문가들의 예측이 맞다면, 홀푸드마켓 매장이 있는 미국 430여 개 지역은 하루아침에 지역 공동체의 구심점을 잃게 된다. 미국 부유층은 홀푸드마켓이 없는 동네에서는 절대 살지 않겠다고 선언할 정도로 이 가게를 지역사회의 중심지이자 자부심으로 생각한다.

홀푸드마켓은 뉴욕에서도 지역 문화의 중심으로 자리 잡았다. 맨해튼에서 제일 큰 식료품 가게는 바우어리스트리트에 있는 홀푸드마켓 매장이다. 맨해튼의 대표적인 랜드마크인 타임워너빌딩 지하에 입점한 매장에는 점심을 사서 길 건너 센트럴파크로 가는 수많은 뉴요커들로 항상 북적인다.

홀푸드마켓이 시작된 텍사스주 오스틴에서 1990년대 초반부터 이 기업의 성장 과정을 지켜봐왔다. 그렇기에 아마존의 홀푸드마켓 인수에 대한 오스틴 주민들의 상실감이 어떨지 나 역시 충분히 상상이 된다. 제2의 실리콘밸리가 되기 위해 시애틀과 오스틴은 오랫동안 경쟁했고, 시애틀의 자랑이 아마존이라면, 오스틴의 자존심은 홀푸드마켓이었다.

향토기업을 잃게 된 오스틴 시민들이 안타까우면서도, 또 한편으로는 사러가쇼핑센터를 가진 연희동 주민들이 부러웠다. 사러가쇼핑센터는 홀푸드마켓의 창업 모델인 '지역 기반 비즈니스 모델'로 연희동 골목상권의 부흥을 이끄는 친환경 슈퍼마켓이다.

홀푸드마켓과 사러가쇼핑센터의 차이는 경제학에서도 중요하다. 홀푸드마켓의 실패가 전국 통합 비즈니스 모델의 한계를 입증한다면, 사러가쇼핑센터의 건재는 지역 기반 모델의 잠재력을 보여주기 때문이다. 홀푸드마켓의 전국 통합 모델에 대한 재평가는 친환경 슈퍼마켓 산업은 전국 기업이 아닌 지역 기업이 경쟁력을 가진 분야라는 주장에 힘을 실어줄 것이다.

신선 먹거리 슈퍼마켓 사러가쇼핑센터는 연희동에서 다수의 고객을 흡인하는 데 중심적인 역할을 하는 간판 상점이다. 골목상권의 간판 상점답게 다른 가게를 위해 많은 공공재를 제공하는데 첫째는 지역 정체성이다.

연희동은 단독주택, 공방, 갤러리, 문학창작촌, 외국인 교육기관, 대학생 원룸 등이 어우러져 독특한 문화와 분위기를 자아내는 골목상권이다. 외국인, 주민, 관광객, 학생 등 다양한 고객이 찾고, 유기농, 다문화, 수입 상품 등 다양한 제품을 판매하는 사러가쇼핑센터는 연희동의 문화 정체성을 대표하고 체험할 수 있는 장소다. 연희동에서 요리 교실을 운영하는 나카가와 히데코 씨는 "사러가는 사러만 가는 곳이 아니라 문화를 느끼러 가는 곳"으로 이곳을 표현한다.

둘째, 지역 자부심이다. 연희동 음식점에 가면 주인들이 흔히 가게 자랑으로 "사러가 채소를 씁니다"라고 말한다. 다른 곳에서 쉽게 찾을 수 없는 다양한 국내외 식자재를 갖춘 사러가쇼핑센터는 연희동의 유명 셰프들에게도 인기다. 간판 상점에 대한 연희동 주민의 애정

위 사러가쇼핑센터 내부
가운데 사러가쇼핑센터를 중심으로 형성된 골목상권에 자리 잡은 커피전문점 매뉴팩트
아래 홀푸드마켓 뉴욕 윌리엄스버그 매장의 친환경 수산물 코너

과 자부심은 국내에서 보기 드문 현상이다.

셋째, 유동인구다. 지역의 유일한 대형 슈퍼마켓으로 대규모 소비자를 끌어들인다. 연희동 주민들은 사러가쇼핑센터에 들른 후 주변 가게에서 쇼핑하는 일상을 즐긴다. 또한 대규모 주차장을 갖추고 있어 주차 공간이 부족한 골목을 찾는 고객들은 사러가쇼핑센터의 주차장 덕분에 마음 놓고 골목 쇼핑에 나선다.

사러가쇼핑센터가 지역사회의 구심점이 된 것은 이 사업이 지역을 기반으로 한 비즈니스 모델이었기 때문이다. 1965년 창업한 사러가쇼핑센터는 대형마트와 백화점 식품관이 지배하는 국내 시장에서 찾기 어려운 대규모 독립 슈퍼마켓이다. 프랜차이즈화 하지 않고 신길동과 연희동 두 곳에서만 매장을 운영하는 동네 슈퍼마켓 모델을 고수하고 있다.

슈퍼마켓 외에도 떡집, 제과점, 외국 상품 전문점, 약국, 의류점, 양품점 등 지역에 필요한 다양한 가게가 입점한 사러가쇼핑센터 연희점은 단순한 상점이 아니다. 지역사회의 종합 시장이다. 1975년 재래시장이었던 연희시장을 인수해 개장한 사러가쇼핑센터는 법적으로도 전통시장으로 분류된다. 이 모델이 성공하기 위해서는 지역 주민의 신뢰가 중요하다. 지역 주민의 편의를 위한 배달 서비스, 정육점과 수산물 코너의 직영 관리, 친환경 상품 중심의 매장 구성(매출의 30퍼센트) 등이 소비자의 신뢰를 확보하는 방법이었다.

지역사회와 공동체를 이루는 지역 기반 비즈니스 모델은 적지 않은 위력을 발휘한다. 간판 상점이 지역 상권을 위해 다양한 공공재를 창출하면, 지역사회는 지역 소비자의 충성과 대형마트가 누리지 못하는 활력 있는 배후 상권으로 간판 상점을 지원한다. 지역사회와의 상생 덕분에 사러가쇼핑센터가 대형마트, 백화점과 동등하게 경쟁하는 독립 슈퍼마켓으로 성장할 수 있었던 것이다.

사러가쇼핑센터의 지역 기반 친환경 슈퍼마켓 모델은 홀푸드마켓의 창업 모델이었다. 1980년 창업자 존 맥키(John Mackey)가 미국 오스틴에서 창업한 홀푸드마켓은 눈앞에 보이는 이윤보다 지역 주민의 건강과 사회 환경을 우선시하는 기업으로 출발했다. 건강과 환경을 가격만큼 중요한 가치로 추구하는 지역 주민의 라이프스타일에 딱 맞는 비즈니스 모델이었다. 홀푸드마켓은 웰빙 라이프스타일을 위해 아낌없이 투자하는 소비자가 만족할 만한 제품을 판매했다.

홀푸드마켓의 성공에는 웰빙과 친환경 소비 트렌드가 기여했다. 세계적으로 선풍적인 인기를 끌고 있는 웰빙 트렌드는 친환경적이고 신선한 재료를 사용한 건강식품 브랜드를 성장시켰다. 건강하고 안전한 먹거리를 추구하는 웰빙문화는 소비자로 하여금 환경보호에 동참한다는 자부심을 심어줌으로써, 식품부터 의류, 잡화, 레저 등 다양한 생활 영역으로 확산되고 있다.

웰빙의 가치를 인식하고 체험하고자 하는 욕구, 좀 더 비싼 가격을 지급할 경제적 능력이 있다는 과시 욕구, 그리고 환경보호에 일조하고 싶은 도덕적 욕구가 홀푸드마켓을 미국 자연식품 대표 기업으로 성장시켰다. 그렇다면 1970년대부터 미국 전역에 등장한 그 많은 자연식품 판매점 중 이 회사가 선두 기업에 선 이유는 무엇일까? 홀푸드마켓은 '온전한 식품, 온전한 종업원, 온전한 지구'라는 신조답게 기본에 충실한 기업이다. 자연식품 판매 가게로서 항상 소비자의 건강과 자연식품 홍보에 앞장섰다. 최근 논란이 되고 있는 유전자 조작 농산물(Genetically Modified Organism, 이하 GMO) 판매 문제에서도 홀푸드마켓은 친환경 노선을 선택했다.

2013년 3월 미국 정부가 유전자 조작 농산물을 이용한 식품 생산과 판매를 전면 허용하자 미국의 시민단체와 환경단체가 크게 반발했다. 다른 식품 판매점이 식품회사의 압력으로 GMO 표기를 주저하는 사이, 홀푸드마켓은 2018년까지 모든 판매 상품에 자발적으로 유전자 조작 농산물 포함 여부를 표기하겠다고 발표했다.

GMO 표기에 대한 회사의 설명이 흥미롭다. 홀푸드마켓은 유전자 조작 농산물이 포함되지 않은 상품에 대한 소비가 15퍼센트 이상 늘어난다는 연구에 근거해, GMO를 표기함으로써 웰빙 소비자들의 신뢰를 얻는 것이 오히려 비즈니스에 유리하다고 주장했다.

홀푸드마켓이 성공한 요인은 간단하다. 진정성을 원하는 소비자들에게 진정성으로 답했을 뿐이다. 소비자는 다른 가게는 몰라도 홀푸드마켓만은 정당한 방법으로 생산한 건강식품을 판매할 것이라고 믿는다. 회사가 상품의 진정성을 부각하는 방법도 이채롭다.

다양한 사회 공헌 활동도 기업 이미지 제고에 한몫하지만, 홀푸드마켓 특유의 분위기도 무시할 수 없다. 매장의 온도, 쾌적함, 세련된 디자인, 감동적인 서비스를 통해 이 회사 제품을 신뢰할 수밖에 없게 만든다.

홀푸드마켓 오스틴 본점 내부

승승장구하던 홀푸드마켓이 위기에 빠진 것을 접하면서 자연스럽게 질문하게 된다. 그들은 왜 지역 기반 비즈니스 모델을 포기하고 전국 통합 모델을 선택했을까?

오스틴 도심 지역 대상의 동네 마켓으로 출발한 홀푸드마켓의 역사에서 창업자 맥키는 두 번의 중요한 결단을 내린다. 첫 번째 결정이 주식회사 창업이다. 홀푸드마켓 전에는 소규모 협동조합이 자연식품을 판매했다. 맥키는 예전 근무하던 조합에서의 안 좋은 경험으로 인해, 의도적으로 조합 모델을 피했다. 그는 자서전에서 주식회사를 선택한 이유를 이렇게 설명했다.

“자연식품 전문점이 존재하는 이유는 좋은 식품을 공급하는 데 있는 것으로 알고 있었다. 그런데 내가 일한 협동조합의 회원들은 조합 내부 정치에 더 관심이 많고 소비자 후생은 뒷전이었다. 그래서 나는 가장 좋은 식품을 가장 싼 가격에 판매할 수 있는 기업을 창업하기로 결심했다."

두 번째 결정이 전국 비즈니스 모델의 선택이다. 1984년 휴스턴 시장을 시작으로, 홀푸드마켓은 공격적인 투자와 마케팅, 인수합병으로 전국 시장에 진출했다. 전국 진출에 필연적으로 수반되는 결정이 상장이다. 전국화에 필요한 자금을 확보하기 위해 홀푸드마켓은 1992년 나스닥에 상장했다. 전국화 노력으로 해마다 놀라운 성장을 거듭해, 2017년 연 매출 160억 달러에 달하는 미국 최대의 유기농 슈퍼마켓이자 가장 영향력 있고 일하고 싶은 기업으로 성장했다.

하지만 기업 공개와 전국화, 그리고 경쟁 압박은 서서히 창업 이념을 지키기 어려운 상황으로 그들을 내몰았다. 크로거, 월마트 등 경쟁 슈퍼마켓이 유기농 식품을 판매하기 시작하자, 단기 실적과 비용 절감에 대한 투자자의 압박이 거세졌다. 경쟁 기업의 유기농 시장 진입

홀푸드마켓 뉴욕 컬럼비아서클 매장 입구

은 장기적으로 홀푸드마켓의 경쟁력을 약화시키는 요인이 됐다.

유기농 시장이 보편화되어 홀푸드마켓이 다른 가게보다 비싼 가격을 요구할 명분도 사라졌다. 주가가 2013년 65달러로 최고점을 찍은 후 하락하면서 홀푸드마켓은 원칙과 타협하기 시작했다. 전국을 12개 지역으로 나눠 지역 단위로 구매하던 정책을 포기하고 중앙에서 구매하는 방식으로 전환한 것이다. 가격 경쟁력을 확보하기 위해 자체 브랜드(PB, Private Brand) 상품 판매를 늘려 2016년 매출을 20퍼센트까지 높였다. 2016년에는 저가 매장인 '386'을 열기도 했다. 하지만 경영실적은 개선되지 않았고 투자자의 압력을 이기지 못한 홀푸드마켓은 결국 2017년 6월 아마존으로 넘어가게 된다.

결과만 놓고 보면 맥키의 전국화 모델은 지속 가능하지 않은 것으로 판명됐다. 초심을 잃지 않고 지역 슈퍼마켓으로 남았다면 더 오래 자신의 경영 철학을 지켰을지 모른다.

하지만 역사는 가정(假定)을 허용하지 않는다. 사회 전체 이익을 보면 새로운 시장을 개척한 홀푸드마켓이 사라지는 것이 결코 안타까운 일만은 아니다. 유기농과 건강식품 문화가 대세로 자리 잡은 만큼, 더 훌륭한 서비스를 제공하는 새로운 기업들이 그 공간을 채울 수 있기 때문이다. 홀푸드마켓이 어려워지기 전에 이미 미국 전역에서 이에 버금가는 지역 기반 유기농 슈퍼마켓이 등장했다. 포틀랜드의 뉴시즌마켓(New Seasons Market)이 대표적이다.

현시점에서 우리나라 건강식품 산업을 위해 소비자가 할 수 있는 일은 사러가쇼핑센터와 같은 지역 기반 슈퍼마켓을 응원하는 것이다. 뜻있는 기업가들이 전국 곳곳에 지역의 신뢰를 받는 슈퍼마켓을 창업해 대형마트와 백화점이 지배하는 식품 유통 시장의 판도를 바꿔야 한다.

지역 기반 친환경 슈퍼마켓은 골목상권의 지속 가능한 발전을 위해서도 필요하다. 확고한 철학과 공동체 정신을 갖춘 장인 가게와 사업자가 주도하는 장인 공동체가 지속 가능한 골목상권 모델이며, 골목상권에 활력과 정체성을 동시에 제공할 수 있는 간판 장인 상점이 지역 기반 슈퍼마켓인 것이다.

아라리오길, 도시여행자의 제주

파스텔풍의 높지 않은 건물이 만드는 제주 원도심의 도시 경관

돌아보면 제주는 사실 도시여행자에게 좋은 여행지가 아니었다. 마을과 떨어진 숙소에 머물면서 버스나 자동차를 타고 관광지를 찾아가는 전형적인 리조트형 관광지였다. 가장 큰 도회지인 제주시에서도 걸으면서 오밀조밀 개성 있는 도시문화를 발견하고 즐길 수 있는 골목길을 찾기는 어려웠다. 미술평론가 유홍준은 제주시에서 도

시문화가 발전하지 못한 이유를 중심 광장의 부재에서 찾았다.

도시문화를 즐길 광장이 없다 보니, 제주시에 머무는 관광객들은 저녁에 다운타운으로서 제주를 느끼러 나갈 공간이 없어 모두 호텔 방에 머물거나 노래방과 술집을 전전할 뿐이다.

도시여행자에게 골목상권의 부재는 치명적인 결함으로 다가온다. 도시의 번잡한 거리와 경적 소리, 마음과 숨을 멎게 만드는 스모그, 과도하게 경쟁적인 도시생활을 벗어나기 위해 자연을 찾아 여행을 떠나지만, 막상 자연에 도착하면 곧 금단 현상의 고통으로 괴로워하는 자가 도시여행자다. 아름다운 숲과 강변에서 사색하며 산책하고, 게스트하우스에서 처음 보는 친구와 대화하는 일이 물론 즐겁지만, 이 즐거움이 하루 종일 지속되지는 않는다. 생각보다 빨리, 도시가 그리워진다.

도시의 유혹은 이른 아침에 시작된다. 거리로 나가 신선한 공기를 마시며, 분주하게 움직이는 동네 사람에게 우연히 인사를 건네고 싶어진다. 커피 향이 가득한 커피전문점, 빵을 굽는 아담한 베이커리를 거리에서 만나길 기대하며.

긴 오후를 리조트에서만 보낼 수는 없다. 산책, 트레킹, 수영을 하고, 호텔 방에서 대화와 독서를 즐기지만 오후의 무료함은 반드시 찾아온다. 이때에도 도시의 거리로 발걸음이 향한다. 골목 곳곳을 다니며 작은 책방과 숨은 카페를 발견하는 즐거움을 만끽하고 싶어진다.

마을과 격리된 호텔 생활이 가장 어려운 순간은 저녁 시간이다. 호텔 식당에서 식사하고 호텔 바에서 술을 마시면 무언가 놓치는 것 같다. 새로운 사람을 만나고 여행지의 문화를 체험할 그런 기회를. 지역 재료를 요리하는 맛집, 다양한 디저트와 커피로 유혹하는 카페, 평소 접하지 못하는 지역 콘텐츠를 판매하는 동네서점, 지역 주민이 모이는 포장마차와 바가 즐비한 거리로 나가고 싶은 마음을 주체하기 어렵다.

곰곰이 생각해보면, 세계적인 해변 관광지는 모두 매력적인 도시문화를 간직하고 있다. 카멜, 뉴포트비치, 하프문베이, 멘도시노 등 미국 캘리포니아의 해안 관광지는 걸어서 쇼핑과 음식을 즐길 수 있는 작은 골목도시다.

제주와 자주 비교되는 하와이, 발리도 그들만의 특색 있는 도시문화를 자랑한다. 이들 휴양지들은 자연과 리조트만을 내세워 세계적인 관광지로 발전한 것이 아니다. 해변과 산만큼 도시문화가 발전한 섬이 하와이와 발리다. 호놀룰루 도심 상권과 바로 연결된 와이키키비치뿐 아니라 노스비치의 조그만 해변에서도 아기자기한 가게가 들어선 작은 마을을 만날 수 있다. 발리도 마찬가지다. 갤러리, 공방, 맛집이 모여 있는 우붓의 도시문화가 발리를 가고 싶은 도시로 만든다.

아쉽게도 제주는 골목도시가 아니었다. 제주시, 서귀포시, 한림, 모슬포 등 크고 작은 지역들을 보유한 인구 60만의 제주도에는 오롯한 골목상권이 없었다. 자연, 올레길, 바다, 오름, 그리고 도시에서 멀리 떨어져 홀로 서 있는 박물관, 미술관, 카페가 새로운 여행 트렌드로 자리 잡은 도시여행자의 욕구를 충족시킬 수는 없었다.

그런데 도시문화의 변방이었던 제주가 변하기 시작했다. 그 중심은 제주시 원도심이었다. 이곳에 개성 있는 가게와 제주의 젊은이가 모이기 시작한 것이다.

새롭게 골목상권으로 뜬 지역은 탑동으로 불리는 원도심의 북쪽 해변가 지역이다. 탑동 해변가에는 호텔, 상가, 문화시설이 집중되어 있고, 중심 도로 탑동로의 남쪽 이면도로를 중심으로 골목상권이 형성돼 있다. 이 골목상권에 흑돼지거리가 조성되고, 올댓제주, 미친부엌 등 젊은이들이 선호하는 맛집이 들어선 것이다.

탑동의 골목문화를 즐기는 사람은 제주에서 일하는 젊은 직장인들이다. 대학생이 모이는 시청 주변 상권이 제주의 '신촌'이라면 탑동은 경제적 여유가 있고 현대적 도시문화를 선호하는 전문직들이 주로 찾는 제주의 '홍대'라고 볼 수 있다. 원도심은 골목 창업자에게도 매력적인 곳이었다. 올댓제주 김경근 오너 셰프는 원도심 골목길에서 자신이 원하는 가게를 열고 싶었다고 한다.

> "저희는 처음부터 술을 마실 수 있는 도민 상대 비스트로를 하고 싶었으니까요. 도심에 있어야 도민 단골손님이 생길 수 있고요. 제주도는 버스 등 대중교통이 발달한 곳이 아니라서 외곽에 있으면 술을 마시고 귀가하기가 어렵잖아요."
>
> -정다운 지음, 『제주에서 뭐 하고 살지?』, 남해의봄날, 2015

낙후됐던 탑동 지역이 어떻게 젊은 직장인과 창업자가 좋아하는 골목상권으로 되살아났을까? 원도심과 가깝다는 것도 상권 부활에

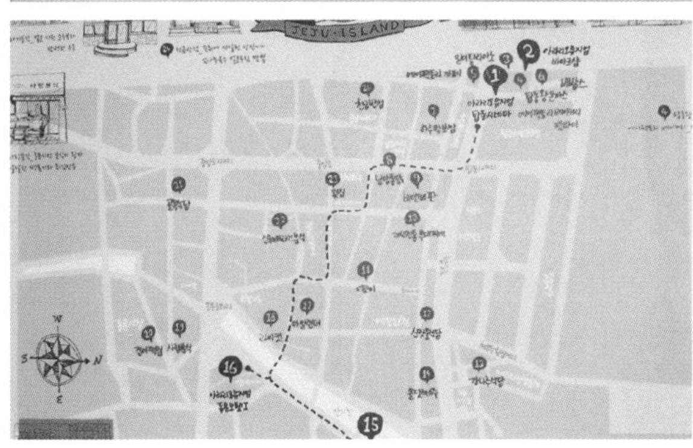

위 하와이 오하우섬 노스비치의 상가 거리
가운데 탑동의 맛집 미친부엌
아래 아라리오뮤지엄을 연결하는 탑동 아라리오길 지도 일조했다. 과거보다는 활력을 잃었지만 제주 원도심은 아직도 전통 시장인 동문시장뿐 아니라 음식점, 공방, 의류전문점, 공예품가게 등이 살아 있는 중요한 상권이다.

관덕정, 칠성로, 무근성, 오현당 등 문화유적지를 중심으로 골목길 투어를 운영하고, 탐라문화제, 프랑스영화제 등 다양한 문화행사를 개최해온 지역 시민단체와 문화단체도 원도심 문화에 대한 주민들의 관심을 높이는 데 기여했다.

그러나 탑동 지역이 도시여행자가 좋아하는 골목상권으로 변신하는 과정에서 중요한 분기점이 된 것은 새로운 도시기획자의 등장이었다. 2014년을 시작으로 무려 4개의 미술관을 탑동에 개장한 아라리오뮤지엄 김창일 대표가 그 주인공이다. 그가 미술관을 연 목적은 도시재생이었다.

원도심 재생에는 문화가 있어야 한다. 그가 제주시 탑동에 관심을 갖게 된 이유는 뒷골목이 살아 있기 때문이었다. 세련미가 조금 더해지면 세계에서 주목받는 제주로 성장할 가능성이 있었다.

아라리오뮤지엄은 탑동시네마, 바이크숍, 동문모텔 I, 동문모텔 II 등 4개의 미술관을 운영하는데, 흥미로운 점은 미술관의 시설과 위치다. 1호점 탑동시네마는 아라리오 복합문화단지의 중심 '가게'다. 탑동시네마를 중심으로 미술관 단지를 건설한 아라리오뮤지엄은 단지 내에 돈까스집, 베이커리, 수제맥주집을 입점시키고, 건너편에 건물을 매입해서 이탈리아 음식점과 카페를 직영한다.

2호점 바이크숍은 이 단지의 옆 건물에 입점했다. 최근 개장한 동문모텔 I과 동문모텔 II 미술관은 탑동시네마에서 남동 쪽으로 걸어서 15분 거리인 산지천에 위치해 있다. 이 네 미술관의 지도를 보면 이들이 마치 탑동 상권을 에워싼 것처럼 보인다.

골목상권 개척에 대한 아라리오의 야망은 직영점 운영에 그치지 않는다. 직영 베이커리인 에이팩토리 베이커리에서 아라리오 미술관들의 위치를 표시한 지도를 제공하고 지도에 주변 맛집들을 소개하고 있다. 이 지도를 보면 탑동시네마에서 시작해 동문모텔 II에서 끝나는 아라리오길이 탑동 상권의 중심 골목길인 것처럼 보인다.

아라리오뮤지엄은 새로운 시각으로 탑동 골목상권을 체험할 수 있는 '제주 데이 트립'도 운영한다. 참여자들이 탑동 골목의 삶과 그 속에 담긴 이야기를 살펴보고, 새로운 도시문화를 체험하는 프로그램이다. 아라리오뮤지엄을 시작으로 단지 내 직영점 탑동왕돈까스와 맥파이브루어리를 방문한 후, 아라리오뮤지엄 4개 관에서 열리는 다채로운 전시를 전문가의 해설과 함께 감상할 수 있다.

아라리오뮤지엄 프로젝트에 대한 전문가 평가는 대체로 긍정적이다. 문화예술가 백용성은 예술경영적 접근방식으로 상업시설을 운영하는 것에 대해 높이 평가한다. 원도심 재생 사업과의 시너지도 긍정적으로 인식되고 있다. 《이코노믹 리뷰》 이재정 기자는 "아라리오의 예술(미술을 포함한) 프로그램이 제주시의 원도심 재생과 분명한 비전이 공유되면서 안정적으로 관광객이 찾기 시작한다"라고 전했다.

우리가 아라리오 프로젝트를 주목해야 하는 이유는 도시재생 모델의 혁신성에 있다. 스페인 빌바오 구겐하임미술관, 로스앤젤레스 폴

게티미술관, 서울 대림미술관 등 개인이나 정부가 미술관을 건설해 도시문화를 업그레이드하고 재생한 사례는 많다. 하지만 개인 미술관이 복합문화단지를 건축해 상업시설을 직영하고 주변 상권을 활성화하기 위해 노력한 사례는 그 유례를 찾기 어렵다.

아라리오 프로젝트는 또한 한국에서 민간 주도 도시재생의 성공 가능성을 보여준다. 주민 의견 수렴의 어려움으로 제주도는 원도심 재생 사업을 제대로 추진하지 못하고 있는 것이 현실이다. 제주도자유도시개발센터(JDC)가 아웃렛을 건설하는 계획이 무산됐고 원희룡 지사가 추진하는 '관덕정 광장 사업'의 미래도 불투명하다.

아라리오뮤지엄처럼 하나의 미술관이 도시를 재생할 수 있다면 정부가 굳이 이를 무리한 일정에 따라 추진할 필요가 있을까? 민간 재

아라리오뮤지엄 직영 베이커리 에이팩토리 베이커리

생 사업을 지원하면서 주민의 공감대가 형성될 때까지 기다리는 것도 현명한 정책일 수 있다.

홍대앞, 가로수길, 이태원 등 서울의 골목길들이 성장한 역사를 보면 골목길의 변화는 민간에서 시작됐음을 알 수 있다. 싼 임대료를 찾아 문을 연 한 가게가 성공해 유동인구를 유발하고, 이를 본 다른 가게가 진입해 상권을 형성한 것이 골목상권의 일반적인 역사다. 탑동에서는 아라리오뮤지엄이 골목상권 활성화에 필요한 유동인구를 창출하는 '첫 가게'의 역할을 하고 있는 것이다.

아직 아라리오 프로젝트가 완성됐다고 평가하기는 이르다. 탑동을 제주의 홍대라 부르기엔 유동인구와 가게의 밀집도가 부족하다. 상권 이곳저곳에 빈 가게, 실패한 가게가 보이는 것도 아라리오뮤지엄

원도심 산지천 앞 모텔을 인수해 미술관으로 개축한 아라리오뮤지엄 동문모텔 II

과 다른 도시혁신가들이 이 골목길에서 할 일이 많음을 시사한다.

그렇다고 아라리오 프로젝트의 의미를 낮게 평가해서도 안 된다. 정부의 개입과 지원을 요구하지 않는 민간 주도의 도시재생이 지속 가능함을 보여줬기 때문이다. 좀 더 많은 문화혁신가와 도시기획자들이 창의적인 비즈니스 모델로 우리 도시의 골목상권을 조성한다면, 그게 바로 우리가 원하는 도시와 골목길의 미래가 아닐까?

다운타운 상가 조성의 정석,
마루노우치 나카도리

도쿄 마루노우치 나카도리

마루노우치 일대는 도쿄역과 황궁 사이에 위치한 도쿄 경제 1번지다. 여기에 일본 정부와 민간 기업 미츠비시지쇼가 도쿄의 대표 쇼핑거리를 멋지게 건설했다. 글로벌 도시 도쿄도 이제 뉴욕의 맨해튼 5번가, 파리의 샹젤리제에 버금가는 쾌적하고 화려한 다운타운 쇼핑거리를 선보인다.

나카도리를 탄생시킨 마루노우치 재개발 사업은 1980년대에 시작됐다. 단일 회사가 36만 평(120헥타르) 규모의 지역을 재개발하는 사업이어서 처음부터 말도 많고 탈도 많았다. 부동산 재벌 미츠비시 사업자 선정, 용적률 대폭 완화, 대형쇼핑몰 건축, 골목 철거 등 순탄치 않은 과정을 거쳐 도쿄의 그랜드에비뉴가 성공적으로 탄생했다. 혹시 미츠비시지쇼가 마루노우치에 마법이라도 부린 걸까?

그들은 먼저 도시재생 기본에 충실했다. 다른 도심 개발 사업과 달리 가장 눈에 띈 것은 거리 경관이다. 공공미술, 차 없는 거리, 화단, 가로수, 가로등, 벤치로 나카도리에 아름다운 거리 풍경을 입혔다. 벼룩시장, 거리 전시회, 노천카페로 채워진 나카도리는 맨해튼의 어느 거리보다 생명력 넘친다.

차 없는 거리에 노천카페를 설치한 마루노우치 나카도리

미츠비시 이치고칸(1호관)미술관, 도쿄 국제포럼 아이다 미츠오 미술관, 마루빌딩 갤러리, 거리 공공미술 등 수많은 문화 시설을 배치해 나카도리를 문화거리로 만든 점도 거리의 품격을 높였다.

레트로(Retro) 건축도 특징적이다. 마루노우치 파크 빌딩의 이치고칸, 쇼핑몰 키테의 우정국 건물 전면, 1923년 준공 당시의 마루노우치 빌딩 현관 등 메이지시대의 건축물들을 보전하고 복원했다. 인공적으로 조성한 대로는 마치 골목길처럼 느껴진다. 단순히 차 없는 거리로는 재현할 수 없는 이 분위기를 어떻게 만들었을까? 시간이 지나자 그 이유가 보이기 시작했다.

먼저 고층 빌딩을 저층부와 고층부로 나눠 착시효과를 일으켰다. 매일경제 박인혜 기자의 표현대로 "눈썹을 맞춘 듯 저층부 높이를 31미터로 통일해 가로경관을 맞췄다. 과거 일본이 지진으로 몸살을 앓을 때 현재처럼 내진기술이 없어 건물 높이를 31미터로 제한했던 역사를 입힌 것"이다.

일렬종대로 선 가로수도 한몫했다. 거리를 뒤덮을 만큼 높고 무성한 가로수가 있어 고층 빌딩 속을 거닌다기보다 울창한 숲길 속에 있는 느낌을 안겨준다. 걷다보면 고층건물의 존재는 까맣게 잊게 되는 것이다. 또한 볼거리의 밀도와 우연성을 인위적으로 창조해냈다. 밀도는 거리와 빌딩 내에서 동시에 체험할 수 있다. 길게 뻗은 고층 건물의 거리 상가를 다수의 작은 가게로 촘촘히 배열해 밀도를 높였다. 고층 건물 옆을 걸으며 여러 가게를 연이어 구경할 수 있는 장점이 있다.

위 메이지시대 건축물을 보전한 마루노우치 파크 빌딩 1호관
가운데 고층 건물 사이의 대로에서 골목길 분위기를 만들어주는 가로수
아래 촘촘한 볼거리를 만든 고층 빌딩의 저층 상가

위 마루빌딩 내부 쇼핑몰 로비
가운데 나카도리의 골목길 마루노우치 브릭스퀘어
아래 메이지시대 런던 타운의 모습을 그린 벽화

천장이 높은 로비, 크고 넓은 건물 내부가 주는 여유로움이 가히 인상적이다. 건물 내 오픈 스페이스 갤러리, 공동 휴식 공간, 예술품, 홍보 포스터 등이 도시적이고 현대적 감각을 어필한다.

다양한 방법으로 우연성을 구현한 것도 나카도리의 매력이다. 가장 눈에 띄는 혁신은 조화를 이루는 건축물의 다양성이다. 새로운 고층 건물을 지었지만 곳곳에 근대 건물을 보존했고, 대로변 한 자락에 골목상권 마루노우치 브릭스퀘어를 조성했다. 조각과 디자인으로 신규 건물의 근대성을 돋보이게 했다. 신구 건축물의 공존은 묘한 도시 분위기를 자아낸다.

미츠비시지쇼가 선택한 마루노우치 재개발 사업의 이름은 바로 맨해튼 프로젝트다. 1980년 이전, 일본 정부는 지진을 우려해 마루노우치 건물의 고도를 31미터로 제한했다. 규제가 완화되고 내진 설계 기술이 발전하게 되자, 도쿄에 마루노우치 건축가들은 세계 중심부 뉴욕 맨해튼의 스카이라인과 문화를 재현해냈다. 나아가 딘 앤 델루카, 브룩스 브라더스, 케이트 스페이드 등 초기부터 뉴욕 브랜드를 적극적으로 유치해 뉴욕 느낌을 연출했다.

20년 가까이 마루노우치 재개발을 주도한 기관은 미츠비시 그룹이다. 자회사 미츠비시지쇼를 통해 마루노우치 건물 30퍼센트(약 100개 건물 중 30여 개)를 소유하고 있다. 도쿄-미츠비시-UFJ은행, 메이지야스다 생명보험, 미츠비시 상사, 미츠비시 전기 등 미츠비시 그룹의 주요 계열사도 본사를 마루노우치에 두고 있다.

미츠비시의 마루노우치 역사는 메이지시대로 거슬러 올라간다. 에

도시대 귀족들의 거주지였던 마루노우치는 메이지 유신 이후 일본 육군의 병영으로 사용됐다. 1890년 미츠비시 그룹이 이 땅을 매입, 도쿄의 중심 비즈니스 지역으로 개발했다. 미츠비시가 이 지역 건물을 붉은 벽돌의 영국 양식으로 건축했기 때문에, 사람들은 이 지역을 런던 타운(London Town)이라 불렀다.

1980년대 말 자산 버블의 붕괴로 일본 경제 중심지 마루노우치 지역은 공동화 위기에 처하게 됐다. 1990년대 후반 미츠비시 그룹은 10여 년간 침체에 빠졌던 마루노우치의 재개발을 시작했다. 마루노우치 재개발의 추진 동력은 한 기업이 오랫동안 꾸준히 특정 지역을 개발할 수 있었다는 점이다.

서울대 국제학과 박철희 교수는 "정치인이 치적 세우려고 시작한 프로젝트가 아니라 민간에서 자발적으로 시작한 사업이었다는 점"에 주목해야 한다고 말한다. 특정 지역의 부동산을 다량 소유한 거대 기업이 자신들의 이익만을 추구하며 일방적인 개발을 밀어부친 것이 아니라 지역 모두가 상생할 수 있는 기획을 수립해 주민들에게 납득시켰다.

미츠비시 장기 투자의 효과는 상권 관리에서도 명확히 드러난다. 미츠비시는 상가를 개발해 분양하는 방식을 택하지 않고 건물주로서 임대사업을 펼쳤다. 매력적인 브랜드를 유치하고 상점 포트폴리오를 종합적으로 관리하는 진정한 의미의 디벨로퍼 역할을 수행했다.

정부의 든든하고 변함없는 도시재생 노력도 주효했다. 2000년 일본 정부는 공중권이란 개념을 도입해 고층 건물 건축을 장려했다. 공증권이란 어떤 건물이 사용하지 않은 용적률(대지 면적에 대한 건물 연면적의 비율)을 타인에게 매도할 수 있는 권리다. 마루노우치 지역의 규정 용적률은 1,300퍼센트이며, 2007년 4월 문을 연 신마루비루는 도쿄역의 미사용 용적률 500퍼센트를 사들여 자신의 용적률을 1,800퍼센트로 확대했다고 한다.

2001년 취임한 고이즈미 준이치로 총리는 적극적인 수도권 투자로 자산 버블 붕괴에 따른 경기와 부동산 침체를 극복하기 위해 노력했다. 고이즈미 정부의 노력으로 2000년대 도쿄는 도쿄역, 롯폰기, 아카사카 지역을 중심으로 대규모 재개발 사업을 펼쳤다.

도심 재개발을 통한 경기 활성화 노력은 아베 신조 정부에서도 이어졌다. 현재 일본 정부는 2020년 도쿄올림픽을 맞아 마루노우치,

아직 일부 남아 있는 유라쿠초 선술집들

신주쿠, 시부야, 간다 등 도쿄 주요 부도심 전역에서 대규모 오피스 빌딩과 쇼핑센터를 건설하는 재개발 사업을 추진하고 있다.

정부의 지원을 등에 업고, 대기업 미츠비시지쇼가 선두 지휘했던 마루노우치 재생 사업을 완벽하다고 평가하기엔 아직 이르다. 여러 가지 측면에서 마루노우치 재개발 사업의 아쉬운 점이 있는데, 먼저 마루노우치 재개발로 서민들의 정겨운 저녁 문화가 사라졌다. 마루노우치 지역과 긴자 사이에 있던 전통적인 샐러리맨 유흥가 유라쿠초의 옛 모습은 이제 더 이상 찾아보기 어렵다. 유라쿠초 지역에는 1991년까지 마루노우치에 있던 도쿄도청의 공무원들이 즐겨 찾던 음식점과 술집이 많았다.

또한 도쿄역 주변을 미학적으로 개발했다고 평가하기도 어렵다.

빌딩 숲에 둘러싸인 도쿄역사

우정국 건물이었던 쇼핑몰 키테의 옥상 정원에서 내려다본 도쿄역은 고층 빌딩에 둘러 싸여 위축된 모습이었다. 도쿄역을 압도하는 빌딩 숲은 더 이상 쇼핑거리를 거닐 때에 느꼈던 편안한 건축물이 아니다. 과연 도쿄의 랜드마크이자 대표적 근대 건축 유산인 도쿄역사 주변을 빌딩 숲으로 만든 것이 도시재생의 올바른 방향이었을까.

무엇보다 마루노우치와 나카도리 상가의 미래가 불투명하다. 전 세계적으로 다운타운 상가의 성장이 눈에 띄게 둔화되고 있다. 뉴욕의 5번가도 예외는 아니다. 최근 랄프 로렌 등 많은 명품 패션 브랜드가 고임대료의 5번가에서 플래그쉽 가게를 폐쇄하고 있다.

온라인 쇼핑몰만이 뉴욕 5번가의 명품 가게를 위협하는 것은 아니다. 뉴욕 골목상권 곳곳에 개성 있는 개인 맞춤 서비스로 경쟁하는 소규모 부티크 가게가 늘어나고 있다. 전통적으로 명성과 배타성에 의존해온 다운타운의 고급 상점들이 기술 발전과 가치의 변화로 고전을 면치 못하고 있다.

대규모 상업시설의 개발이 새로운 산업과 고용의 창출로 이어지고 있는지 역시 의문이다. 마루노우치 지역에 본사를 둔 기업은 예나 지금이나 미츠비시 그룹 계열사가 대부분을 차지한다. 아직 일본의 창조산업이 마루노우치 지역의 매력에 끌려 이 지역으로 모인다는 소식은 듣지 못했다. 이들이 모이는 지역이 있다면 매력적인 청년 문화로 젊은 창업가들을 유치하는 시부야 지역 정도이다.

장기적인 위협 요인을 고려할 때 마루노우치 개발은 진행형 프로젝트로 평가하는 것이 맞다. 일본 경제가 본격적으로 회복하고 있고 정부가 2020년 올림픽 준비를 위해 마루노우치를 포함한 도심 지역에 대규모 도시인프라 투자를 계획하고 있기 때문에 마루노우치의 지역 경제는 당분간 성장세를 유지할 것이다.

나카도리 거리 디자인에 대한 평가는 별개다. 다수의 디자인상을 수여한 건축계뿐 아니라 OECD와 같은 국제기구도 나카도리 사업을 다른 도시가 벤치마크 할 수 있는 도시재생 모델로 인정한다. 어떤 면에서 나카도리는 잃어버린 20년을 극복하고자 하는 일본 정부의 강한 의지와 지역 개발에 대한 대기업의 집념이 결합해 만들어낸 역작이다.

광주 골목길을 위한 공공미술과 장진우 식당의 콜라보

쿡폴리 청미장 앞마당

문화도시 광주는 공공미술의 도시다. 아시아문화전당, 시립미술관 등 미술관이 전시하는 공공미술과 더불어 광주시가 폴리사업을 통해 기획한 작품이 도시 거리를 장식한다. 광주 폴리사업은 도시 거리에 세계적인 건축가와 예술가의 소형건축예술(Folly)을 설치하는 사업이다. 2011년에 시작해 현재 3차 사업이 진행되고 있다.

공공미술은 어느새 전국 전역에서 낙후지역과 골목 활성화 사업의 단골 메뉴가 됐다. 가장 보편적으로 보급된 공공미술 사업은 벽화마을이다. 2007년 통영 동피랑 언덕에서 시작된 벽화마을 사업은 전국적으로 확산됐다. 스페인 빌바오의 구겐하임미술관, 스코틀랜드 게이츠헤드의 '북쪽의 천사' 조형물 등 해외 성공 사례가 한국에서의 공공미술 붐에 큰 영향을 주었다.

그렇다면 공공미술은 반드시 순수예술 작품이어야할까? 광주폴리 II가 기획한 '포장마차', '틈새호텔' 등 일부 공공미술은 실용적인 용도로 사용되지만, 대부분은 예술적인 기능을 담당한다. 도시인의 삶에 공공미술이 더 직접적으로 기여할 수 있는 방법은 없는 것일까.

사실 지역사회에 활력을 불어넣고 매력적인 도시문화를 조성하는 도시재생에서 공공미술만큼 중요한 도구는 없다. 걷기 좋은 거리, 다양한 유형의 저층 건물, 편리하고 품격 있는 공공시설과 거리 경관,

문화도시 광주의 중심 문화자산 아시아문화전당

위 광주 장동 사거리에 설치된 폴리 '소통의 오두막'
아래 공폐가 흔적이 고스란히 남아 있는 쿡폴리 카페 콩집

아기자기한 가게들이 들어선 상권 등 공공미술은 도시 인프라의 전반적인 수준을 좌우한다.

특히 삶의 질을 윤택하게 하고 특별한 경험과 감성을 제공하는 상업시설에서 디자인의 중요성은 절대적이다. SNS 마케팅 시대에 인스타그램에 자주 등장할 법한 건축, 사인, 인테리어, 상품 디자인을 가진 가게들이 성공적으로 고객을 유인한다. 한마디로 'Instagramable(인스타그램에 올릴 만한)' 가게만이 살아남을 수 있다.

색다른 경험과 취향을 기록하는 도시여행자에게 거리와 건물 디자인은 도시의 매력을 평가하는 중요한 기준이다. 특색 있는 디자인과 건축으로 상권의 정체성을 구현하고 점포의 외관을 장식해야 주민의 지역경제에 중요한 관광객을 유치할 수 있게 된 것이다.

그러나 아쉽게도 대부분의 지역 정부는 상권 조성과 재생을 자신의 업무로 생각하지 않는다. 제조업 공장의 유치를 위해서는 온갖 재정적 지원을 다 하면서 장기적으로 지역경제에 더 중요할 수 있는 상업시설을 방치하는 것은 시대착오적 정책이다. 그렇다고 정부가 직접 상업시설을 매입하고 운영하는 것 역시 시장경제에서 결코 성공하기 어려운 일이다.

전국의 모든 도시가 낙후 지역의 상권을 활성화하기 위해 고민하는 와중에 광주에서 혁신적인 상업시설 유치 모델이 등장했다. 경기대 천의영 교수가 총감독하는 제3차 광주폴리가 '먹고 마시는' 쿡폴리를 오픈한 것이다.

제3차 광주폴리는 '도시의 일상성 – 맛과 멋'을 주제로 뷰(View)

폴리, GD(Gwangju Dutch)폴리, 쿡(Cook)폴리, 뻔뻔(FunPun)폴리, 미니(Mini)폴리 등 도시의 일상과 밀접한 관계가 있는 작품으로 구성되었다. 산수동과 충장로에 들어설 제3차 폴리 작품은 총 11개에 달한다. 1차, 2차 사업도 기능성과 예술성의 조화를 목표로 삼았지만 실제로는 예술성에 방점을 찍은 작품 중심으로 설치했기 때문에 제3차 사업인 쿡폴리 시도에 귀추가 주목된다.

흥미롭게도 카페 콩집과 음식점 청미장이 입점한 두 개의 건물로 구성된 쿡폴리는 한 사람의 작품이 아니다. 포머티브건축 고영성 소장이 광주시가 확보한 공폐가를 재생 건물로 설계했고, 서울에서 장진우거리를 조성한 장진우 대표가 쿡폴리의 콘셉트와 콘텐츠를 제공했다. 실제 카페와 식당을 운영하는 기관은 지역 청년창업 협동조합이다.

쿡폴리 건축은 구도심 활성화와 관련하여 긍정적 의의를 갖는다. 무엇보다 쿡폴리는 상업시설과 공공미술을 융합한 건축물로서의 가치를 초월한다. 공공미술을 통해 도시의 일상성을 회복한다는 목표를 식생활과 외식문화에서 실현하고자 하는 기획자의 과감한 시도에서 더 큰 의의를 찾아야 한다. 도시의 일상생활에서 식생활만큼 중요하고 현실적인 문화를 찾기 어려움에도 불구하고, 그동안 공공미술가들은 식생활 상업시설에 접목하는 작업을 적극적으로 추진하지 않았다.

천의영 교수는 한 인터뷰에서 "쿡폴리는 공동화되고 쇠락한 도시에 활력을 불어넣는 도시재생형이자 맛집형 폴리로, 옛날 맛을 새롭게 리브랜딩하게 될 것"이라며 예술, 식생활, 상업시설을 연계할 포부를 밝혔다.

쿡폴리는 또한 도시 체험의 새로운 채널을 제공한다. 광주 시민은 쿡폴리에서 공공미술의 공공성과 상업시설의 일상성, 소비성을 동시에 체험할 수 있게 됐다. 거대 담론이나 민족주의적 이념으로 포장하지 않고, 시민의 삶에 스며들어 도시문화를 구현하는 스몰 어바니즘의 최전선에 서 있는 것이다.

쿡폴리 장소에 있던 두 개 가옥은 본래 공폐가였다. 광주시가 동네에서 방치됐던 공폐가 두 가구를 폴리로 재생한 것이다. 도시재생의 관점에서 쿡폴리는 혁신적이다. 장진우거리를 개척한 장진우 대표를 초빙해 음식점과 카페의 콘셉트를 잡은 것도 다른 지역에서 보기 힘든 민관 협업 모델이다.

음식점과 카페를 운영하는 주체로 지역 청년이 설립한 협동조합을

광주에서 스페인 음식을 개척하는 김성식 셰프의 에스트레야 (동명동점)

선정한 것도 긍정적으로 평가된다. 광주시가 세금으로 조성한 폴리 시설을 기업이나 기존 자영업자에게 임대했다면 과연 지역 주민들이 이를 납득했을까. 쿡폴리를 청년창업가들에게 임대함으로써 시당국은 상업시설에 대한 지원을 정당화할 수 있었다.

쿡폴리 모델은 새로운 상업시설 재생 모델로도 주목해야 한다. 그동안 지역 정부가 전통시장에 입주한 청년창업 가게를 보조한 적은 있으나, 골목상권의 재생을 위해 상업시설에 직접 투자한 사례는 쿡폴리가 처음이다.

쿡폴리에 참여한 장진우 대표는 창업으로 도시를 재생하는 일종의 도시기획자다. 골목대장이라는 타이틀을 지닌 그는 "외국인들에게 명동, 광장시장, 가로수길이 다가 아니라는 걸" 보여주고 싶어 한다. 이태원 스핀들마켓, 대구 마린타코, 영등포 케이크 공장, 세종시 카페 I got everything 등 국내 여러 지역에서 새로운 상업시설을 창업해 "우리나라의 전국적 문화 콘텐츠 개발을" 꿈꾸고 있는 것이다.

장진우 대표를 쿡폴리 작가로 추천한 것은 다름 아닌 쿡폴리 총감독 천의영 교수다. 천 교수의 궤적을 따라가면 쿡폴리 사업이 우연이 아님을 발견할 수 있다. 그는 1990년대 말 방영된 MBC 예능프로그램 「일요일 일요일 밤에」의 '신장개업(업소 재생 프로그램)'과 '러브하우스(주택 재생 프로그램)'에 출연해 대중적으로 많이 알려진 인물이다. 최근에는 성수동 수제구두 거리를 기획하는 등 도시 일상 속의 건축을 오랜 기간 꾸준히 추구해왔다.

건축과 디자인이 어떻게 소상공인 업소를 재생시킬 수 있는지 보여준 '신장개업'은 여러 측면에서 시대를 앞선 프로그램이었다. 프로그램 정신은 그 후 현대카드, 호텔신라 등 디자인과 컨설팅을 통해 전통시장과 자영업 음식점을 지원하는 대기업으로 이어졌다. 하지만 정부는 아직도 소상공인 역량 강화보다는 소규모 융자와 골목상권 보호를 위한 규제 등 보호 중심의 소상공인 정책을 고수하고 있다.

쿡폴리는 2017년 1월에 개장해 이제 막 시작된 사업이다. 사업의 혁신성에도 불구하고 아직 성공했다고 평가하기는 이르다. 상업시설인 쿡폴리는 궁극적으로 시장에서 긍정적인 평가를 받아야 할 것이다. 광주시 입장에서도 많은 시민이 쿡폴리를 찾고 그 서비스에 만족해야 사업에 대한 지원을 합리화할 수 있기 때문이다.

그러기 위해서는 지역 소상공인의 지지를 확보하는 것이 중요하

고즈넉한 광주 산수동 골목길

다. 지역 소상공인들은 광주시가 서울 기업인 주식회사 장진우를 쿡폴리 파트너로 영입한 것에 대해 상당한 소외감을 표출했다고 한다. 같은 지역에서 가게를 운영하는 소상공인들에게 직접적인 혜택을 줘야 지역 주민과 소상공인들의 여론도 바뀔 것이다. 또한 광주시가 쿡폴리 사업이 초래할 수 있는 젠트리피케이션 현상에 대해 어떻게 대응할 것인지도 관건이다. 쿡폴리가 위치한 산수동은 이미 젠트리피케이션으로 홍역을 치르고 있는 동명동과 인접한 상권이다. 쿡폴리의 위치를 고려할 때 이 사업이 성공하면 필연적으로 젠트리피케이션 확산을 유발할 것이다.

현재 광주시는 쿡폴리 주변의 건물을 매입하고 여기에 폴리, 문화시설 등 공공시설물을 설치하는 방식으로 젠트리피케이션에 대비하고 있다. 하지만 공익시설의 공급이 효과적인 정책이 될 수 있는지는 확실치 않다. 임대료 인상을 합리적으로 관리할 수 있는 제도적 장치가 젠트리피게이션 위험 지역의 미래를 결정할 것이다.

기술 발전과 가치의 변화는 우리를 공유경제, 탈물질주의경제, 제로한계비용경제 등 아직 경험하지 못한 형태의 경제로 이끌고 있다. 미래 경제는 미지의 세계지만, 한편으로는 새로운 실험이 가능한 도전의 세계다. 새로운 공유경제로 진입하고 있는 우리가 순수 상업 영역과 순수 정부 영역을 무리하게 구분 지을 필요는 없다. 광주 쿡폴리 사례가 보여주듯이 낙후 지역을 지속 가능한 방식으로 재생하기 위해서는, 경쟁력 있는 상업시설을 유치할 수 있어야 할 것이다.

대전 성심당 거리에서 본 원도심의 미래

대전 원도심 성심당 거리 지도

대전 빵집 성심당의 튀김소보로는 모르는 사람이 없을 정도로 유명하다. 전국 5대, 10대 빵집에 늘 소개될 정도로 대전 하면 대부분 성심당을 떠올린다. 하지만 대전 원도심에 성심당 거리가 있는 것을 아는 사람은 많지 않을 것이다.

이 거리로 들어서면 서양식 4층 건물 성심당케익부티크가 여행객의 발걸음을 붙잡는다. 처음 오는 사람은 거리 초입에 위치한 이 건물을 성심당 본점으로 오해할 수 있다. 케익부티크에서 한 블록 걸으면 대형 튀김소보로 사인과 함께 성심당 본점을 만날 수 있다. 본점 맞은편에는 전통제과를 전문으로 하는 성심당옛맛솜씨가 우리를 반긴다.

성심당, 성심당케익부티크, 성심당옛맛솜씨 등 성심당 3대 제과 브랜드가 이 거리의 중심 시설이지만, 플라잉팬, 테라스키친, 삐아또, 우동야 등 성심당 외식사업부가 운영하는 식당들도 이 거리에 모여 있다. 전국 어느 도시에서도 찾아볼 수 없는, 지역 기업 성심당의 음식문화거리다.

성심당 거리의 공식 지명은 대종로 480번길이다. 정확하게 대종로와 중앙로 156번길 사이의 대종로 480번길 두 블록이 성심당 거리다. 성심당 거리가 속해 있는 이곳은 대전 원도심인데, 전형적인 도심공동화 지역이다. 1990년대까지만 해도 대전 철도역을 기반으로 전국에서 손꼽히는 지역 상권이었으나 신도시 개발과 공공기관 이전으로 인적이 드문 재생 대상 지역이 됐다. 하루 종일 북적대는 성심당 거리를 벗어나면 공사가 중단된 건물, 빈 가게, 노후한 간판 등 공동화 지역의 쓸쓸한 분위기를 체감할 수 있다.

이런 원도심에 생명력을 불어넣는 방법은 없는 것일까. 자유로운 삶과 취향을 중요시하는 젊은이들과 도시여행자를 유치하기 위해서는 원도심만이 제공할 수 있는 콘텐츠가 있어야 한다.

오랫동안 대전은 원도심 재생을 위해 고군분투하고 있다. 대전시

위 대전 원도심 성심당 거리 입구
아래 성심당 전통과자 브랜드 성심당옛맛솜씨

와 시민 모두 원도심 재생을 최대 관심사로 여기고 있다. 민선 6기 권선택 시장도 원도심 재생을 최우선 사업으로 추진하고 있으며, 최근 국토부 경제기반형 도시재생 사업자로 선정돼 원도심 랜드마크인 구 충남도청 건물을 문화플랫폼으로 전환하는 사업을 의욕적으로 진행하고 있다.

대전 원도심의 미래를 과학기술문화, 근대문화, 철도문화에서 찾는 노력도 계속되고 있다. 충남도청 건물을 활용한 메이커산업 육성 사업에서는, 원도심의 정체성을 대덕연구단지가 중심이 된 과학기술문화에서 찾고자 하는 시의 의지가 엿보인다. 대전시가 원도심 근대문화 건축물을 적극적으로 보호하고 복원하고 있는 것을 보면, 근대문화도 원도심 특색의 하나로 인식하고 있음을 보여준다. 대전역 주변에 철도 관련 시설이 집중돼 있기 때문에 철도문화도 원도심 정체성의 일부다. 원도심 중앙시장도 철도문화의 중요성을 인식해 시장 이름을 중앙철도시장으로 변경했다.

희망적인 것은 문화 분야에서 대전시의 원도심 재생 성과가 조금씩 나타나고 있다는 점이다. 대전의 젊은이들이 모이는 중교로 문화예술거리가 대표적인 예다. 갤러리, 미술관, 독립서점, 커피전문점, 공연시설 등이 문화예술거리에 집결돼 있다. 하지만 아직 원도심이 다시 대전의 문화 중심지로 귀환했다고 평가할 수준에 미치지는 않는다. 재생 사업에 박차를 가하기 위해 대전시의 고민이 계속되는 가운데, 우리는 그 해답을 성심당에서 찾을 수 있다.

일반 시민과 대전을 찾는 여행자에게 대전 원도심, 아니 대전의 상

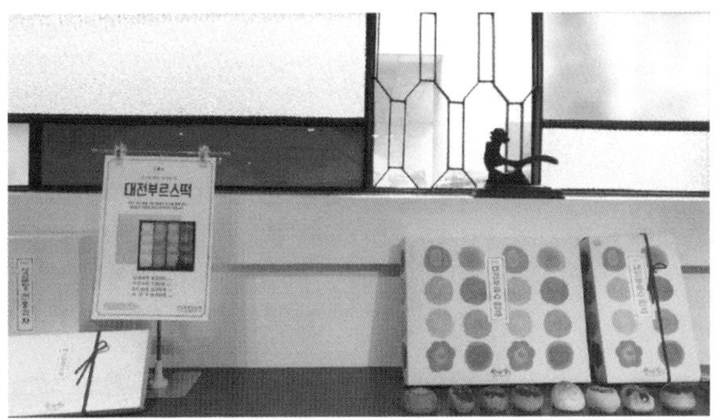

위 원도심 문화예술 지역의 대표적인 독립서점 도시여행자
가운데 대전의 대표적인 근대문화 건축물 구 충남도청 건물 내부
아래 성심당 50주년 기념 브랜드 대전부르스

징은 성심당이다. 성심당에 대한 추억이 없는 대전인은 한 명도 없을 것이다. 이곳은 그야말로 대전 정체성의 핵심이다. 지금도 대전시민들은 타지인에게 성심당 빵을 선물할 정도로 성심당에 대한 애정과 애착이 남다르다.

대전시는 새로운 테마를 발굴하기보다 이미 형성된 성심당 거리 테마를 좋은 방향으로 발전시키는 방안을 고민해야 한다. 본래 무에서 유를 창조하는 것은 어렵다. 존재하지 않는 테마를 재개발하고 산업으로 육성하는 것보다, 이미 보유한 자산을 보호하고 더 키우는 것이 도시재생의 정신이다.

대전 원도심 성심당 거리가 베이커리 타운으로 발전하기 위해 필요한 것은 무엇일까? 우선 성심당이 할 일과 대전시가 할 일로 나누어보자. 우리 사회가 성심당에게 사회적 책임을 요구한다면 그것은 제과산업 발전에 대한 기여다. 제과점 성심당의 의무라고 한다면, 성심당이 종사하는 제과산업, 특히 독립 베이커리산업을 이끌 인재를 키우는 일이 최우선이다.

이미 성심당은 독립 베이커리 발전에 기여하고 있다. 성심당 출신 인재가 곳곳에서 독립 빵집을 창업하고 있기 때문이다. 그러나 기존 학원들이 제대로 제빵사를 훈련하지 못하는 현실을 고려할 때, 성심당과 같은 중견 제과기업이 새로운 제과학원을 세우고 졸업생의 창업을 지원해야 인재 교육의 획기적인 변화가 가능할 것이다.

대전시는 제과 문화의 산업화와 베이커리 타운 조성을 적절히 지원해야 한다.

성심당은 이미 연매출 400억, 고용인력 350~400명 규모의 중견 기업이다. 성심당에 재료를 공급하는 협력업체, 이 기업이 운영하는 외식업체, 여기에 성심당을 찾는 여행객이 유발하는 비즈니스 창출 효과를 더하면, 성심당은 이미 원도심 경제의 주요 산업이다. 대전시는 이를 기반으로 성심당 베이커리 타운을 육성하는 방안을 고안해야 한다.

대전시가 성심당 중심으로 형성된 제과산업에 창업을 통한 새로운 기업과 상점의 진입을 유도한다면, 원도심은 한국을 대표하는 거리형 제과산업 클러스터로 성장할 수 있다. 디저트카페 거리, 제과산업 창업지원센터, 제과학원, 독립 빵집 등이 들어선 원도심 거리가 우리가 기대할 수 있는 베이커리 타운의 모습일 것이다.

제과업체의 공장을 원도심으로 유치하는 것도 제과의 산업화를 가속화시킬 수 있다. 이미 대전의 여러 지방자치단체가 성심당에게 제과테마파크 조성을 제안하고 있다. 성심당을 중심으로 인위적인 테마파크를 건설하는 것보다는, 성심당 공장을 성심당 거리와 가까운 장소로 모아 이를 산업관광 자원으로 활용하는 것이 더 효과적인 대안이다. 실제 공장을 대체할 만큼 진정성 있는 시설을 인위적으로 건설하는 것은 불가능하기 때문이다.

해외 사례로는 허쉬초콜릿 월드(Hershey's Chocolate World Attraction)가 있다. 허쉬초콜릿은 1970년 펜실베이니아 허쉬에 초콜릿타운을 설립해 투어라이드, 3D/4D쇼, 초콜릿공장 견학, 초콜릿 제품 판매 등 다양한 볼거리와 즐길 거리를 성공적으로 제공한다. 2009년에는 교육 목적의 '허쉬 스토리 뮤지엄'을 열어 양질의 전시로 지역 발전에 기여하고 있다.

무엇보다 베이커리 타운 건설을 위해서는 대전시와 성심당이 적극적으로 협력하는 것이 중요하다. 대전시가 결단을 내리면 대전시-성심당 협업은 성공할 수 있다. 모두 알고 있듯이 성심당은 단순한 제과점이 아니다. 국내외 전문가들이 주목하는 탈물질주의 시대의 새로운 기업 모델이다.

'EoC(Economy of Communion): 모두를 위한 경제로'는 성심당을 대표하는 경영철학이다. "EoC는 기업이 경영을 통해 공동 선을 실현할 수 있다고 믿으며 이를 실천하는 경제 개념이다." 이는 독실한 천주교 신자인 창업 가족이 천주교 대안학교에서 배운 대안적 경영 철학이다. 성심당이 EoC 이념을 바탕으로 2007년 개발한 기업 비전이 무지개 프로젝트다. 일곱 색깔 무지개처럼 각자의 개성을 존중하면서 완전한 조화를 이룬다는 의미다.

성심당이 실천한 지역 공헌 사업의 실적을 보면 원도심 재생 파트너 기업으로 이상적이라는 것을 알 수 있다. 초기부터 당일 제조, 당일 판매 원칙을 지키며 남는 빵은 다음 날 아침 지역 단체와 노숙인에 기부했다. 최근에는 그 영역을 넓혀 장학기금, 코레일 복지, 아프리카 후원을 하고 있다.

성심당의 지역 공헌이 주목 받아야 하는 진짜 이유는 대전 브랜드 전략이다. 성심당에 들어서면 '성심당은 대전의 문화입니다', '나의 도시, 나의 성심당', '聖心堂, 1956年 以來 大韓民國 大田', '대전블루

위 대전 마케팅으로 채워진 본점 인테리어
아래 2016년 열린 성심당 60주년 전시회 입구

스' 등 거의 모든 사인, 포장, 포스터에 대전이라는 단어가 등장한다. 2005년 화재를 극복하는 과정에서 성심당을 변함없이 성원한 대전 시민에 대한 고마움이 국내 기업에서 찾아보기 어려운, 출신 도시에 대한 무한 사랑으로 발전했다.

성심당의 대전 사랑은 슬로건과 브랜딩에 그치지 않는다. 수도권 백화점의 입점 제안에도 불구하고 대전 본사, 대전 매장 원칙을 고수한다. 현재 운영하고 있는 매장은 본점, 대전역 매장, 대전 롯데백화점 매장 등 세 곳으로 모두 대전에 있다. 프랜차이즈 시장을 통해 전국 생산망을 구축하는 것보다는 같은 지역에 거주하는 직원, 소비자, 협력업체로 구성된 지역 산업 생태계로 지역을 대표한다는 사명감을 고취하고, 고유의 품질과 맛을 유지해 전국 소비자가 대전 매장을 방문하도록 유도하는 지역 중심 성장 전략을 선택한 것이다.

지역과의 동반 성장에 대한 의지는 2016년 가을 구 충남도지사 공관에서 개최한 60주년 기념 전시회에서도 확인할 수 있었다. 적지 않은 예산을 투입해 대전 지역과 성심당이 같이한 역사를 정성스럽게 수집하고 전시했다. 기회가 되면 원도심에 별도 장소를 마련해 영구 전시관을 설치하고 싶다는 것이 성심당 김미진 이사의 포부다.

반기업정서가 강한 우리나라에서 특혜 시비를 불러일으킬 수 있는 민관협력사업은 추진하기가 어려운 것이 현실이다. 하지만 창의적인 아이디어로 정치적 제약을 극복할 방법을 찾아야 한다. 참여 기업의 확대, 시 보유지나 공폐가의 장기 임대, 청년창업가 참여와 지원 등이 특혜 시비를 극복하고 윈-윈 할 수 있는 민관협력 모델이다.

베이커리 타운이 원도심 재생 사업의 전부는 아니다. 이 사업과 더불어 대전시는 보행로를 확대하고, 횡단로를 늘려 걷고 싶은 거리를 조성하는 데 집중해야 한다. 다양한 유형의 저층 건물을 보존하기 위해 단지형 건축물의 신축을 최소화하는 등 기본 도시 인프라 사업에도 투자해야 한다. 궁극적으로 도시재생의 성공은 인구와 기업의 유입에 달렸다. 원도심을 살기 좋고, 여행하기 좋은 지역으로 만드는 것이 베이커리 타운을 포함한 모든 재생 사업의 목표가 돼야 한다.

도시 살리기가 대학의 일이 되다

시라큐스 도심 거리

미국 뉴욕주 북부에 위치한 시라큐스대학 입구에서 시라큐스 다운타운까지의 거리는 불과 1마일이다. 하지만 1956년 두 지역 사이로 건설된 81번 고속도로가 이들의 운명을 갈랐다. 시라큐스대학은 세계적인 인재가 모이는 명문대학으로 발전했지만, 대학과 분리되고 중산층이 떠난 다운타운은 사람이 찾지 않는 유령도시가 됐다.

그런데 2005년, 다운타운에 변화의 바람이 불기 시작했다. 대중교통 노선이 확대되고, 자전거길이 열리고, 새로운 상가가 들어섰다. 가장 큰 변화는 거리의 색깔이었다. 시내 거리가 시라큐스대학을 상징하는 오렌지색으로 가득 찼다. 대체 어떻게 된 일일까?

도시재생의 주역은 시라큐스대학이었다. 시라큐스대학은 2005년 도시재생의 첫 사업으로 디자인대학을 이전했다. 다운타운 서쪽 끝에 있는 창고를 매입해 재건축한 건물이었다. 낙후된 도심 건물의 재생과 거리 정비가 연결통로 프로젝트의 중심 사업이기 때문에 이 사업을 추진할 디자인대학을 현장 가까이로 옮긴 것이다.

시라큐스대학과 시정부는 2005년부터 4700만 달러에 가까운 예산을 투입해 건물과 거리를 리모델링했다. 10년 동안 정비된 건물은 총 55개에 달했다. 시선을 사로잡는 오렌지색 도심 경관은 그 노력의 결실이다.

대학 시설 이전, 건물과 거리 재생과 더불어 대학은 캠퍼스와 도심을 연결하는 자전거 도로와 대중교통망 확충에 나섰다. 2006년 캠퍼스와 다운타운을 왕복하는 버스 노선을 개통한 이후, 보행로와 자전거 도로가 차례로 열리고 아름다운 가로수와 가로등이 도로를 장식했다.

결과는 놀라웠다. 외관뿐만 아니라, 경제 체질이 변했다. 다운타운 유동인구가 증가하고, 공원, 갤러리, 음식점 등 도시 어메니티가 늘어나며 새로운 기업들이 입주하기 시작했다.

시라큐스대학과 시정부의 궁극적인 목표는 지역산업의 복원이다.

시라큐스는 1950년까지만 해도 미국 최대 제조업 기업 GE의 방위산업 공장, 최대 에어컨 제조사 캐리어 본사와 공장, 타자기 기업 스미스 코로나 등이 수만 명의 노동자를 고용한 미국 유수의 산업도시였다. 그러나 여느 산업도시들처럼 시라큐스도 쇠락의 운명을 피하지 못했다. 탈산업화의 여파가 도시기반을 무너뜨린 것이다. 지역 기업들이 값싼 노동력을 찾아 남부 지역으로 공장을 옮긴 것이 그 시작이었다.

설상가상으로 지역 산업 기반을 지탱하는 데 절대적으로 중요한 공동체도 무너졌다. 중산층은 도심에서 교외로 대거 이탈했고, 도심 지역도 고속도로 건설로 분열됐다. 시간이 지나면서 도심은 저소득층 주민이 거주하는 슬럼이 됐다.

1960년대 이후 시도한 다양한 도시재생 사업이 진행됐지만 쇠락을 막을 수 없었다. 결과적으로 도시를 분열시킨 고속도로도 원래는 지역 경제를 활성화하기 위해 시작한 사업이었다. 도심 쇠퇴를 관망하던 시라큐스대학이 변한 것은 2000년대 중반이다. 청년층 가치와 소비문화의 변화로 지역 공동체와 도시문화의 중요성을 인식하기 시작했다.

주변 환경과 도시 어메니티가 대학 선택 기준이 되면서 도시와 상생 방안을 모색했다. 2005년 취임한 낸시 캔터(Nancy Cantor) 총장의 개인 비전도 큰 역할을 했다. 그는 대학의 지역사회 참여와 책임을 강조하는 행정가다. 일리노이대학, 럿거스대학에서도 지역개발 사업을 적극적으로 추진한 바 있다.

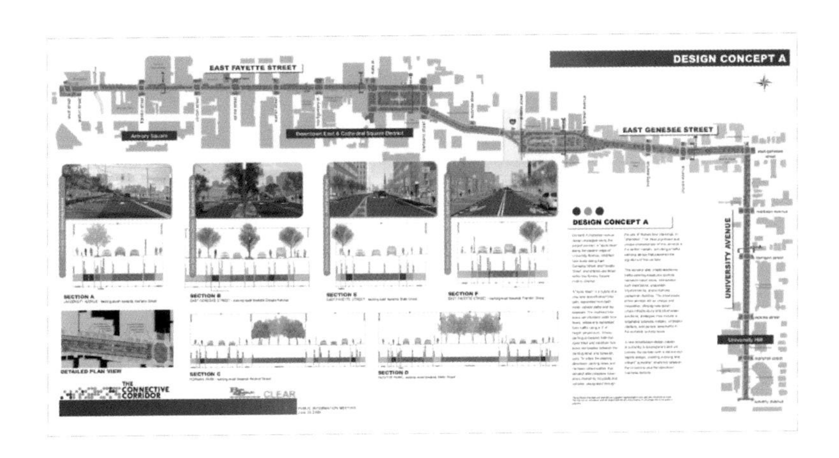

위 연결통로 프로젝트의 디자인 개념도
아래 다운타운으로 이전한 디자인대학의 정문

시라큐스 성공 스토리가 예외적인 것은 아니다. 도시재생에 성공한 산업도시는 시라큐스와 마찬가지로 지역 대학을 지렛대 삼아 교육과 의료 산업을 키우고 새로운 산업을 유치했다. 2000년대 중반 피츠버그, 클리블랜드, 시라큐스 등 몇몇 산업도시가 간신히 인구 감소 추세를 극복하고 성장세로 돌아섰다. 2013년 《애틀랜틱(The Atlantic)》 매거진은 대학이 미국 산업도시의 운명을 갈랐다는 흥미로운 주장을 했다. 필자 저스틴 포프(Justin Pope)는 디트로이트의 파산을 지켜보며 다음과 같은 질문을 한다. "디트로이트에 명문 사립대가 있었다면 도시의 운명은 달라졌을까?(Could a Private University Have Made a Difference in Detroit?)"

알려진 것처럼 디트로이트에는 명문 사립대학이 없다. 미시간주를 대표하는 고등교육 기관인 미시간대학은 한 시간 정도 떨어진 앤아

시라큐스에서 창업한 세계적인 에어컨 제조기업 캐리어가
이 지역을 떠나고 남긴 유일한 유산인 체육관 건물

버에 있을 뿐이다. 반면 제조업 구조조정의 여파를 이겨낸 산업도시는 공통적으로 명문 사립대학을 보유하고 있다. 피츠버그에는 카네기멜론대학과 피츠버그대학, 클리블랜드 도심에서 10분 거리인 클리블랜드 유니버시티 서클에는 연구 중심 대학인 케이스웨스턴리저브대학이 자리 잡고 있다.

전문가들은 도시재생에 있어 대학의 역할에 주목한다. 대학 캠퍼스와 부속 병원은 지역 내 고용을 창출할 뿐 아니라 등록금, 의료비, 연구비 수입을 통해 지역 경제에 기여하기 때문이다. 대학중심의 도시재생 운동을 토대로 재탄생한 대표적 창조도시가 바로 피츠버그다. 1950년대 철강도시의 이미지에서 완전히 벗어나 보건, 바이오, IT 도시로 거듭났다. 2009년 미국에서 가장 살기 좋은 도시로 선정되면서, 창조인재가 집결된 역동적인 도시로 새 출발을 알렸다.

피츠버그 소프트웨어 산업, 생명공학 산업의 발전의 토대는 피츠버그대학의 연구 인프라였다. 카네기멜론대학 역시 세계 최고 수준의 컴퓨터공학과를 바탕으로 170개 이상의 기업을 키워냈다. 연간 매출 100억 달러를 창출하고 5만 4000여 명을 고용하는 피츠버그대학교 부설 병원은 지역 내 고용 창출뿐만 아니라, 지역보건 산업을 지원하는 연구 활동으로 지역 경제 발전에 기여했다.

탈산업화 위기에 직면한 한국 산업도시도 위기 극복을 위한 지역대학의 역할을 고민해야 한다. 지역 경제가 위태로운 상황에서 돌파구는 대학과의 공생발전뿐이다. 그러나 한국 대학들은 스스로를 지역 대학으로 인식하지 않는다. 이를 해결하려면, 먼저 정부가 한국 대학들의 지역 정체성 강화를 위한 대학 중심 산학협력 단지와 창업지원 센터를 지원해야 한다.

세계 경제의 중심지 뉴욕이 하이테크 산업 육성을 위해 가장 먼저 시작한 사업도 대학 유치였다. 2008년 글로벌 금융위기 이후 뉴욕 경제의 다원화를 추진한 시정부는 IT산업 생태계 구축을 위해 루스벨트 아일랜드 지역에 대학 캠퍼스 부지를 조성했다. 공모를 통해 코넬대학과 이스라엘 테크니온 공대가 선정됐다. 시정부는 스탠퍼드대학과 실리콘밸리의 사례처럼 이들 대학이 뉴욕 혁신 생태계 조성의 초석이 되기를 기대하고 있다.

더불어 정원 조정 중심의 한국 지역 대학 정책도 전면 재검토해야 한다. 현재 열악한 지역 경제 상황에서 지역 대학은 외부 인재 유치와 새로운 혁신과 창업의 유일한 기반이다. 대학교육 수요 감소에 대비한 지역 대학 구조조정은 대학을 교육기관으로만 인식하는 근시안적인 발상이다.

지역 대학이 지역 경제 성장을 주도할 연구개발 기관으로 거듭날 수 있도록 육성해야 한다. 제조업 구조조정을 시작으로 한국의 탈산업화 위기는 피부로 느껴진다. 피해를 가장 먼저 경험할 대상은 산업도시다. 다행히 선진국의 경험은 탈산업화를 극복하는 공식을 제공한다. 지역 대학을 중심으로 기존 산업을 혁신하고 새로운 산업을 창조하는 도시를 건설하는 것이 유일한 방법이다. 중앙정부는 지역경제 연구개발 기관 육성을 위해 현 정책을 재고해야 하고, 지역 정부는 대학과 협력해 자생적인 혁신 생태계를 구축하는 데 총력을 다해야 한다.

한국에서 대학 중심 지역 경쟁력 강화가 필요한 곳은 탈산업화로 도심 공동화가 우려되는 지역의 산업도시다. 역설적이지만 대학을 지역 경제 발전의 토대로 활용하기 위해 먼저 나선 도시는 서울이다.

서울시는 2016년 대학 인재와 대학가 문화를 결합해 새로운 창조경제 중심지로 육성하기 위한 캠퍼스타운 조성 사업을 시작했다. 2016년 6월 관내 52개 대학 가운데 사업 추진 의지가 높은 고려대를 중심으로 한 '안암동 창업문화 캠퍼스타운'을 시범 사업지로, 12월에는 13개 대학을 1단계 사업대상자로 선정했다. 선정된 대학은 3년간 최대 6~30억 원의 예산을 지원받아 청년창업 컨설팅, 지역 공동체 강화, 보행환경 개선 등 대학과 주변 지역에 필요한 사업을 수행한다.

현재 진행되는 대학가 도시재생 사업 중 가장 주목받는 지역은 신촌이다. 대학문화와 청년문화의 중심지로 복원할 수 있다면 대학 중심의 도시재생 사업은 큰 탄력을 받을 것이다.

신촌을 상징했던 청년문화와 패션문화가 1990년 이후 홍대로 이전하면서 현재 신촌은 직장인 유흥가로 전락했다. 시정부가 '차 없는 거리'와 문화행사로 신촌 상권을 복원하기 위해 노력하고 있으나, 상인들은 오히려 대기업 프랜차이즈의 진입과 자동차 접근성 약화에 따른 상권 불황을 호소한다.

시라큐스 모델에 따르면 신촌 상권 재생의 적임자는 연세대다. 매력적인 도심 상권에 위치한 대학을 선호하는 것은 세계적인 추세다.

도시재생으로 활기를 되찾은 이화여대 52번가

신촌이 계속 낙후되면 대학의 미래도 보장할 수 없음을 인식하고 연세대가 과감히 도시재생을 선도해야 한다. 작은 규모지만 이화여대는 2016년 중소기업청의 전통시장 지원 사업을 통해 정문 앞 골목 상권 재생 사업을 성공적으로 추진했다. 골목의 비어 있는 상가를 임대해 학생들의 창업을 지원해, '이화여대 52번가'에 독특한 디자인과 개성 있는 가게들이 들어섰다.

연세대가 지향해야 하는 시라큐스대학 모델은 명확하다. 도시환경대학원이나 디자인대학원을 신설, 도심 위치의 이점을 활용할 수 있는 학제 간 분야인 도시학을 육성해야 한다. 신설 기관이 입주하는 건물에는 북카페, 소극장, 독립서점, 편집숍 등 캠퍼스타운에 어울리는 상업시설을 유치할 수 있을 것이다. 인사동의 쌈지골처럼 신촌

상권의 새로운 간판 상점으로 상권 전역의 변화를 유도하는 것도 가능하다.

대학 중심의 도시재생 모델은 더 이상 남의 나라 이야기가 아니다. 대학이 도시와 지역 개발의 주체가 돼야 하는 이유는 간단하다. 지식, 인재, 문화 등 도시 경쟁력을 결정하는 핵심 자원이 모두 대학에 모여 있기 때문이다. 지역 대학과 상생 협력해 산업 혁신을 이끄는 도시야말로 한국의 지역 중심 성장 시대를 열 수 있다.

6장

젠트리피케이션의 신화와 대안

젠트리피케이션,
과연 예방해야 할 질병인가?

샌프란시스코 도심 돌로레스 공원

산업과 상권을 공동화시키고 공동체를 약화시키는 지역 불균형은 우리나라가 풀어야 하는 심각한 사회문제다. 수도권과 비수도권의 격차만이 불균형 비용을 유발하는 것이 아니다. 전국의 모든 도시가 신도시 건설이 초래한 원도심 낙후로 몸살을 앓고 있다.

원도심 재생은 오랫동안 해결이 불가능한 문제로 여겨졌다. 2000

년대 초반까지만 해도 다들 무엇을 어떻게 해야 할지 몰라 손을 놓고 있었다고 해도 과언이 아니다. 그런데 2005년 전후 서울 원도심에 전혀 예상치 못한 일이 발생했다. 홍대, 이태원, 삼청동을 필두로 서울 강북의 골목상권이 젊은이와 외국인이 선호하는 신흥 상권으로 뜬 것이다. 백화점과 대형마트에서 먹거리와 살 거리를 찾던 소비자들은 개성 있는 가게들이 들어선 골목길의 매력에 눈을 돌렸다.

지역 발전 관점에서 보면 골목상권의 부상은 하늘에서 내린 선물과 진배없었다. 그 누구도 골목상권이 원도심 재생의 동력으로 부상할지 예견하지 못했다. 몇몇 골목길에서 시작된 골목상권 열기는 곧 서울시 전역과 전국으로 확산됐다.

하지만 순탄하게 보였던 골목상권 가도에 암초가 나타났다. 인기 상권으로 부상한 지 불과 10년도 채 지나지 않아 젠트리피케이션 현상이 골목상권을 위협하기 시작한 것이다. 서구 도시에서 유래된 젠

전국적으로 확산되는 젠트리피케이션 논쟁

트리피케이션은 임대료와 주택가격의 급격한 상승으로 기존 거주자가 고소득층 이주민에 의해 터전에서 밀려나는 현상을 의미한다. 젠트리피케이션 논란은 우리가 지역 발전의 동력으로 활용하려던 골목경제 활성화에 제동을 걸었다. 계층 간, 인종 간 갈등이 고질적인 서구 도시에서 기존 서민층을 몰아내는 주거 젠트리피케이션은 심각한 사회 문제임이 틀림없다. 그러나 서울 골목의 젠트리피케이션은 서민 주거지의 고급화라는 고전적인 정의와 거리가 멀다.

서구의 젠트리피케이션이 주거지와 상업지를 포함한 지역 전체를 고급화했다면, 서울 골목의 변화는 아직 상가에 한정된 상태다. 임대료 상승으로 인해 다른 지역으로 이전하는 상인이 늘어난 것은 사실이지만, 이로 인해 퇴출되는 비(非)상인 주민이 급격히 늘어난 것은 아니다. 골목길은 적어도 아직까지는 거주민의 대규모 전치 현상을 유발할 만큼 상류층과 중상층이 선호하는 주거 지역이 아니기 때문이다.

서구와의 차이에도 불구하고 서울의 반젠트리피케이션 정서는 서구만큼 부정적이며 투쟁적 성격을 띤다. 우리 사회에 악화되고 있는 반젠트리피케이션 정서를 방치할 경우 도시재생의 기회를 영원히 상실할지도 모른다.

젠트리피케이션에 주목하는 사람들은 다음과 같은 이유에서 이 현상을 비판한다. 우선 골목상권의 발전이 지역에 터전을 둔 주민의 희생을 강조한다는 측면이 있다는 점이다. 예술가, 자영업자, 독립 가게의 노력으로 골목상권이 발전했음에도 불구하고, 그 결실이 이들에게 긍정적으로만 작용하는 것은 아니다. 상권 활성화로 인해 임대료가 상승하면 건물주가 임대료 인상을 요구하고, 건물주의 요구를 감당할 수 없는 세입자는 가게를 포기하고 다른 지역으로 떠나야 하기 때문이다.

상대적으로 경제력이 약한 세입자에게 피해를 주는 젠트리피케이션은 위와 같은 이유에서 사회 정의 이슈로 논의된다. 그에 대한 대책도 사회적 약자인 세입자를 경제적 강자인 건물주로부터 어떻게 보호해야 하는지에 집중된다.

골목길 젠트리피케이션에 대한 또 다른 비판은 상권의 고급화로 골목길 문화가 사라진다는 것이다. 높은 임대료를 내고 새로운 골목 상권에 진입한 상점은 수익성을 높이기 위해 이전에 있던 가게보다 훨씬 상업적이고 획일적인 상품을 팔게 된다. 개성 있는 독립 상점이 대기업 브랜드 매장이나 프랜차이즈 가맹점으로 교체되는 모습은 도시문화의 퇴화로 인식되고 있다.

하지만 균형적인 시각을 확보하기 위해서는 젠트리피케이션을 낙후 지역의 재생 관점에서 평가할 필요가 있다. 젠트리피케이션은 서울 전 지역에 발생하는 것이 아니고 관광객과 유동인구의 증가로 뜨는 동네에서 제한적으로 일어나는 현상이다. 낙후 지역 입장에서 젠트리피케이션 지역에서 발생하는 임대료 상승, 상권 구성의 변화는 행복한 고민이다. 젠트리피케이션이 일어나고 있는 지역도 오랫동안 경제적 정체에서 벗어나기 위해 노력해온 낙후 지역이었다.

최근 다양한 문화예술가 그리고 힙스터들이 모이는 을지로 3가와 종로구 익선동은 강북 지역에서 골목상권 활성화 가능성이 큰 지역으로 주목받고 있다. 이 일대는 저층 노후불량 건축물이 전체의 82.8퍼센트에 달한다. 젊은 예술가와 창업가들의 숍인숍(Shop in Shop), 콘셉트 카페, 전시관 등 복합 문화 공간들이 들어서면서 비로소 재생의 기미를 보이고 있다.

낙후 지역의 경우, 젠트리피케이션 외의 뚜렷한 지역 발전 대안을 찾기 어렵다. 젠트리피케이션이 일어나지 않는 지역은 계속 도태되거나 아니면 대규모 재개발이 실시될 가능성이 높기 때문이다. 현실 세계에서 임대료 상승을 유발하지 않고 활기를 회복한 상권은 존재하지 않는다.

낙후 지역에 주어진 세 가지 대안은 고급화된 골목길, 정체된 골목길, 재개발된 골목길이다. 이 가운데 자생적으로 고급화된 골목길이 정부의 대규모 투자를 요구하지 않는 가장 지속 가능한 대안이다. 분

페이스북 창업자 마크 저커버그가 주택을 구입한 샌프란시스코 미션디스트릭트

명 젠트리피케이션 비용이 존재하지만, 그 비용은 낙후 상태의 악화와 대규모 재개발이 초래하는 비용과 비교할 때 결코 높지 않다.

젠트리피케이션의 편익도 비용만큼 고려해야 한다. 한국의 젠트리피케이션 논쟁에서는 인재와 산업 유치에 끼치는 긍정적인 효과를 간과한다. 많은 서구 도시에서 젠트리피케이션 지역이 도시문화와 지역 경제를 선도하고 있다는 점을 주목해야 한다.

대표적인 젠트리피케이션 성장 지역인 샌프란시스코 다운타운은 개성 있는 골목문화로 창조인재와 창조산업을 유치해 급속히 발전했다. 실리콘밸리를 대표하는 기업 중 하나인 페이스북의 본사는 밸리의 북부 멘로파크시에 위치해있다. 그런데 페이스북 창업자 마크 저커버그(Mark Zuckerberg)가 최근 차로 한 시간 거리에 있는 샌프란시스코 미션디스트릭트 지구에 주택을 구입했다.

저커버그뿐만 아니라 최근 몇 년 사이 샌프란시스코에서 실리콘밸리로 출퇴근하는 사람이 부쩍 늘었다. 이들의 거주지는 미션 디스트릭트를 비롯해 소마, 도그패치 등 실리콘밸리와 고속도로로 연결된 샌프란시스코 도심 지역이다.

실리콘밸리 기업들은 이들을 위해 통근버스 서비스를 제공한다. 한국에서 퇴근 시간이면 줄지어 서 있는 통근버스는 이제 실리콘밸리에서도 흔히 볼 수 있는 장면이다. 매일 버스를 타고 101번 고속도로를 왕복하는 것이 고된 일임에도 이들이 샌프란시스코 도심을 고집하는 이유는 무엇일까. 바로 거부할 수 없는 그 도시만의 문화적 매력 때문이다.

멘로파크, 팔로알토, 쿠퍼티노, 산호세 등 실리콘밸리의 주요 도시들은 전형적인 교외도시로서 도시문화를 즐기고 싶은 젊은이에게는 다소 따분한 곳이다.

반면 실리콘밸리의 젊은 노동자들이 선택한 샌프란시스코는 다르다. 남부 미션 돌로레스 공원 주변은 대표적인 보헤미안 지역이다. 이곳은 과거 이민자와 중산층이 모여 살던 지역으로, 지금은 명품 상점이나 고급 식당보다는 보헤미안 풍의 카페와 바가 즐비하다. 젊은이들은 이곳에서 개성, 다양성, 사회적 책임 등 탈물질주의적 가치를 추구한다. 그리고 그들은 이런 가치를 판매하는 친환경, 유기농, 채식, 인디, 빈티지, 히피 아이템 상점 등을 애용한다.

젊은 인재들이 선호하는 라이프스타일이 이렇다 보니 기업도 이에 맞춰 변화할 수밖에 없다. 실리콘밸리 기업이 통근버스 서비스를 제공하는 것은 기본이고, 핀터레스트 등 일부 기업은 본사를 실리콘밸리에서 샌프란시스코로 옮겼다. 우버, 트위터, 에어비앤비, 드롭박스 등 아예 처음부터 샌프란시스코에서 창업한 기업도 많다. 이들의 성공이 발판이 되어 창고와 소규모 공장이 모여 있던 샌프란시스코 소마 지역은 새로운 벤처 중심지로 떠올랐다. 샌프란시스코 사례는 리처드 플로리다가 주장한 대로 도시문화가 창조산업을 유치하는 중요한 조건임을 보여준다.

젊은 인재가 도시문화를 선호하기 때문에 사업장을 도심으로 옮기는 기업 현상은 샌프란시스코에만 국한되지 않는다. 2016년 8월 1일 《뉴욕타임스》는 "왜 미국 기업이 교외를 버리고 도심으로 떠나는

위 실리콘밸리 중심 도시 팔로알토의 전원적 거리
가운데 창조인재들이 모이는 샌프란시스코 미션디스트릭트의 히피풍 거리
아래 최근 젊은이들이 선호하는 주거지역으로 떠오른 홍대 지역의 북카페

가?(Why Corporate America Is Leaving the Suburbs for the City?)"를 헤드라인으로 내걸었다. 오랫동안 뉴욕시 교외의 대학캠퍼스 같은 단지에서 본사를 운영했던 GE도 최근 보스턴 도심으로 본사를 옮길 계획이다. 도시문화를 즐기기를 원하는 젊은 인재를 유치하기 위해 현명한 결정을 내린 것이다.

한국에서도 도시문화가 변화하고, 그에 따라 산업이 이동하며 새로운 창조산업 지역이 생겨날 수 있을까. 한국의 도시문화는 그동안 산업 발전에 영향을 끼칠 만큼 다양하지도, 역동적이지도 못했다. 1970년대 강남 개발 이후 획일적인 신도시문화가 도시문화를 지배해왔기 때문이다.

그럼에도 불구하고, 한국에서도 도시문화 발전 잠재력을 발견할 수 있다. 젊은 층을 중심으로 도시문화에 대한 선호가 우세하고 있기 때문이다. 경기도가 판교 테크노밸리를 건설했지만, IT 인재들은 판교보다는 강남에 위치한 기업에서 일하는 것을 선호한다. 이런 서울 도심 선호 현상은 '2016 서울 서베이 도시정책 지표 조사'에서도 드러났다. 서울 시민의 59.4퍼센트는 '10년 후에도 서울에서 살고 싶다'라고 응답했고, 특히 20대의 66.7퍼센트는 서울에서 계속 거주하기를 희망했다. 서울 시민으로서의 자부심도 타 지역에 비해 높은 편이었다.

한국 젊은 층의 도심 선호 현상은 샌프란시스코에 사는 실리콘밸리 인재들처럼 도심에 살면서 차별적 도시문화를 즐기길 원하는 것이라고 해석할 수 있다. 이런 추세가 계속된다면, 기존의 강남문화와 신도시문화, 그리고 그에 대한 대안으로 주목받는 골목문화, 이 세 문화가 소비 지역을 형성하고 수도권 산업의 미래를 이끌 것이다.

개성 있는 골목길이 정체성을 잃고 획일적인 브랜드와 프랜차이즈가 가득한 거리로 전락하는 것을 원하는 사람은 아무도 없다. 샌프란시스코 도심 사례가 보여주듯이 골목길이 개성을 유지해야 지역 발전의 원동력으로 작용할 수 있다. 하지만 인재와 기업을 유인하는 샌프란시스코 골목상권은 이미 상당 수준 젠트리케이션이 진행된 상권이다. 젠트리피케이션을 무조건 반대하는 사람들이 이상적으로 생각하는 소박한 근린 상권이 아니다.

골목상권의 천이 과정에서 낙후 상권이 활성화되는 단계와 활성화된 상권이 프랜차이즈화되는 단계를 구분해야 한다. 전자의 젠트리피케이션은 지역 발전을 위해 적극 권장해야 하고, 후자의 젠트리피케이션은 지속 가능한 발전을 위해 적극 관리해야 한다.

국내 모든 도시의 절실한 과제는 구도심의 재생과 정상화다. 현실적으로 골목상권 활성화 외에는 구도심에 창조인재를 유치하고, 창조산업을 개척할 방도가 없다. 일정 수준의 젠트리피케이션을 동반하지 않는 원도심 재생은 불가능하다. 낙후된 원도심에 필요한 것은 젠트리피케이션을 예방해야 할 질병이 아닌 이 지역을 창조도시로 탈바꿈할 묘약으로 활용하는 실용주의 철학이다.

포스트 젠트리피케이션 서울의 과제

서울의 4대 골목 권역 중 하나인 이태원의 한 루프탑

지난 2016년 젠트리피케이션은 언론과 SNS의 가장 뜨거운 이슈로 주목받았다. 한 유명 연예인 소유 건물에 임차한 음식점의 강제 철거 사건을 계기로 사회적 관심이 급증한 것이다.

일부 정치인들은 젠트리피케이션 대책으로 세입자 보호를 주장한다. 건물주의 부당한 개발이익 독점 방지를 위한 '임차인 보호제도'

를 마련해야 한다는 것이다. 젠트리피케이션 관련 법안들은 공통적으로 계약기간 연장, 임대료 규제, 권리금 보호 등 임차권 보호 조항을 제안한다. 과연 정부가 이런 정책으로 서울의 젠트리피케이션을 방지할 수 있을까.

정책 실효성에 대해 논의해야 하는 이유는 (상가 중심의) 젠트리피케이션이 시장 수요와 공급에 의해 결정되는 경제 현상이라는 데 있다. 서울에서 젠트리피케이션이 계속되려면 상업화될 골목 자원이 많이 남아 있어야 한다. 그러나 서울의 현실은 그렇지 않다. 서울 지하철 2호선 내의 도심권에서 골목상권으로 뜰 수 있는 지역은 이미 다 떴다고 봐야 한다.

서울의 젠트리피케이션이 재현되지 않는 마무리 단계라면, 젠트리피케이션 방지 정책은 실효성이 낮다. 오히려 젠트리피케이션과 무관한 지역에서 임대차 시장이 위축하는 부작용을 초래할 수 있다. 서울시는 젠트리피케이션 방지보다는 공공재 투자를 통해 이미 발생한 골목상권의 문화 정체성과 개성을 복원하는 데 집중해야 한다.

2013년 이후 서울에서 발생한 유형의 급격한 젠트리피케이션은 골목상권에 대한 수요가 크게 증가하고 골목상권의 공급이 원활할 때 새롭게 골목상권으로 형성된 지역에서 발생한다. 대규모 젠트리피케이션이 발생한 서울 상권은 2000년대 중반 이후 외지인이 찾아오는 관광지로 부상한 신흥 상권이다. 아기자기한 골목길과 골목 가게를 즐기는 소비자가 늘어나자 상인들이 도심에 널리 퍼져 공급이 풍부했던 저밀도 근린상권을 골목상권으로 개척했다.

급격한 젠트리피케이션의 조건이 골목상권에 대한 수요 증가라면 골목상권의 미래에 대한 전망은 수요 분석으로 시작해야 한다. 골목 쇼핑에 대한 수요와 골목 건물 투자에 대한 수요로 구분되는 골목상권 수요는 독립적인 경제 현상이 아니다. 전자는 유통시장 경기, 후자는 부동산 경기에 영향을 받는다. 대부분 전문가들은 한국 경제가 당분간 저성장 기조를 유지할 것으로 예상한다. 저성장 시대에 골목 시장만 예외적으로 고성장하기를 바랄 순 없다.

골목상권은 또한 오프라인 상권이다. 인터넷 쇼핑의 부상으로 오프라인 상권 전체가 위축되고 있다. 골목상권이 도심상권, 몰링상권에 비해 높은 성장률을 보이는 것은 사실이지만, 유통시장 변동성을 고려할 때 골목상권의 꾸준한 인기를 장담하기 어렵다. 일부 전문가들의 우려대로 골목상권도 지나가는 트렌드일 수 있다. 설사 골목상권이 계속 성장한다 해도, 신규 상권의 형성보다는 기존 상권의 고급화를 통해 성장할 가능성이 더 높다.

골목상권 확산에 필요한 부동산 투자는 전체 부동산 경기의 영향을 받는다. 부동산 시장이 침체되면 골목상권에 대한 투자가 크게 늘어나지 못할 것이다. 젠트리피케이션을 방지하고자 임대차 규제를 늘리면 골목상권 투자는 더욱 위축될지 모른다.

서울은 더 이상 골목도시가 아니다

골목상권에 대한 수요 증가를 낙관할 수 없다면 공급 전망은 더더욱 어둡다. 새로운 골목상권이 탄생하려면 풍부한 골목 자원이 필수요건이다. 그러나 북한산에 올라 서울을 내려다보면 금방 알 수 있듯이, 서울은 더 이상 골목도시가 아니다. 풍치지구, 군사지구 규제로 고도제한이 적용되는 도심 지역을 제외하고, 거의 모든 지역이 대형 아파트와 상업 단지가 들어선 고밀도 지역이다.

다운타운(종로 일대), 홍대, 남산, 성수 등 저밀도 지역은 이미 골목상권으로 떴다. 이들 상권은 한강 · 도심 · 강남 접근성, 보행이 편리한 평지에 들어선 대규모 골목 자원, 한옥 · 청년문화 · 외국인 · 소셜벤처 문화 자원을 바탕으로 대규모 권역으로 성장했다.

삼청동 중심의 다운타운권, 홍대 중심의 홍대권, 이태원 중심의 남산권, 성수동 중심의 성수권이 서울의 4대 골목 권역이다.

서대문구, 은평구, 성북구, 관악구 등 서울 외곽에는 골목 자원을 보유한 지역이 남아 있지만, 입지조건이 좋지 않아 성공하기 어렵다. 상대적으로 교통이 불편하고 언덕이 많아 뻗어 나가기 힘들다. 서울

서울의 아파트 숲 (사진 제공 : 셔터스톡)

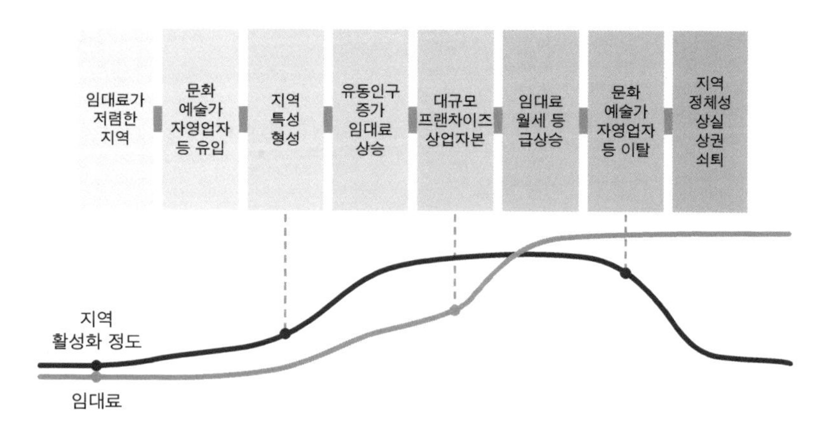

젠트리피케이션 과정에 대한 서울시 설명 자료

의 중심상권인 강남과 다운타운에서 접근하기 어려운 것이 가장 큰 제약이다. 서울에서 하나의 독립된 골목 권역으로 성장할 만한 지역은 이미 모두 골목 권역으로 자리 잡았다.

홍대, 삼청동, 이태원, 성수동, 4대 권역의 중심지는 현재 젠트리피케이션의 마지막 단계거나 완료됐다고 봐야 한다. 망원동, 연남동, 연희동(홍대권), 익선동, 서촌, 을지로 3가(다운타운권), 해방촌, 한남동, 보광동, 우사단로(남산권), 뚝섬(성수동권)의 젠트리피케이션은 기존 권역의 확장에 따라 발생하는 여파일 뿐이다. 기존 권역의 골목 자원이 곧 고갈되기 때문에 서울에서 추가적인 대규모 젠트리피케이션이 발생할 가능성은 낮다.

중심 지역의 젠트리피케이션은 모두 유사한 과정을 답습했다. 먼저 임대료가 싸고 접근성이 용이한 지역에 예술가와 활동가가 이주하고, 이후 맛집 등 개성 있는 상업시설이 골목에 들어서면서 다른 가게들의 잇따른 창업으로 골목상권을 형성했으며, 결국 새로운 건물 투자, 프랜차이즈, 대기업 브랜드의 유입으로 임대료가 급등, 초기에 상권을 개척한 독립 가게들이 임대료 부담을 이기지 못하고 주변 지역으로 이주하는 3단계 과정을 거친다.

2003년 전후 골목상권으로 주목받기 시작한 홍대의 경우 2010년부터 젠트리피케이션이 본격화됐다. 2005년경 골목상권으로 부상한 삼청동, 이태원, 가로수길은 2013년을 전후로 외지인의 건물 투자가 급증해 젠트리피케이션의 피해가 가시화됐다.

서울 젠트리피케이션의 특징은 연속적이라는 것이다. 한 지역에서 발생한 젠트리피케이션의 여파가 바로 옆에 위치한 지역으로 이동하면서, 한 권역 내에서 연속적으로 발생했다. 젠트리피케이션이 처음

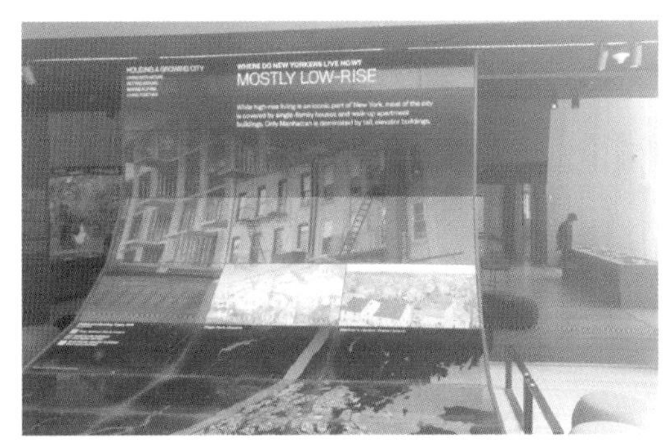

뉴욕 주민의 절대 다수는 단독주택과 저층 아파트에 거주한다

시작된 지역의 주변에 풍부한 골목 자원이 미개발 상태로 남아 있었기 때문이다.

골목상권 수요와 공급은 서울과 가장 많이 비교되는 도시인 뉴욕과 도쿄의 젠트리피케이션을 설명해준다. 전문가들은 젠트리피케이션이 끊임없이 반복되는 실패한 도시로 뉴욕을, 젠트리피케이션 방지에 성공한 도시로 도쿄를 꼽는다. 뉴욕과 도쿄의 젠트리피케이션 역시 도시 성장, 골목 자원, 저소득층 거주 지역 분포 등 수요와 공급 요인으로 결정된다.

뉴욕 주민의 절대다수는 저층 건물로 구성된 골목동네에 거주한다. 흔히 떠올리는 뉴욕의 마천루 숲은 맨해튼 일부 지역에 불과하다. 전통적인 인종차별과 이민으로 빈부격차가 심해 저소득층 거주 지역이 많은 뉴욕은 중산층과 부유층이 접근성 뛰어난 저소득층 지역을 잠식하는 '거주 젠트리피케이션 현상'에 구조적으로 취약하다. 이와 같은 구조적인 이유에서 뉴욕의 젠트리피케이션은 상당 기간 지속될 것이다.

반면 도쿄는 도심권의 고급화가 완료돼 대규모 젠트리피케이션이 발생하지 않는 도시다. 근대화 이후 원도심 시타마치 지역(우에노, 아사쿠사, 니혼바시)에서 신도심 야마노테(시부야, 신주쿠, 롯폰기, 아카사카) 지역으로 확장했다. 지진의 위험으로 고층 건물의 건축을 제한해 도심을 포함한 도시 전역에서 골목도시 구조를 유지할 수 있었다.

골목 지역이 신흥 부촌과 패션과 도시문화를 선도하는 골목상권으로 자리 잡은 시기는 1950~1960년대 고성장기다. 이때 이미 중심부에서 새로운 골목상권으로 부흥할 만한 지역이 고갈됐다.

골목상권이 고급 상가로 자리 잡고 더 이상 확장할 수 없었으므로, 1980년대 버블경제 하에서도 새로운 골목상권이 뜨면서 나타나는 젠트리피케이션이 발생하지 않았다. 1991년 버블 붕괴 후에는 젠트리피케이션이 발생할 요인이 더욱 없었다. 급격히 냉각된 부동산 시장이 30년 가까이 회복하지 못해 임대료가 지속적으로 하락했기 때문이다. 2012년 도쿄 스카이트리가 들어서면서 부동산 경기가 회복된 스미다구의 무코지마가 유일하게 '신생' 젠트리피케이션 지역으로 분류할 수 있는 곳이다.

도쿄, 서울 도심 상권의 미래

서울도 앞으로 도쿄와 비슷한 궤적을 따라갈 것이다. 4대 골목 권역이 도심 상권으로 편입되면서 대형 중심상권, 몰링상권, 대로변상권, 골목상권으로 재편성된 서울 상권은 상당 기간 안정적으로 발전할 것이다.

대형 중심상권은 명동, 강남역 등 전형적인 다운타운 상권이다. 삼성동, 영등포역, 동대문시장 등 대형 쇼핑몰 중심으로 형성된 상권이 몰링상권이다. 대로변상권은 연신내, 화양동, 영등포 등 주요 권역 내 거점 기능을 하는 상권이다. 골목상권은 연남동, 삼청동, 가로수길 등 주거지 인근에 형성된 근린상권이나 기존 상권의 배후상권이 새롭게 부흥한 지역이다.

개성과 다양성을 중시하는 소비자가 증가하면서 골목상권이 지속적으로 성장하겠지만 다른 유형의 상권을 능가할 수준으로 급격하게 성장할 가능성은 낮다. 골목상권의 유동인구와 매출액이 대형 중심상권에 비해 소규모에 그치고, 앞서 언급한 바와 같이 한국 경제의 현주소에서 골목상권에 대한 수요가 2010년대 초중반 수준으로 급격히 성장할 것으로 기대하기 어렵다. 따라서 2010년대 중반과 같은 급격한 젠트리피케이션이 발생할 확률도 낮다.

새로운 상권이 형성되면서 나타나는 대규모 젠트리피케이션이 한계에 달했다 해도 소규모 젠트리피케이션, 즉 역세권 골목길의 고급화와 작은 골목길의 카페거리화는 계속 발생할 것이다. 대규모 젠트리피케이션은 오히려 지방 도시와 성남, 안양, 남양주, 용인 등 원도심을 가진 수도권 도시에서 발생할 가능성이 더 높다.

4대 골목 권역이 해결해야 할 과제

4대 골목 권역에 남은 과제는 세 가지다. 첫째, 젠트리피케이션의 여파로 약화된 골목의 고유 정체성을 회복하는 일이다. 특히 피해가 심각한 홍대 정문과 삼청동 일대에 정부의 각별한 관심과 투자가 필요하다. 홍대의 청년문화, 삼청동의 전통문화 정체성을 복원할 수 있는 문화시설에 투자해야 한다. 개성 있는 가게를 창업할 수 있는 청년창업자와 문화기획자의 유치도 정체성 복원에 기여할 수 있다.

둘째, 주민, 상인, 건물주, 시민단체, 정부 등 이해당사자들이 골목상권의 장기 발전을 위해 협력하는 공동체문화를 활성화하는 것이다. 서울시도 젠트리피케이션 대책으로 이해당사자 상생 협약을 장려한다. 세입자와 건물주가 단기적이 아닌 장기적인 이익을 추구하면 상권의 안정적 성장과 정체성 유지를 위해 서로 협력할 유인이 충분히 있고 성수동 등에서 실제로 협력하는 사례를 목격할 수 있다.

셋째, 골목상권을 창조경제의 거점으로 발전시키는 일이다. 홍대권, 남산권, 성수권은 이미 젊은이들의 새로운 창업 중심지로 부상하고 있다. 창조인재와 창조기업이 골목상권에 정주해 골목 정체성을 활용한 상업활동을 주도할 수 있도록 교육과 거주 인프라를 개선해야 한다. 골목상권의 정체성 강화, 공동체문화 활성화, 그리고 창조경제화가 포스트 젠트리피케이션 시대를 맞은 서울이 풀어나가야 할 숙제다.

지속 가능한 젠트리피케이션 방지 모델, 장인 공동체

도쿄 골목거리 가구라자카

1964년 사회학자 루스 글래스(Ruth Glass)에 의해 사용된 젠트리피케이션이란 용어는 영국 신사 계층을 의미하는 젠트리(Gentry)에 어원을 두고 있다. 서민층이 살던 지역에 고소득층이 이사하는, 즉 계층 이주를 통해 '평민' 동네가 '신사' 동네로 변하는 경우를 가리킨다.

앞서 설명한대로 주거지가 함께 신사 동네가 되는 서구와 상업지만 신사 동네가 되는 한국의 젠트리피케이션에는 상당한 차이가 있지만, 우리의 반젠트리피케이션 정서는 서구 못지 않다. 정부가 이러한 갈등 양상에 적절히 대응하지 못한다면, 도시재생과 발전의 기회는 사라진다. 낙후지역을 재생하고 골목상권을 활용한 신성장산업을 유치할 기회를 놓치게 되는 것이다. 정부는 균형 잡힌 발전을 위해 규제를 넘어서는 정책과 제도 개선, 즉 지속 가능한 골목상권 모델을 골목경제 발전의 목표로 세워야 한다.

지속 가능한 골목상권을 위해 필요한 건 장인 공동체다. 이해당사자들이 원천 경쟁력을 키워 동등하게 경쟁하는 동시에, 골목상권의 장기 발전을 위해 상호 협력하고 정부로부터 공동체 활성에 필요한 공공재 투자를 이끌어내야 한다.

고급 주택가로 젠트리파이된 뉴욕 웨스트빌리지

이해당사자 자율적 협력이 가능한 이유

다행히 젠트리피케이션을 유발하는 임대료 상승은 이해당사자의 협력으로 제어할 수 있는 현상이다. 임대료 압력이 높아지면 높은 이전 비용을 피하고 싶은 세입자는 건물주와의 타협을 위해 적정 수준의 임대료 인상을 받아들일 각오를 한다. 건물주도 막무가내로 임대료 인상을 요구할 수 없다. 시장 가격이 존재하고, 장기적인 영향도 고려해야 한다. 임대료를 지나치게 올리면 단기적으로는 대기업 브랜드로 공간을 채우겠지만, 장기적으로는 개성을 잃은 골목상권에 입주할 세입자를 찾기 어려워지기 때문이다.

임차인과 임대인이 자율적인 협력을 통해 임대료 상승을 억제하지 않으면 모두에게 불행한 결과가 돌아온다. 대표적 사례가 최근 감각적이고 개성 있는 가게들이 떠나 상권 정체성과 활기를 잃은 삼청동이다. 골목마다 새로운 임차인을 찾는 가게의 '임대문의' 현수막이 심심치 않게 보인다. 전문가들은 건물주들이 임대료를 내리지 않고 새로운 임차인이 나타나지 않는 상황에서 삼청동 상권이 다시 살아나기 어려울 것으로 진단한다.

이처럼 이해당사자들이 장기 이익에 기초해 임대차 갈등을 해결할 충분한 유인이 존재하는데 왜 지역 차원의 대타협이 성공한 사례를 찾아보기 어려운 것일까? 그것은 건물주와 임차인 모두 단기 이익만을 추구하기 때문이다.

단기 이익이 골목상권을 지배하는 가장 중요한 원인은 경험 부족이다. 젠트리피케이션은 2010년대에 주목받기 시작한 새로운 사회

젠트리피케이션의 몸살을 앓고 있는 서울 삼청동

문화 이슈다. 2012년 1월, 홍대의 대표 빵집 리치몬드과자점이 임대료 부담으로 매장을 이전함으로써 전 사회적인 젠트리피케이션 논쟁을 최초로 불러일으켰다. 이해당사자들에게 장기적 관점의 이익 추구를 기대하기에는 우리 모두의 젠트리피케이션 경험이 아직 일천하다. 압구정동, 홍대, 삼청동, 전주 한옥마을에서 발생한 젠트리피케이션 부작용 사례에 대한 학습 효과가 확산되면 이해당사자들의 인식과 행동도 변할 것이다. 특히 건물주가 젠트리피케이션의 피해자가 될 수 있다는 사실을 깨닫고 장기적 관점에서 이 현상을 판단할 가능성이 높아진다.

두 번째 부정적인 원인으로 젠트리피케이션을 지나치게 이념적으로 접근하는 일부 언론과 학계를 들 수 있다. 대부분의 골목상권 임차인과 임대인은 소규모 자본으로 골목상권에 투자한 소상공인이다. 건물주를 강자, 임차인을 약자로만 보는 흑백논리는 소상공인들이 주도하는 골목상권에 적합하지 않다. 오히려 상호 의존 관계이기 때문에 건물주가 임차인에 대해 절대적으로 우월한 협상력을 가지고 있다고 보기 어렵다. 안정적인 임대료를 지불할 수 있는 임차인은 임대료 인하, 계약 기간 연장 등 건물주로부터 상당 수준의 양보를 얻을 수 있다.

언론과 시민단체가 철거민 강제철거 트라우마를 자극하는 것도 젠트리피케이션 상황을 악화시킨다. 국가가 주도한 철거사업과는 달리, 골목상권의 젠트리피케이션은 국가가 개입하지 않은 자연적인 현상이다. 임대료 분쟁도 대부분 이해당사자의 자율적인 협상으로 해결되고 있다. 2016년 7월 가수 리쌍이 소유한 건물에서 벌어진 세입자 강제 퇴출은 예외적인 사건이다.

규제와 보호만이 답은 아니다

젠트리피케이션의 부작용을 우려하는 일부 전문가들은 정부가 나서서 기존 세입자를 보호해야 한다고 주장한다. 임차인을 보호하는 제도를 마련해 건물주가 부당하게 개발 이익을 독점하는 것을 방지해야 한다는 것이다. 이들은 계약기간 연장, 임대료 규제, 권리금 보호 등 임차권 강화를 대책으로 제시한다.

그러나 젠트리피케이션에 대한 규제 편향적 시각은 바람직하지 않다. 규제 지지자가 원하는 대로 시장이 작동하지 않기 때문이다. 정부가 의무 계약 기간을 연장하면 건물주는 추가 비용의 보전을 위해 임대료 인상으로 대응한다. 임대료 자체에 대한 규제도 임대료 상승을 유발하기는 마찬가지다. 임대료 규제는 필연적으로 상가 공급과 건물 개선 투자에 부정적으로 영향을 미치고, 상가 공급의 감소는 새로운 임대료 상승 요인으로 작용한다.

선진국은 주택과 상가의 임대료 문제를 구분해 다르게 접근한다. 도시 전역에서 주택 임대료를 규제하는 뉴욕시도 상가 임대료에 대해서는 직접적 개입을 자제한다. 주거 임차인을 보호하는 명분은 주거에 대한 국민의 기본권과 소득계층 간 형평성에서 찾을 수 있다. 그러나 사업 소득을 위해 상가를 임대하는 상인의 경제적 이익을 보호하는 정책을 기본권과 형평성 기준으로 정당화하기 어렵다.

젠트리피케이션은 우리 사회가 충분한 이해와 경험을 갖고 있지 않은 새로운 현상이다. 경험이 부족한 상황에서 정부가 섣불리 골목상권을 규제하고 보호하는 것은 바람직하지 않다. 젠트리피케이션 논쟁의 후유증, 전반적인 상권 경기 침체, 골목상권 자원의 고갈로 골목상권의 성장세가 이미 조정기에 들어간 점도 성급한 개입을 자제해야 하는 또 하나의 이유다.

정부가 개입해야 한다면, 임대인과 임차인 중 어느 한쪽을 편드는 것보다 양자 협력을 유도할 수 있는 환경을 구축하는 것이 바람직하다. 경제학의 협력 이론은 젠트리피케이션을 세입자와 건물주가 협력에 실패해 발생한 결과로 간주한다. 역으로 협력 이론은 협력을 방해하는 요인이 없다면 세입자와 건물주가 협력을 통해 젠트리피케이션을 방지할 수 있다고 가정한다.

실제로 젠트리피케이션으로 상권이 침체되면, 이해당사자 모두가 피해를 받기 때문에 서로 협력할 유인이 존재한다. 협력 이론은 협력 실패의 원인을 이해당사자의 단기 이익 추구에서 찾으며 이를 해소할 수 있는 방법으로 정보, 러닝, 할인율, 중재 등을 제시한다.

젠트리피케이션 방지에 고심하는 서울시도 자율협력 원칙에 따라 건물주-임차인-지자체 상생협약을 권장하고 있다. 박원순 시장이 2015년 11월에 발표한 젠트리피케이션 종합대책에는 상생협약, 앵커시설 대여, 장기 안심상가 운영, 소상공인 상가 매입 지원 등의 다각적인 임차인 지원책이 포함됐다. 특히, 장기 안심상가를 임차한 소상공인은 최소 5년 이상 임대료를 동결받을 수 있고, 건물주는 최대 3천만 원의 건물 리모델링 비용을 지원받을 수 있다.

장기적으로 임대료 분쟁을 최소화하는 효과적인 방안은 세입자의 상가 매입을 지원하는 것이다. 현재 금리가 낮기 때문에 일정 수준의 소득을 올리는 융자를 통한 세입자의 상가 구입이 과거에 비해 크게 용이해졌다. 필요하다면 정부가 저금리 융자를 제공해서 자영업자의 임대료 부담을 원천적으로 해결할 수 있도록 지원해야 한다.

세입자 상가 매입 지원은 골목 공동체 강화를 위해서도 중요한 정책이다. 현재 젠트리피케이션 분쟁이 일어나는 지역의 건물주와 임차인의 다수는 타 지역에 거주하면서 투자 목적으로 골목상권에 진입한 사업자들이다. 단기 이익을 좇는 그들이 골목상권의 장기 발전을 위해 협력하고 타협하기를 기대하기 어렵다. 자영업자의 상가 매입이 늘어나면 골목상권과 골목문화에 장기적인 발전에 관심을 갖는 이해당사자가 그만큼 늘어나는 것이다.

지역 주민들이 자신들이 사는 동네의 상권을 직접 운영하는 전통을 세우는 일도 중요하다. 전문가들은 일본 골목상권에서 젠트리피케이션의 피해가 적은 이유를 전통적인 '무라 문화'로 설명한다. 일본은 상권 지역에서 거주하는 상인들 사이에 공동체문화가 강해 임대료 자체 규제, 대형-소형 가게 상생 등 공동의 문제를 자율적으로 해결한다.

정부 개입은 공공재 투자를 중심으로

공정한 중재자와 더불어 공공재 제공도 정부의 역할이다. 골목상권은 유통시장으로 기능하지만 매력적인 도시문화를 창출하는 공공재이기도 하다. 공공재 투자로 활성화해야 하는 인프라는 청년창업 지원 시설, 예술가 작업장과 공연장, 저임대료 주택 등이다. 모두 청년창업가와 혁신가가 골목길에서 성공할 수 있도록 지원하는 공공시설이라고 할 수 있다. 홍대의 인디문화, 이태원의 외국인 거주 문화 등 골목길이 보유한 문화 정체성을 강화할 수 있는 문화시설 투자도 정부의 역할이다.

문화 정체성 제고와 청년창업 지원 중심의 공공 투자는 선순환적 골목경제 활성화를 위한 정부, 기업, 예술가 등 이해당사자들 사이의 대표적인 윈-윈 협력이 될 수 있다. 골목경제의 건설은 지역 주민의 삶의 질을 높이고, 골목길을 외국인 여행객과 창조인재를 위한 거점지역으로 육성하는 데 필요한 시급한 정책 과제다. 개성 있고 청년 친화적인 골목상권이 늘어나야만 해외 관광객과 인재가 요구하는 도시문화 서비스를 충분히 공급할 수 있다.

불가피하게 임대료 규제와 골목상권 보호 정책을 선택해야 한다면, 규제 주체를 최소 단위로 설정하는 것이 중요하다. 중앙 정부가 획일적인 규제를 전국적으로 도입하는 것보다는 기초지방자치단체가 자율적으로 지역에 적합한 규제 모델을 선택하는 것이다. 최소 단위 규제는 지역사회의 자율적 선택과 지역 간 경쟁을 유도해 규제 모델에 대한 사회적 합의를 도출하는 데 기여할 수 있다.

젠트리피케이션에 대한 획일적 규제는 명분과 실효성 측면에서 모두 바람직하지 않다. 이 문제로 고민한 외국의 사례를 봐도 규제가 우월하다고 결론짓기 어렵다. 미국의 경우, 버클리(로컬푸드, 독립서점)와 포틀랜드(아웃도어, 킨포크)가 프랜차이즈와 대형마트 규제를 통해 독립

과도한 골목상권 규제 없이 전통을 유지하는 텍사스 오스틴의 한 독립서점

상점 중심의 도시문화를 보존했다면, 오스틴(라이브 음악, SXSW)과 팔로 알토(캠퍼스타운, 실리콘밸리)는 과도한 독립 상점 보호 정책 없이 매력적인 도시문화를 창출하고 경제 발전을 이끌어냈다.

골목 가게를 운영하는 상인의 시장 경쟁력을 강화하는 것이 장기적으로 가장 효과적인 정책이다. 임대료 압력을 극복하고 골목상권의 강자로 떠오른 장인 가게는 장소와 관계없이 품질과 서비스로 고객을 유치할 수 있는 능력이 있다. 건물주도 장인이 되어야 한다. 과거와 같이 상권 전체의 경쟁력을 외면하고 세입자 관리만 하는 경영 방식으로는 건물과 상권 경쟁력을 키울 수 없다.

골목상권 성장이 조정기에 접어들었고 앞으로 상권 간 경쟁이 격화될 것으로 예상되기 때문에 건물주들도 다양성, 정체성, 확장성, 접근성 등 상권 경쟁력을 강화하기 위한 공동체 노력에 적극적으로 참여해야 할 것이다. 이미 연희동과 같은 골목상권에서는 상권 경쟁력 유지를 위해 상권 마스터플랜을 짜고 임대료 인상을 자율적으로 규제하는 건물주가 활동하고 있다.

계동 커피
HAND
DRIP
COFFEE

7장

더 나은 미래를 위한 골목길 정책

C-READI 모델

매력적인 가게가 많은 서울 서촌의 골목길

골목상권 활성화를 위한 정부의 역할을 고민하는 것이 중요한 이유는 도시재생과 골목상권 재생에 밀접한 관련이 있기 때문이다. 정부가 추진하는 도시재생 사업의 대상 지역은 대부분 골목길로 이루어진 구도심 지역이다. 낙후 도심을 살리는 도시재생 사업에서 골목상권 재생은 핵심 사업이다. 상권 활력 없는 도시재생은 불가능하다.

골목상권 활성화를 위해 정부가 생산적인 역할을 하기 위해서는 성공 조건을 먼저 이해해야 한다. 골목길 경제학에서 검토한 국내외 사례를 종합하면, C-READI로 정리된다. 성공한 골목상권은 공통적으로 문화 인프라(Culture), 임대료(Rent), 기업가 정신(Entrepreneurship), 접근성(Access), 도시 디자인(Design), 정체성(Identity) 등 6가지 조건을 충족한다.

C-READI 모델의 의미

C-READI 개념은 정부의 역할에 대해 일종의 가이드라인을 제시한다. 6가지 성공 조건의 실태를 평가한 후 부족한 부분에 자원을 투입해 골목상권의 성공 가능성을 높여야 한다. 정부는 효율적인 정책으로 C-READI 전 영역에 기여할 수 있다. 골목길의 문화자산을 확충하고, 임대료를 안정적으로 유지하며, 골목 창업을 지원하고 필요 인력을 훈련·육성, 골목길 연결성과 대중교통 접근성을 개선하며, 골목길 정체성을 유지하기 위한 공공재에 투자하는 것이다.

C-READI 모델은 단순하지만 새로운 접근 방식이다. 기존 연구가 문화자원, 임대료, 거리 디자인, 접근성을 강조한다면, C-READI 모델은 기업가 정신, 정체성 등 새로운 성공 요인을 제시한다. 영역별 성공 가능성은 다르다. 저층 건물과 걷기에 편한 거리, 주거지와 상업시설 공존 등의 복합적 공간 디자인과 편리한 대중교통 구축을 통한 접근성 개선은 정부가 비교적 쉽게 충족시킬 수 있는 조건이다.

그러나 지역 정체성을 드러내는 미술관과 공방, 적정 임대료의 유

C-READI 모델 : 골목상권 성공 조건

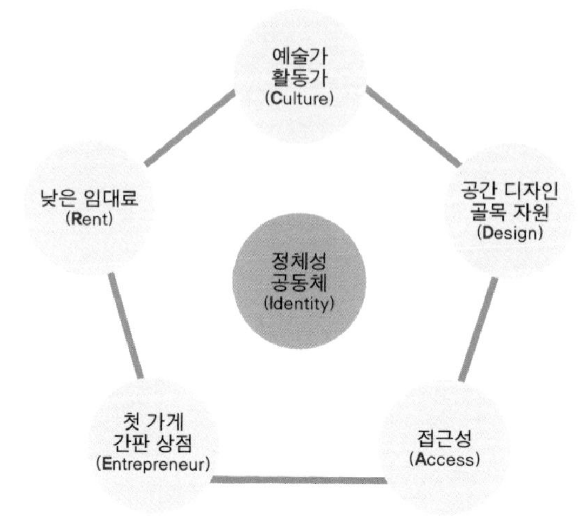

C-READI 모델

지, 개성 있는 가게를 창업해 골목문화를 선도하고자 하는 기업가 정신은 정부의 노력만으로 일궈내기 힘들다. 주민, 상인, 예술가, 청년 창업가 등 골목길 주체들의 협력과 협조가 필수적이다.

국내외 성공 사례는 골목상권 지속 성장의 핵심이 골목문화 유지와 이를 발전시키고자 하는 공동체 의식에 있음을 보여준다.

성공적으로 성장한 골목상권은 공통적으로 뛰어난 창업자(E)가 접근성(A)이 좋고 골목 자원(D)과 문화 자원(C)이 풍부하지만 임대료(R)가 싼 지역에서 성공적으로 창업하고, 이를 본 다른 창업자가 주변에서 새로 가게를 열어 지역만의 정체성(I)이 뚜렷한 하나의 상권으로 발전시키는 과정을 거쳤다. 역으로 C-READI 기준을 만족하는 골목길은 성공적인 골목상권으로 성장할 가능성이 높다.

C-READI를 CRE과 ADI로 구분하면, 각각 골목상권의 1단계, 2단계 성공 조건에 해당한다. 1단계 골목상권의 출발은 문화 자원(C)이 풍부하고 임대료(R)가 저렴한 지역에 진입한 기업가(E)의 역량에 달렸다. 2단계에서는 접근성(A)과 골목 자원(D)을 개선하면서 공동체 정체성(I)을 유지함으로써 안정적으로 성장한다.

여섯 개 조건의 영어 이니셜을 모아 조합한 C-READI(Culture-Rent-Entrepreneurship-Access-Design-Identity)를 발음하면, '문화가 준비돼야 한다(Culture-Readi)'를 의미한다. 모든 조건들 중에서 문화자원과 문화 정체성이 골목상권의 핵심 경쟁력임을 강조하는 메시지이기도 하다.

골목문화의 기반, 문화예술 인프라 구축부터

골목문화는 문화예술인, 공방 공예인, 소상공인이 창출하는 도시 문화와 주민생활문화의 복합체다. 다양한 문화예술 인프라(C) 중 골목문화에 가장 직접적인 영향을 미치는 자원은 예술가다. 정부는 미술관, 공연시설, 예술가 창작 시설 등 문화예술 활동을 위한 인프라를 조성함으로써 미술가, 디자이너, 작가, 음악가, 건축가 등 문화 생산자들을 집적시킬 수 있다.

홍대, 가로수길, 삼청동 등 서울의 1세대 골목길도 문화예술 인프라를 기반으로 발전했다. 많이 알려졌듯이 홍대 골목상권의 문화기반은 화랑, 미술학원, 예술가 작업실, 인디뮤직 산업이었다. 가로수길도 2000년대 중반 골목상권으로 부상하기 전에는 갤러리, 화방, 건축사무소가 모인 문화 거리였다. 삼청동은 2000년대 중반 서울의 대표적 문화 소비 공간으로 떠올랐지만, 그 이전에는 갤러리가 중심이 된 조용한 화랑거리였다.

새로운 문화예술 시설 건설이 문화 인프라를 공고히 하는 유일한 방법은 아니다. 고풍스러운 옛 건물이나 폐쇄된 공장과 학교 등 골목 역사문화 유산을 활용, 예술가가 기술과 재능을 발휘해 골목 정체성에 어울리는 문화를 창조하고 선도할 수도 있다. 역사적으로 의미가 있고 골목문화 형성에 기여한 건물과 공간을 문화재로 지정해 개성 있는 예술가들의 창작공간으로 탈바꿈할 수 있도록 지원해야 한다.

공예공방, 독립 가게 등 상업시설도 중요한 문화 인프라다. 골목문화 정체성을 접목시킨 공방, 갤러리, 편집샵, 북카페 등 독특하면서도 다양한 상업시설이 골목에 자리 잡는다면, 특정 골목문화를 생산하고 소비하는 이들을 유인할 수 있다.

주민들의 라이프스타일도 특색 있는 골목문화를 창출한다. 양양 죽도해변 서퍼, 홍대 독립 가게 사업자와 출판산업 종사자, 성수동 소셜벤처 사업가 등은 모두 독특한 골목문화를 창출하는 생활문화 공동체다.

임대료 안정에 기여하는 공공재 투자

골목상권 활성화 전략은 곧 임대료(R)와 연결된다. 다양하고 독특한 골목문화를 지탱하는 골목산업이 지속적으로 발전하려면, 임대료의 급격한 상승을 막아야 하기 때문이다. 완벽한 골목상권으로 불리는 도쿄의 기치조지도 서로의 영역을 존중하고 상생하는 일본 특유의 마을문화가 임대료 안정에 크게 기여했다.

공동체문화가 일본만큼 강하지 않은 한국에서는 정부가 공동체 강화에 더 적극적으로 나서야 한다. 골목 경제 육성이라는 공통된 비전을 가지고 임대인과 임차인간 파트너십이 발휘될 수 있도록 중재적 역할을 해야 한다.

모범적인 공동체 투자 모델로 서울시 젠트리피케이션 종합대책을 들 수 있다. 서울시는 2015년부터 골목상권 임대료 안정을 위해 건물주-임차인-지자체 상생협약, 소상공인을 위한 앵커시설 대여, 장기 안심상가 운영, 소상공인 상가 매입 지원 사업을 추진하고 있다.

골목길 창업의 유도와 지원

골목문화 인프라 구축 및 임대료 안정화 정책에 이어 정부가 해야 할 일은 창업자 지원(E)이다. 매력적인 가게를 창업해 골목 선구자가 되겠다는 개척자 정신을 가진 혁신가들이 골목에 유입되도록 해야 한다. 서울의 1세대 골목상권도 상대적으로 저평가된 지역에서 첫 가게를 연 창업가에 의해 발전했다. 연희동 사러가쇼핑센터가 보여주듯, 이들 첫 가게 중 상당수는 골목상권이 성숙한 후에도 유동인구를 유발하고 지역 거점 상점으로서 골목 발전을 위한 공공재를 제공한다.

가게를 운영하며 고도의 전문기술과 경험을 쌓아 골목 장인으로 성장하는 이들은 곧 골목문화 계승자이기도 하다. 장인으로부터 훈련받는 차세대 장인들은 고유의 영역을 개척해 골목을 이끌 리더십을 발휘할 수 있다. 골목 정체성이 결합된 창의적인 아이템으로 창업을 주도하고, 장인 정신을 토대로 전문성을 길러 다양한 골목 장인을 배출하는 골목 장인 생태계 구축을 위해 창업자들의 유입과 정주 여건을 지원해야 하는 것이다.

골목길 창업자를 전통적인 소상공인 창업자로 한정할 필요는 없다. 창업지원센터와 코워킹(Co-working) 스페이스를 지원해 도시재생 스타트업, 기술 기반 스타트업, 사회적 기업, 문화기획자 등 골목길에 다양한 유형의 창업자를 유치해야 한다. 홍대 및 합정 지역 예술가와 창업가, 소상공인들의 네트워크를 통해 혁신 창업을 지원하는 홍합밸리가 대표적인 사례다. 상업시설이 열악한 지역은 시정부가 건물 재생을 통해 직접 상업시설을 유치한 광주 쿡폴리 사업을 벤치마크할 수도 있다.

골목상권을 직접 기획하는 기업도 골목길 창업문화에 크게 기여한다. 제주 원도심의 아라리오뮤지엄, 대전 원도심의 성심당은 기업이 주도해 지역 상권의 활성화를 위한 상업시설과 공공시설에 투자한 사례다.

내외부 접근성의 제고

골목상권 발전에는 접근성(A)을 빼놓을 수 없다. 버스, 트램, 지하철, 기차 등 다양한 대중교통을 이용해 편리하게 골목을 찾을 수 있도록 교통체계를 확충해야 한다. 골목 어귀 대로변에서 대중교통 수단의 환승이 효율적으로 이루어져야 많은 사람이 골목으로 진입할 수 있다. 1990년대 중반 서울 강북 지역의 대표 골목상권이었던 이대 후문 지역의 쇠락에서 볼 수 있듯 접근성 제약은 골목상권 발전에 치명적이다.

외적인 접근성 향상과 함께 중요한 것은 골목 내적인 거리 구조다. 걸어 다니기에 쾌적한 거리, 자전거 전용 도로, 볼거리와 즐길 거리를 탐방할 수 있는 작은 골목길 등 내부적으로 편의성을 제공하면서도 흥미를 불러일으키는 거리 공간 디자인이 필요하다. 서울시가 야심차게 추진한 서울로 7017 프로젝트의 가장 중요한 기능도 서울역 인근의 내부 연결 기능이다. 서울로 구축으로 기찻길과 대로로 단절됐던 서울역 인근이 통합된 상권으로 거듭났다. 일본 도야마시처럼 버스나 지하철 등 대중교통이 도심을 순환하는 트램과 편리하게 환승될 수 있도록 교통체계를 정비하는 것도 내부 접근성을 높이는 하나의 방법이다.

골목 자원의 보호와 확장

골목 접근성에서 강조된 바와 같이, 공간 디자인(D)은 골목 자원 보호와 홍보에 중요한 요소다. 골목 정체성을 표지판, 간판, 조경 등을 통해 형상화하고 조화로운 건물 양식이나 색깔 등 디자인을 세심하게 고려해야 한다. 전통과 현대가 어우러진 복합적 용도의 골목 건물들과 친환경적 골목 풍경을 완성한다면, 골목마다 다양성과 개성이 넘쳐날 것이다. 정부는 특히 대중교통체계 및 문화 인프라 구축, 거리 디자인 등 다양한 지원 정책들이 골목 주체들과 정부 간 협력적 거버넌스를 통해 시너지를 내도록 힘써야 한다.

중국 상하이와 전주 한옥마을 사례가 보여주듯이 정부 주도의 골목 지역 확장도 상권을 활성화시킨다. 골목 자원이 부족한 지역은 경쟁적인 상권으로 성장하는 데 한계가 있다. 인근 골목 지역과의 연결성 확대, 신규 골목 지역 건설을 통해 골목 자원을 확장하면, 상업시설과 거주민 유치에 유리한 환경이 조성된다.

전주 한옥, 에든버러 고딕 건축 등은 특정 건축 양식이 차별적인 골목문화를 창출한 사례다. 동일한 건축양식으로 건설된 지역은 대규모 문화 인프라 투자 없이도 쉽게 문화 정체성을 드러낼 수 있다. 한국 도시도 전통가옥뿐만 아니라 같은 시대에 건축된 건물이 집적된 지역을 문화지역으로 인식해 건축물을 도시문화 자원으로 보전해야 한다.

공공재 투자지원과 골목 공동체 강화

C-READI의 마지막 핵심인 정체성(I)은 골목 정책의 구심점이다. 정체성은 골목문화와 전통이 내재되어 골목 유·무형 자원을 통해 드러나는 고유의 분위기와 가치를 의미한다. 문화예술산업 종사자, 주민, 창업자, 장인, 투자자, 골목 시민단체 등은 골목만이 가진 특유의 가치가 있는 정체성을 발굴하고 상품화하기 위해 협력해야 하는

지역 후손들의 공동체 정신으로 지켜지고 있는 안동 하회마을 골목길

주체들이다. 골목문화와 경제의 지속 발전이라는 공통의 비전을 가지고 공동체를 구축해 함께 번영하는 골목을 만들어야 한다.

골목문화를 토대로 경쟁력 있는 상권을 만들려면 무엇보다 이들의 골목 라이프스타일 생활화가 중요하다. 미국 버클리의 보헤미안, 양양 죽도해변의 서퍼, 홍대의 인디뮤지션과 독립 가게 등이 골목문화를 추구하며 결속력을 강화하는 대표적인 공동체로 꼽을 수 있다. 안동 하회마을과 선비길이 한국 유교문화의 상징으로 보전되는 것 역시 안동 사대부 정신을 이어가려는 지역 후손들의 공동체 정신 덕분이다.

골목 정체성이 담긴 상품과 서비스의 꾸준한 소비가 뒷받침되어야 혁신적인 골목 장인들이 성장할 수 있다. 골목 정체성 기반 커뮤니티가 골목문화의 자생적인 생산과 소비를 지탱할 수 있도록 정체성 발굴 사업, 골목 사업가 모임 지원, 청년창업자와 예술가 지원 사업 등 정책적 노력이 필요하다.

C-READI 모델에 의한 골목길 정책은 건축, 디자인, 문화기획, 경

6대 조건	소분류	국내외 사례
문화 (C)	문화예술인과 시설	홍대 디자인, 미술, 인디뮤직 인프라
	공방공예	일본 가나자와, 연희동
	생활문화	양양 죽도해변 서핑, 성수동 소셜벤처, 홍대 독립문화, 이태원 외국인 문화
	소상공인 문화	홍대 독립상인
임대료 (R)	공동체문화	일본 도쿄 기치조지
	젠트리피케이션 방지 정책	서울시, 성동구
기업가 정신 (E)	첫 가게	홍대, 가로수길, 삼청동, 이태원
	간판 상점	연희동 사러가쇼핑센터
	소상공인/벤처 창업	홍대 홍합밸리
	골목상권 기획자	제주 원도심 아라리오뮤지엄, 대전 원도심 성심당, 일본 도쿄 마루노우치 미츠비시 부동산, 광주 쿡폴리, 성수동 카우앤도그, 미국 시라큐스대학
접근성 (A)	외부 접근성	이대 후문, 일본 도야마
	내부 접근성	서울로 7017
공간 디자인 (D)	골목 자원	전주 한옥마을, 뉴욕 웨스트빌리지
	건축 자원	스코틀랜드 에든버러, 중국 상하이, 광주 쿡폴리
정체성 (I)	주민/상인 정체성	안동 선비길, 스코틀랜드 에든버러, 양양 죽도해변, 뉴욕 브루클린, 광주 양림동, 싱가포르 티옹바루, 미국 버클리
	공동체문화	일본 도쿄 기치조지

C-READI 모델과 국내외 사례

제학, 경영학 등 다양한 학문 지식이 접목되는 대표적인 융복합 정책이다. 정부가 꾸준히 관심을 갖고 지원한다면 전국 곳곳에 C-READI 조건을 충족하는 골목상권, 즉 우리가 지향해야 하는 골목상권 모델인 장인 공동체가 등장할 것이다. 사회의 관심과 더불어 시장 환경도 C-READI 모델의 확산에 우호적이다. 골목상권과 비골목상권의 경쟁이 치열해지면서 골목상권 주체들도 공동체(골목상권 전체) 경쟁력의 중요성을 깨닫고 있다. 공공재와 골목 가치 투자를 유발하는 공동체 인식의 확산이 궁극적으로 골목상권의 지속 가능 발전에 가장 중요한 자산임을 잊지 말자.

단기 상권 조성에서 장기 산업 육성으로

1세대 골목상권 중 하나인 신사동 가로수길 ⓒ Sasithorn S / Shutterstock.com

C-READI는 골목상권 조성의 방향성을 제시하는 기초적 분석틀이다. 정부가 C-READI 모델의 전 영역에서 긍정적인 기여를 할 수 있으나, 특정 지역의 골목상권을 지원하는 사업은 항상 정부실패 리스크가 따른다. 미래 성장산업의 선정과 마찬가지로 성장 잠재력이 높은 골목 지역을 선택하는 것은 정부가 잘할 수 있는 일이 아니다.

서울의 골목상권 역사를 보면, C-READI 모델이 제시하는 활성화 사업을 추진하는 데 있어 지나친 자신감은 금물임을 알 수 있다. 골목상권 조성은 다른 도시재생 사업과 마찬가지로 오랜 준비와 정교한 설계를 요구한다. 그렇다면 정부는 가장 잘할 수 있는 일에 정책 역량을 집중해야 한다. 골목상권 전반의 시장 환경을 개선해 장기 경쟁력을 강화할 수 있는 정책은 골목 장인 육성, 그리고 골목산업과 관광산업의 연계다.

1세대 골목상권의 자생적 성장

홍대, 삼청동, 가로수길, 이태원 등 1세대 골목상권은 정부의 조성 노력이 아닌, 자생적인 C-READI 환경을 발판으로 성장했다. 정부 개입은 이들 상권이 이미 뜬 후 실시한 문화사업 지원, 가로경관 지원 등에 한정됐다. 정부가 초기부터 문화지역으로 지정해 적극적으로 지원한 대학로, 인사동은 1세대 골목상권과의 경쟁에서 밀려났다.

지속 가능한 성장을 위한 정부 개입도 효과를 내기 어렵다. 삼청동, 압구정동 로데오거리, 전주 한옥마을에서 급격히 상승한 임대료를 감당하지 못하고 떠나는 독립 가게가 늘어났지만, 이에 대한 대응은 별 소득이 없었다. 이제까지 축적된 경험과 향후 법 개정을 통해 필요한 정책 수단이 확보되면 어느 정도 나아질 수 있으나, 시장경제체제에서 정부 규제에 의한 젠트리피케이션 저지는 근본적으로 한계가 있다.

정부가 임의적으로 조성한 골목상권을 살펴봐도 정부 개입이 성공

1세대 골목상권과의 경쟁에 밀린 인사동 ⓒ Nghia Khanh / Shutterstock.com

하기 어렵다는 사실이 드러난다. 2000년 중반 서울에서 골목상권이 새로운 상권으로 주목받고 예상치 못한 지역 활력 효과를 유발하자, 전국의 지역 정부들이 경쟁적으로 골목상권 조성에 나섰다.

언론은 대구 근대문화거리와 김광석거리, 광주 송정역 등을 성공한 골목상권 조성 사업으로 자주 소개한다. 이들만큼 주목을 받지는 못하지만 서울 신촌도 대대적인 도시재생(경제활성화 분야) 사업으로 도시 경관과 유동인구가 크게 변한 지역이다.

그러나 정부가 기획한 골목상권은 아직 1세대 골목상권과 경쟁할 수 있는 수준으로 발전하지 못했다. 2017년 맛집 가이드 블루리본이 선정한 서울의 맛집 상권(맛집 수)은 홍대앞(121), 이태원(102), 연남동·연희동(65), 청담동(58), 여의도(49), 정동·시청·소공동(48), 가로수길(47), 압구정동(43), 삼청동·안국동(40), 광화문(34) 순이다.

반면에 정부의 재생산업이 진행된 신촌·이대 앞(18), 을지로·충무로(25)의 맛집 수는 상위권에 접근하지 못할 뿐만 아니라, 과거와 별반 차이가 없다. 물론 상권 활성화 사업을 맛집 수로만 평가할 수는 없다. 접근성, 쾌적성, 문화 자원 등 전반적인 상권의 질을 평가해야 한다. 지속 가능한 상권 재생을 위해서는 개성 있으면서도 수준 높은 서비스를 제공하는 상업시설의 질이 중요하다.

도시재생 사업으로 상권 경쟁력을 높이기 어려운 이유는 도시재생 사업 구조에 있다. 골목상권 문화를 창출하는 상인을 지원하기보다는 거리 조성, 가로수 정비, 공공공간 조성, 문화 시설과 행사 유치 등 인프라 사업을 중심으로 지원했기 때문이다. 도시재생 사업에 참여하는 기업도 토목, 건축, 디자인, 문화기획 분야가 주종을 이룬다.

도시재생 사업을 C-READI 기준으로 평가하면, 정부가 집중한 분야는 문화자원(C), 접근성(A), 골목 자원(D) 등 가시적 성과를 얻을 수 있는 영역에 국한된다. 보다 장기적인 노력이 투입되어야 성과를 거둘 수 있는 임대료(R), 기업가 정신(E), 정체성(I) 강화를 위한 기반 조성이 절실하다.

건축 인프라와 문화 인프라 사업은 기존 상인에게 혜택을 줄지 모르지만 신규 사업자를 육성하거나 유치하는 데는 크게 기여하지 못한다. 서울로 7017에서 신규 상업시설을 유치했지만, 대표적인 상가가 대기업 프랜차이즈가 많은 식당가인 점은 아쉬운 대목이다.

서울의 경험은 C-READI가 개념적으로는 단순하지만, 실제 현실에서 충족시키기란 결코 만만치 않은 조건임을 보여준다. 특히 시장 수요와 공급이 결정하는 임대료(R), 공동체문화로 형성되는 정체성(I), 경제, 문화, 제도적 변수가 복합적으로 영향을 미치는 기업가 정신과 역량(E)은 정부 개입으로는 쉽게 개선하기 어렵다.

젠트리피케이션 방지 등 골목상권 발전의 지속 가능성을 높이기 위해 필요한 정책은 궁극적으로 골목상권 이해당사자들의 상생문화, 즉 장인 공동체 구축에 달렸다. 정부도 지구단위 계획, 청년창업과 예술가 활동 시설 공급 등 공공재 투자를 통해 장인 공동체 구축에 기여할 수 있다.

단기 육성 정책 vs 장기 환경 조성

단기적으로 정부는 꼭 필요한 지역의 골목상권을 활성화하고, 장기적으로는 전 지역에서 장인 공동체 모델이 확산될 수 있는 시장 환경 조성에 집중해야 한다.

골목상권 활성화 사업이 불가피하다면, 청년창업 지원 시설, 대학 시설, 청년창업몰, 청년 창작촌 등 청년문화를 창출하는 공공재에 투자하는 것이 효과적이다. 청년문화 공공재는 유동인구를 유발할 뿐만 아니라 상권의 정체성 확립에도 기여한다. 서울시도 청년인구의 중요성을 인식해 대학가 주변 지역을 재생하는 캠퍼스타운 사업을 진행하고 있다. 골목상권 전체, 즉 골목산업의 활성화를 위한 거시적인 정책이 장기적으로는 더 효과적일 수 있다. 그 정책의 일환으로 다음과 같은 4가지 전략을 제안한다.

첫째, 현재 골목산업에서 절대적으로 부족한 고숙련 자영업자를 공급하기 위한 새로운 양성 시스템의 구축이다. 정규학교, 학원, 도제제도 등 모든 훈련 과정을 강화해야 하지만, 일정 기간 경험을 쌓고 재능을 보인 장인 후보생을 장인으로 키우기 위해 장기간 훈련하는 장인대학을 주요 지역에 설립해야 한다.

둘째, 골목산업이 열악한 지역 도시에서 국제적 경쟁력을 가진 골목상권을 단기간에 육성하기 위한 도시형 관광단지 사업 추진이다. 관광산업을 지원하는 문화체육관광부(이하 문체부)가 도심 골목 지역을 도시형 관광단지로 지정, 장인 공동체로 성장하기 위한 체계적인 인프라를 구축해야 한다. 문체부가 이미 음식점, 숙박시설, 서점, 갤러리, 체육시설 등 골목상권에서 중요한 업종을 다수 지원하고 있어, 기존 법제도를 활용한 체계적인 골목산업 육성이 가능할 것으로 기대된다.

셋째, 현재 비공식으로 이루어지는 소상공인 창업 시장의 제도화다. 골목 장인을 기획하고 이들의 창업과 경영을 지원하는 '골목길 기획사'가 시장에 진입해야 한다. 전반적으로 골목상권은 독특하고 경쟁력 있는 골목문화 확립을 지향하는 문화산업의 성격이 강하다. 골목문화를 창출하는 장인 자영업자들과 그들이 경쟁하는 골목상권을 문화산업 육성의 차원에서 접근해야 하는 이유다.

문화산업은 공통적으로 과잉 공급이 발생한다. 이 가운데 극히 일부의 예술가만 성공하는 패턴을 보이는데 골목상권도 크게 다르지 않다. 다른 점이라면 골목상권에서는 문화산업과 달리 재능 있는 예술가를 발탁하고 키우는 기획사가 없다는 사실이다.

넷째, 젠트리피케이션 방지 대책이다. 서울 도심에서는 골목 자원의 고갈로 2010년대 중반에 발생한 급격한 젠트리피케이션이 재현될 가능성은 낮다. 하지만 소규모 젠트리피케이션을 방지하고 이미 진행된 골목상권의 경쟁력을 회복하기 위해서는 골목상권 공공재에 투자해야 한다. 건물주와 세입자간의 상생 협력을 유도하며, 골목 자원의 자산화를 지원하는 서울시 2015년 종합대책을 성실하게 실행해야 할 것이다.

정부가 하기 어려운 일은 특정 상권의 활성화다. 특정 상권에 대한 개입이 불가피하다면, 골목상권의 난개발을 방지하기 위한 지구단위 계획의 수립과 청년문화와 공동체문화 창출을 위한 공공재 투자사업으로 정부 지원을 제한하는 것이 바람직할 것이다.

골목 장인이 운영하는 독립 가게들이 하나의 공동체를 이뤄 국제적 경쟁력을 가진 도시문화를 창조하고, 골목상권 발전에 장애가 되는 공동체 문제를 자율적으로 해결하는 장인 공동체가 바로 우리가 원하는 골목상권의 미래다.

골목장인을 육성할 장인대학을 설립하자

가나자와 우타츠야마 공예공방

일본은 자타공인 장인의 나라다. 역사적 전통과 자부심으로 장인 정신을 이어오면서 세계 최고 수준의 첨단과학 산업뿐만 아니라 전통산업과 도시산업을 키웠다. 직인(職人) 정신에 투철한 중소기업이 원가절감과 제조공법 혁신을 주도한다. 스스로를 장인으로 여기는 동네 음식점 주인이 일본을 세계 최고의 음식문화 국가로 만들었다.

장인의 나라 일본에서 전통공예인과 기업을 많이 배출하기로 유명한 도시는 가나자와다. 공예공방 산업의 중심지가 된 이 도시의 성공 비결은 교육기관이다. 공예인을 배출하는 교육과 연수기관이 집적되어 있는 것이다. 일본의 장인 정신을 부러워하는 우리가 공예공방에 관심을 가져야 하는 이유는 공예인이 바로 일본 장인(직인, 쇼쿠닌) 정신의 원형이기 때문이다. 직인과 공예인이 동의어로 사용되는 점은 가나자와 시민예술촌 안에 있는 가나자와 직인대학교의 영문 이름(Kanazawa Institute of Traditional Crafts)을 통해 알 수 있다.

가나자와 장인 훈련 기관의 제도적 차별성은 참여 자격과 교육 기간이다. 석공, 기와, 조경, 금박, 표구 등 전통 건축과 공예 기법을 교육하는 직인대학교는 관련 분야에서 10년 이상 경력을 가진 전문가를 선발해 3년 동안 교육한다.

일본 최초의 전통공예인 연수 기관인 우타츠야마 공예공방은 도예, 칠기, 염색, 금공, 유리 등 5개 분야에서 정규교육을 받고 실무 경력을 쌓은 공예인들이 2~3년 동안 연수를 받는 곳이다. 가나자와 사례는 우리가 일본의 장인 정신을 단순히 전통 유산으로 치부할 수 없음을 말해준다.

전통공예 산업을 육성하는 가나자와시와 시민의 노력을 통해 장인 정신을 어떻게 유지하고 키워야 하는지를 배워야 한다. 특히 학교 교육 이후의 현장 훈련을 얼마나 중요하게 여기는지 알 수 있는데, 장인의 현장 훈련을 체계적으로 제공하기 위해 설립한 기관이 바로 직인대학교와 공예공방이다.

장인이 부족한 한국의 골목산업

도시문화의 발전은 골목상권에서도 공예인 수준의 장인을 요구한다. 일본의 골목상권 장인은 장인학교나 현장의 선배 장인 밑에서 오랫동안 도제 교육을 받은 사람들이다. 하지만 안타깝게도 한국의 장인 훈련 시스템은 열악하다. 특히 직업학교가 제 기능을 못하는 것이 큰 문제다. 골목상권에 투입되는 요리사가 어떤 훈련 과정을 거치는지에 대해 현재 광주 유명 식당에서 일하는 요리사 K의 회고를 들어보자.

> 고등학교, 대학교 도합 7년간 요리를 전공하고 서울로 올라가서 요리를 시작했을 때의 좌절감은 말로 표현하기 어려울 만큼 컸다. 광주 바닥에서는 나쁘지 않은 실력이라 생각하며 자신에 차서 올라간 서울은 내 생각과 많이 다른 곳이었다. 왜 나는 아는 게 하나도 없는가 하는 자괴감이 사람을 괴롭히더라. 지금 와서 생각하면 광주에 있는 대학교들은 왜 존재하는지 의문이 든다. 많은 학생들이 즐겁게 요리를 배울 생각에 학교로 진학하고, 말도 안 되는 교수들의 수업을 들으면서 요리를 포기한다.

한국의 직업 교육이 이처럼 파행적으로 운영되는 이유는 교육 현장에 투입할 장인을 공급하지 못하는 데 있다. 영업과 교육 현장 모두 미래 장인을 훈련할 장인이 절대적으로 부족하다. 장인을 훈련할 장인이 부족한 것이다. 광주의 요리사 K가 지적한 대로 장인이 부족한 이유는 이미 많이 알려졌다.

가장 큰 문제는 인력 양성 체계다. 대학 입시 중심의 교육 제도에서 자영업 창업을 목표로 기술을 배우는 학생이 많지 않고, 배운다 하더라도 현장 훈련 시스템의 미비로 졸업 후 기술 숙련에 필요한 경험을 쌓기 어렵다. 장인 정신의 결여도 장애 요인이다. 자영업에 장인 정신이 필수적인 이유는, 그만큼 그 일이 녹록지 않기 때문이다. 고숙련 자영업자는 새벽부터 늦은 저녁까지 계속되는 고된 일정을 소화하면서 최고의 서비스를 제공하겠다는 사명감이 있어야 가게를 오래 지탱하고 성공할 수 있다.

장인의 가장 중요한 조건은 절대적인 시간 투자다. 장인의 기술은 오랜 몰입, 사색, 고민, 교류와 대화, 현장 경험을 거쳐야만 얻을 수 있는 결과물이다. 한 분야의 전문가가 되려면 최소 1만 시간을 투자해야 한다는 말콤 글래드웰(Malcolm Gladwell)의 주장은 장인에게도 똑같이 적용된다. 고숙련 자영업의 활성화는 직업윤리 교육의 강화와 체계화된 인력 양성 시스템의 구축에 달려 있다. 장인 양성 시스템으로 세계 최고 수준의 제조업과 서비스 산업을 육성한 일본과 독일의 경험에 주목해야 한다.

우직하게 갈고 닦는 집요함이 장인을 만든다

일본은 장인 정신의 생활화로 세계적인 신뢰와 명성을 얻었다. 고대 야마토 정권 시기부터 한 집단이 특정 기술이나 직업을 세습적으로 이어가는 부민제로 인해 도제교육이 생활화되었기 때문이다. 한

가지 일에 전념하고 최고가 되려는 철저한 직업의식을 일컫는 모노즈쿠리(ものづくり), 즉 장인 정신은 대대손손 가업을 물려받는 전통적 문화에 기인한다.

국가 교육 시스템을 통해 직업훈련으로 명장을 배출하는 독일과 달리, 일본은 자율적으로 장인 배출을 이어왔다. 일본 장인 정신 연구의 대가, 기요나리 타다오 호세이대학 명예교수는 일본의 장인 정신을 이와 같이 설명한다.

> 최고의 단계를 넘어선 장인은 남의 기술을 의식하지 않습니다. 바로 자신을 이기고 득도하려는 자세지요. 바로 그것이 일본의 장인 정신입니다. 한국 제품을 보면 마무리가 어딘지 모르게 석연치 않습니다. 이익이 나지 않는 것을 우직하게 갈고닦으려는 일본과 같은 장인 정신이 없기 때문이겠지요.
>
> -염동호, 「일본 장인 정신을 연구하는 장인」, 《탑클래스》, 2010년 2월호

장인 정신은 한 분야에 대해 자존심을 거는 투철한 집요함이다. 물건을 만드는 사람이라는 의미의 쇼쿠닌은 자신의 분야에 몰입해 일과 삶을 동일시한다. 쇼쿠닌들은 선대로부터 물려받은 기술을 계승하면서도 끊임없이 새로운 기술의 적용을 시도해 혁신을 꾀하면서 자연스럽게 최고 실력자, 장인이 된다.

꾸준히 한 우물만 파는 노력을 거듭해 장인이 되는 길은 다름 아닌 장인들에 의해 유지되어 왔다. 현재 100년이 넘은 음식점이 1만여

곳에 이르는 일본은 가게마다 에도시대의 건물을 유지하며 최고의 맛을 이어가려는 상도(商道)문화가 자리 잡고 있다.

외국인들이 많이 찾는 메밀국수집 오와리야는 600년, 일본 요리점 효테이와 초밥집 이요마타는 400년 전통을 이어가는 관광명소다. 단팥빵을 처음 만든 도쿄 빵집 기무라야, 소바집 사라시나 호리이 등은 200년이 넘었다. 한국의 한정식을 기대하고 온 외국인 관광객들이 정작 이자카야, 일본 가정식으로 즐비한 홍대와 강남 일대를 보고 실망하는 것과 비교되는 대목이다.

일본 소도시 골목의 맛집들은 한결같은 맛을 유지함으로써 명성을 쌓았다. 일본의 가장 격조 있는 음식점으로 평가받는 교토의 효테이는 15대째 가업을 이으며 효고현 아카시산 도미만 사용한다. 교토에서는 3대가 지나지 않은 음식점의 요리는 요리로 치지 않을 만큼 음식 장인들이 교토 음식문화를 유지한다. 지속적인 노력으로 신뢰와 전문성을 쌓는 장인 정신은 곧 심화된 기술력과 전문성을 가진 장인을 배출한다. 일본 골목 가게들은 장인들에 의해 꾸준하게 장인의 맥을 이으며 고유의 경쟁력을 확보할 수 있었다.

오사카 츠지요리학교 사례

오사카 나카노지마에 위치한 츠지조리사전문학교는 프랑스 르꼬르동블루, 미국 CIA(The Culinary Institute of America)와 함께 세계 3대 요리학교로 꼽힌다. 1960년 츠지 시즈오가 창업한 이 학교는 건학정신, 즉 가르치면서 배우는 도제 간 상생을 추구한다.

츠지 시즈오는 "학교란 교원이 갖고 있는 최대한의 지식과 기능을 수업에서 학생에게 모두 전달하여, 교원 스스로가 새로이 계속 배워 나가는 곳"이라고 설명한다. 교원은 가르치면서 성장하고, 학생은 방법 습득과 훈련으로 성장함으로써 사제 간 협력을 통한 상생 발전을 지향한다.

건학정신을 실천하는 츠지학교 전략은 크게 4가지로 요약된다.

먼저 기본에 충실한 지도 방식이다. 1년부터 3년까지 기술 수준에 따라 단계별 코스로 나뉘어 있어, 1년 코스의 경우 분야에 관계없이 필수적인 기초 기술을 철저하게 가르친다. 기본을 다지기 위해 조리도구에 대한 주의사항을 일일이 적어두고, 칼 가는 방법, 썰기 방법 등 세세한 부분까지 선생님의 지도로 배우게 된다. 2~3년 코스로 심화과정에 들어가야 비로소 일식, 양식, 중식 중 주요 장르를 선택해 전문적인 기술과 실습 중심의 훈련을 받는다. 아주 기초적인 요리 기술을 1년간 완벽하게 가르침으로써, 기본이 탄탄한 요리 실력을 갖추는 것을 최우선으로 한다.

두 번째, 개별 지도 중심의 긴밀한 사제관계 형성이다. 한 반에는 학생이 40명으로, 담임과 부담임이 관리한다. 츠지조리사전문학교를 졸업한 각 요리 분야의 일류 선생님들로 구성되어 있다. 개별적인 수업 이해도에 따라 세심한 조언을 아끼지 않는다. 실습 중에는 바로 옆에서 고도의 기술을 직접 보고 방법을 배우도록 독려한다. 일대일 진로 상담으로 학교생활이나 향후 커리어에 대한 고민도 나누면서 돈독한 사제관계가 만들어진다.

세 번째, 무엇보다 훌륭한 환경이다. 요시키 교장은 '최고의 음식을 먹어본 사람이 최고의 요리를 만들 수 있다'는 이념에 따라 최고의 재료와 시설을 갖추었다고 말한다. 조리 실습실, 집단 조리실 등에는 각 요리 과정에 따라 최고 수준의 설비를 갖추고 있다. 다양한 조리대가 마련되어 있어 학생들이 요리 과정을 분담해 최고의 요리를 함께 만들어낼 수 있는 환경은 세계적인 요리사를 배출하는 데 기여한다. 훌륭한 방법과 지식을 습득해 직접 맛을 내기까지 모든 과정을 체득한 츠지학교 출신 요리사들이 최고일 수밖에 없는 이유다.

네 번째, 네트워크 형성이다. 창업을 원하는 츠지학교 졸업생과 졸업 예정자는 사업계획서를 제출해 통과되면 개업 강좌를 수강할 수 있다. 현재 레스토랑을 운영하고 있는 업계의 소문난 명장들로부터 경영 노하우, 전략, 실질적인 요리 서비스 등을 배울 수 있다. 특히 졸업 후 시간이 흐른 뒤에도 얼마든지 수강이 가능해 자신의 영역을 구축하고자 하는 수강생들에 대한 지원을 아끼지 않는다.

츠지학교는 11만 명에 달하는 졸업생들을 활용해 수강생들을 위한 취업 세미나를 열고, 정보를 얻을 수 있도록 교류를 장려한다. 졸업생들 역시 학교와 지속적으로 소통하는 등 사후 관리도 철저하기로 유명하다.

독일의 마이스터 제도

독일은 체계적이고 전문적인 직업훈련제도를 통해 숙련된 인적 자원을 공급하는 대표적인 국가다. 특히 도제교육 시스템을 통해 명장을 양성한다.

절반이 넘는 독일 젊은이들이 대학 진학 대신 직업학교를 선택한다. 2년에서 3년 반이라는 기간 동안 일주일 중 4일은 도제 계약을 체결한 사업체에서 현장 실습을 하고, 1~2일은 직업학교에서 수업을 들으며 기능인으로 성장한다.

독일 마이스터는 뛰어난 전문기술과 장인 정신을 바탕으로 성공한 경영인이다. 10년 이상 고도의 전문기술을 익히고 연륜을 쌓은 마이스터들은 최고 실력자로 대우받는다. 자동차 수리, 꽃꽂이, 맥주 제조 등 약 350여 개 업종에서 마이스터 자격을 취득할 수 있다.

기능사 자격을 얻은 후 마이스터가 되려면, '계속 훈련'을 통해 전문 분야 기술뿐만 아니라 경영, 회계, 교육 등 제자 양성에 필요한 과목을 듣고 시험을 통과해야 한다. 현재 96만 7000개, 약 100만 개에 이르는 기업들이 바로 마이스터가 창업한 기업이다. 쉽지 않은 길임에도, 많은 기능인들이 마이스터로 창업하는 이유는 무엇일까?

바로 사회적 인정과 자부심이다. 독일 마이스터들은 대학교육을 마친 이들보다도 일반 기업에서 훨씬 높은 임금을 받으며 대우받는다. 오랜 기간 숙련된 기술과 노하우로 자신만의 제품을 개발하면서 쌓아올린 명성과 자부심도 대단하다. 제조업뿐만 아니라 디자인, IT 등 다양한 서비스 분야의 마이스터들이 한 분야의 리더로 인정받는 사회적 분위기가 형성되어 있다.

19세기 독일 산업화 과정에서 시작된 독일 직업훈련제도는 이제 전산업 분야의 명인을 배출하는 과정으로 확대되었다. 마이스터들이 차세대 마이스터를 양성하는 교육시스템 자체가 독일 산업 경쟁력의 핵심이다.

한국에도 변화의 물결이

경리단길 개척자로 유명해진 장진우 대표는 미래 창업자를 위한 학교를 운영한다. 장진우 가게에서 일하는 연륜 있는 요리사들이 학생들을 직접 교육한다. 장진우학교는 졸업생 중 우수한 학생들을 선발해 그들의 창업을 지원한다. 교육-훈련-창업으로 이어지는 장인 육성 시스템을 구축한 것이다.

청년창업가들이 용산 인쇄소 골목에 모여 다수의 식당을 운영하는 청년창업꾼도 미래 골목 창업자를 위한 교육 과정을 운영한다. 교실에서 배우는 정규 학교나 직업학원과 달리, 현장에서 같이 일하며 배우는 현장 교육 프로그램이다.

한국 공예 장인을 양성하는 주요 기관은 문화재청 산하 특수법인 한국문화재재단에 의해 운영되는 한국 전통공예 건축학교다. 전통공예의 맥을 잇기 위해 명장과 무형문화재 보유자 등 장인들이 체계적인 교육을 실시한다. 1년간의 기초과정 후, 2년차 연구과정, 3년차 전문과정으로 심화되는 단계별 커리큘럼을 통해 일반인들이 기초 지식을 습득하고 분야별 공예 전문가로 성장할 수 있다.

목공예, 칠공예, 금속공예, 직물공예, 전통건축으로 나누어진 분야 내에는 15종목 62개의 수업이 진행된다. 장인의 기술과 노하우를 가르치고자 수강생은 한 반에 10~16명 내외만 받는다. 과정은 3년이지만 6년에서 10년 가까이 장인 밑에서 훈련받는 이들도 많다. 특화된 분야의 최고 명장으로부터 일대일 지도를 받으며 장기간 도제식 실기교육으로 훈련함으로써 한국 전통공예의 명성과 가치를 계승하고 있다.

한국과 일본 공예 교육의 차이

한국 전통공예 건축학교는 공예 장인들에 의해 훈련받는다는 점에서 가나자와 공예공방과 비슷하다. 그럼에도 가나자와 공예가 세계적으로 유명한 이유는 무엇일까? '직인대학'과 '시민예술촌' 때문이다.

한국 공예학교의 경우 수강하는 학생들에 대해 별도의 자격 제한이 없다. 반면 직인대학 학생들은 수준 높은 기법을 전수받을 수 있도록 대부분의 연수생이 10년 이상의 전문가들로 선별된다. 이미 해당 분야의 전문 인력이라도 장인으로 거듭 성장시키기 위한 심화 커리큘럼 중심이다.

가나자와의 폐방직공장을 리모델링한 시민예술촌은 시민의 예술활동을 촉진시켜 도시재생을 이끌었다. 전통공예를 누구나 즐길 수 있도록 공립 문화시설로 건립, 멀티미디어 공방, 뮤직 공방, 오픈 스페이스 공방 등 다양한 문화를 일반 시민들이 향유할 수 있도록 구성했다. 시민들이 직접 창작에 참여하고 자유롭게 공예를 즐길 수 있는 환경을 조성함으로써 공예의 대중화와 산업화를 통해 관광지로 성장했다.

현재 한국 전통공예 건축학교는 서울 강남 한복판에 있다. 전통공

가나자와 시민예술촌

예를 이끌어갈 장인을 배출하고, 전통 기술을 접목해 현대적인 가치를 창출하는 교육기관의 위치로 서울 강남이 적합한지 의문이 든다.

한국 전통공예 건축학교가 가나자와처럼 성공적인 전통공예 산업화 사례로 꼽히려면, 전통공예 정체성을 보유한 지역에 장인대학을 설립하고 공예 상권을 구축해야 한다. 정부는 현재 학교보다 전문적인 장인 공예 교육기관을 설립함으로써 차세대 장인을 배출할 수 있는 기반을 마련해야 한다.

전통공예 마을 프로젝트가 수행되고 있는 지역 중에서 공예 정체성을 향유하기에 적합한 지역에 공예박물관과 미술관 등의 문화 인프라와 공방들을 집적시켜야 한다. 일반 시민들이 한국 전통공예 문화를 즐기고 개성 있는 공방의 공예품들을 소비해야 공예산업이 발전할 수 있다. 최고 명장들로부터 지속적으로 교육받는 후계자 전문 양성 기관과 공예품을 생산하고 소비하는 전통공예 골목이 활성화된다면, 해외 관광객들이 유입되어 가나자와를 뛰어넘을 것이다.

대안은 장인대학이다

지역 경제에 중요한 골목 장인의 양성을 장진우, 청년장사꾼 등 민간 기관에 전적으로 맡기는 것은 바람직하지 않다. 민간 기관이 육성할 수 있는 골목 장인의 수가 제한적일 수밖에 없기 때문이다. 장기간 기술과 경험을 쌓은 다양한 분야의 명장들이 부족한 상황에서, 자율적인 장인 공급은 어려울 수 있다.

대안은 지역사회 기반의 공예인 양성을 지향하는 가나자와 모델이다. 지자체가 자신이 특화하길 원하는 골목산업 분야의 장인대학을 설립해 골목 장인을 체계적으로 육성하면 된다. 골목의 문화와 역사가 담긴 특정 산업의 장인들을 양성하는 전문 교육 프로그램이 필요한 것이다.

한국 골목도 명장들의 솜씨가 빛나는 장인 골목으로 재탄생할 수 있다. 이미 각 분야의 연륜 있는 자영업자들은 장인대학 교육을 통해 사회적 인정과 존경을 받는 최고 명장이 되는 길에 도전한다. 1세대 장인들이 배출되기 시작하면, 장인대학은 고도의 기술과 노하우를 계승하는 훈련생들을 지속 양성하고 배출해 장인들의 도제교육을 지원할 수 있을 것이다.

골목장인 기획사 육성해야

출판사, 도서관, 북카페 등이 어우러진 파주 출판도시

문화산업의 가장 큰 특징은 기획사의 중심적 역할이다. 대중음악, 영화, 드라마 등 대중문화산업에서는 연예기획사, 미술 분야에서는 갤러리, 저술 시장에서는 출판사가 예술가를 시장으로 데뷔시키고 스타로 만드는 데 결정적인 역할을 한다. 기획되지 않은 스타는 없다고 할 정도로 스타 양성 과정에서 기획사의 역할은 절대적이다.

골목산업도 문화산업의 성격이 강한 분야다. 창의력과 독창적 예술성이 골목 장인으로서의 성공을 좌우한다. 예술가, 셰프, 디자이너, 혁신적인 창업가 등 골목문화를 주도하는 이들은 모두 문화산업 종사자이기도 하다. 도시사회학과 대중문화학에서도 골목 장인이 창출하는 거리 문화를 씬으로 부르며 문화산업의 일종으로 분류해 연구한다.

골목산업이 문화산업이라면 골목 장인을 발탁하고 스타로 키우는 기획사 기능을 누가 하고 있을까? 만약 기획사 비즈니스가 활발하지 않다면 그 이유는 무엇일까? 정부가 골목산업을 육성하려면 여타 문화산업 업종에 존재하는 기획사 모델을 장려해야 할까?

골목상권에 대한 연구가 아직 초기 단계고 축적된 자료가 부족하기 때문에 이들 질문에 대한 명쾌한 답을 찾기 어렵다. 하지만 문화경제학은 단순히 정부 지원에 의한 체계적인 문화산업 육성은 어렵다는 교훈을 던진다. 지속 가능한 골목 장인 육성 시스템을 구축하기 위해서는 골목 장인을 양성해 수익과 부가가치를 창출하는 기업, 골목 기획사의 역할이 필요하다.

골목 장인 육성, 주먹구구식으로는 안 될 일

현재 스시전문점 등 창업 비용이 많이 드는 분야의 보편적인 창업 과정은 '발탁'이다. 여유 있는 자산가가 자신의 단골 가게 스시 셰프를 발탁해 창업을 지원하는 것이다. 자산가에 의해 발탁되지 못한 셰프가 선택할 수 있는 유일한 창업 방법은 개인 창업이다. 자신의 자

창업 학교를 운영하는 용산 열정도 기획사 청년장사꾼

금을 투자하고 가족, 친지의 돈, 금융권 자금을 빌려 가게를 연다.

자금 조달이 순조롭게 이뤄지더라도, 가게 운영을 위한 스킬, 현장 훈련, 경영 기술 등은 장인의 몫이다. 케이팝(K-Pop) 스타를 제조하는 연예기획사처럼, 훈련, 데뷔, 커리어 관리 등 모든 과정을 책임지고 지원하는 기획사는 존재하지 않는다.

현재 골목 장인 육성 시장에서 활동하는 기업의 비즈니스 모델은 크게 학교, 백화점과 쇼핑몰, 지자체 상업시설, 청년창업몰이다.

① 학교 모델

한마디로 장진우 모델이다. 경리단길을 개척해 유명해진 기업가 장진우는 미래 창업자를 위한 학교를 운영한다. 장진우 가게에서 일하는 경험 많은 요리사들이 학생들을 직접 교육한다. 장진우학교는 졸업생 중 우수한 학생들을 선발해 그들의 창업을 지원한다. 교육-훈련-창업으로 이어지는 전형적 도제 양성 시스템을 구축했다.

장진우 모델의 한계는 규모와 종속성이다. 창업을 지원하는 학생의 수가 제한적이고, 장진우 대표가 창업 기업에 투자하는 형식이기 때문에 창업 기업을 독립 가게로 보기 어렵다. 용산 열정도를 기획한 청년장사꾼도 일반인을 대상으로 창업 학교를 운영하지만, 독립 가게 창업을 지원하지는 않는다.

② 백화점 식당가 모델

백화점과 대형마트가 신규 지점을 오픈할 때 식당가를 맛집으로 채우는 현상이 늘어나고 있다. 독립 가게에 새로운 유통 채널을 제공함으로써 성장 기회를 준다는 의미에서 골목 장인을 발탁 또는 기획

전주 남부시장 청년창업몰

한다고 말할 수 있다. 하지만 발탁된 가게는 이미 유명 맛집이기 때문에 시장에 입문한 장인을 훈련해 창업시키는 고전적인 기획 모델과는 거리가 멀다.

③ 지자체 상업시설 모델

지자체가 청년창업자나 청년창업 협동조합을 지원하는 사업도 일종의 기획 사업이다. 중소기업청이 전통시장에 청년창업몰을 건설해 청년창업자를 유치하는 것이 대표적인 사례다. 전주 남부시장, 서울 뚝도시장, 강원 원주시장, 부산 국제시장 등이 청년몰로 특화해 시장 활성화를 시도한 전통시장이다.

공폐가를 활용한 상업시설 유치 모델인 광주 쿡폴리도 혁신적인 지자체 상업시설 모델이다. 하지만 공익사업의 일환인 지자체 상업시설 유치 사업은 지속 가능한 골목 장인 기획사 모델이 아니다. 골목 장인 기획 시스템에서 정부가 생산적인 기여를 할 수 있지만 정부 예산으로 창업자를 지원하는 것은 바람직하지 않다.

실제 실적도 좋지 않다. 전주 남부시장, 대구 방천시장 등 청년창업이 성공적으로 정착한 사례가 일부 있지만, 대부분의 시장에서는 눈에 띄는 성과가 없다. 청년창업을 유치한 전통시장이 이미 활기를 잃은 점이 가장 큰 장애 요인이다. 설상가상으로 창업자의 경험 부족, 기존 상인과의 마찰 등이 더해져 많은 청년창업 가게의 경영을 어렵게 만들었다.

식당업 투자 분야의 최신 실리콘밸리 트렌드

실리콘밸리에서 식당 창업에 투자하는 벤처 캐피털이 생기고 있다. 워싱턴 DC의 한 사업가는 벤처 캐피탈(이하 VC) 펀드를 조성, 다양한 식당을 동시에 기획하고 이들 식당에 투자한다. VC 펀드의 운영으로 이 기업은 다수의 식당에 투자해 위험을 분산시키고, 식당 경영에 대한 전문 지식을 축적한다. 한국의 부동산 운용 기업인 이지스운용도 최근 청년 셰프가 창업하는 식당에 투자하는 펀드를 시작했다.

VC의 독립 식당 투자는 예외적인 사례다. 대부분의 VC는 개인 식당이 아닌 프랜차이즈 기업에 투자한다. 독립 식당으로는 벤처 투자가 요구하는 수익률을 맞춰주기 어렵기 때문이다. 최근 푸드테크(Food Tech) 분야에서 상당 규모의 VC 투자를 유치한 기업은 원거리 맛집 배달 서비스, 온디맨드 배달 서비스 스타트업들이다.

크라우드펀딩도 VC의 푸드테크 투자는 아직 초기 단계다. 상당 규모의 VC 투자를 유치한 온디맨드 배달 서비스 분야도 실적 부진으로 인해 추가 투자가 이어지지 않고 있다.

성공적인 골목 장인 기획사 모델의 조건

한국 상황에서 골목 장인 기획사의 역할은 크게 두 가지다.

첫째, 기획사가 직접 도제 교육, 즉 현장 훈련을 제공해야 한다. 한국 골목 장인 양성 시스템의 가장 큰 약점은 도제 교육이 제도화되지 않았다는 사실이다. 기획사가 직접 재능을 평가해 연습생을 선발하고 가수로 훈련시키는 케이팝 기획사가 하나의 모델이 될 수 있다.

둘째, 독립 가게로 발전할 수 있는 창업모델을 제시해야 한다. 기획사가 골목 장인을 육성해 독립시키지 않고 계열사의 직원으로 고용한다면 기획사 진입으로 기대할 수 있는 골목상권 활성화 효과는 제한적일 수밖에 없다.

독립기업을 배출하는 것이 목표라면, 배출한 가수들을 전속 가수로 고용하는 케이팝 기획사와는 또 다른 모델을 고민해야 한다. 독립 가게 모델에서는 기획사 색깔보다는 고유의 가게 특성을 가진 자생력을 길러주는 데 힘써야 한다.

골목산업에서 VC형 기획사가 진입할 가능성이 낮다면, 대안은 소셜벤처가 될 수 있다. 골목산업의 공익성에 기반한 지속 가능한 비즈니스 모델을 개발해 골목 장인을 지원하는 소셜벤처를 육성하는 것이다.

이미 한국에서도 골목상권 소셜벤처 사업이 시작됐다. 카우앤독, 루트임팩트 등의 성수동 임팩트 투자기업과 한국콘텐츠진흥원, 한국사회적기업진흥원 등 소셜벤처 지원 기관의 뒷받침으로 성수동 옛 공장지역에 소셜벤처들이 들어섰다. 이들 중 상당수가 음식점, 소품, 디자인 등 골목 업종에 종사한다. 청정재료를 사용한 한식당 소녀 방앗간, 스토리텔링 디자인이 담긴 소품 판매와 카페를 운영하는 마리몬드 라운지 등 개성과 가치를 담은 독립 가게들의 창업을 지원했다. 임팩트 투자자가 사실상 장인 기획사로서 골목 장인을 육성하고 있는 것이다.

한 발 더 나아가, 성수동 임팩트 투자자가 지역 경제 활성화와 독립 소상공인 지원을 위해 골목상권에서 영업하는 일반 독립 가게를 지원하면, 이상적인 골목 장인 기획사 모델에 가까운 기능을 하게 된다. 지속 가능한 골목경제 발전을 위해서는 골목 장인 기획사와 지원받는 골목 장인 기업들이 한 지역에 정주해 특화되어야 한다. 근거리에서 협업하고 연대하고, 지역 자원을 공유하면서 새로운 지역 기반 비즈니스 모델을 실험해 골목문화 리더 역할을 다하는 것이다.

골목 장인 기획사는 아직 생소한 개념이지만, 골목산업을 활성화하기 위해서는 반드시 필요한 비즈니스 모델이다. 전국의 기획자와 창업자들이 나서서 다른 지역과 나라가 벤치마크할 수 있는 혁신적인 기획사 모델을 개발, 지역과 골목 경제 발전의 주역이 되길 기대한다.

성수동 소셜벤처 마리몬드 (사진 제공 : 김성모)

관광정책이 골목산업 정책이다

대구 김광석거리 골목투어 ⓒ redstrap / Shutterstock.com

골목상권 정책의 목표는 골목 정체성을 바탕으로 골목상권을 활성화하고, 이를 통해 유치한 인재와 기업이 지역 경제 성장과 골목 정체성을 강화하는 선순환 골목경제 구축에 있다. 현재 골목경제 선순환 구조에 가장 근접한 골목상권은 음악과 미디어 산업의 중심지로 부상한 홍대앞이다.

서울을 비롯해 각 지역 골목상권을 경제 중심지로 육성하려면 누가 어떤 정책을 추진해야 할까. 시장, 문화, 관광, 도시계획 등 도시의 모든 분야가 골목상권에 영향을 끼치기 때문에 한 부처가 골목 정책을 독점할 수 없다. 모든 관련 부처가 참여하고 협업하는 것이 이상적이다.

그럼에도 컨트롤 타워 역할을 하는 주무 부처 하나를 선택하자면, 관광산업 정책을 수립하는 문체부가 될 수 있다. 골목상권은 관광, 유통, 문화, 부동산 등 다양한 산업에 포함될 수 있으나, 그중 상권 성장을 견인하는 가장 강력한 동력이 관광산업이기 때문이다.

골목길 정책, 어디로 가고 있나

골목상권은 연남동, 삼청동, 가로수길 등 주거지 인근에 형성된 근린상권이나 기존 상권의 배후상권이 새롭게 활성화된 상권이다. 골목상권을 바람직한 방향으로 지원하기 위해서는 현재 시행되는 다양한 정부 정책을 우선 이해해야 한다.

첫째, 소상공인 정책이다. 골목상권은 주로 소상공인들의 구역이다. 중소기업청과 공정거래위원회 등은 골목상권의 소상공인을 지원하고, 대형마트, 대기업 브랜드, 최근에는 프랜차이즈 본사로부터 보호하는 정책을 추진한다.

둘째, 상권 활성화 정책이다. 골목상권은 지역 경제 활력에 중요한 상점가다. 2013년 '전통시장 및 상점가 육성을 위한 특별법'이 통과된 후 중소기업청은 전국의 여러 지역에서 시장 지원 사업을 추진한다.

셋째, 도시재생 사업이다. 골목상권 재생은 낙후된 원도심과 지역을 살리는 가장 효과적인 사업이다. 상권이 살면 주변 주거지와 상업지역에 활력을 불어넣기 때문이다.

넷째, 지구단위 계획(용도와 고도규제)이다. 많은 지자체가 골목상권을 보호하기 위해 지구단위 계획을 활용한다. 대표적인 지역이 서촌과 북촌이다. 서울시는 이곳의 한옥뿐만 아니라 전체적인 골목길 구조와 골목 건축물을 보호한다. 지자체와 지역사회가 보호하길 원하는 골목상권은 3층 이하의 낮은 건축물에 둘러싸여 있으면서 자동차가 다니지 않거나, 다녀도 혼잡하지 않은 1차선 또는 왕복 2차선 도로

서울 도시재생 전시전 포스터

주변에 형성된 상권이다.

다섯째, 젠트리피케이션 방지 정책이다. 서울시는 자율 협약 체결, 공공임대 시설 건설, 임차인의 건물 구매 지원 등 급격한 젠트리피케이션 현상을 방지하고 임차인과 건물주의 협력 및 예술가와 청년창업자의 유입을 위해 다양한 정책을 추진했다.

현재 정부 정책에는 사각지대가 존재한다. 홍대, 이태원, 삼청동 등 서울의 주요 골목상권이 한국 대표 관광지로 부상했음에도, 골목길 관광을 촉진하는 섬세한 정책은 찾아보기 어렵다. 소상공인 보호 정책이나 도시재생 지원 정책으로는 한국의 골목상권이 선진국 대표 쇼핑거리와 경쟁할 만큼 매력적인 상권으로 성장할 수 없다.

문화체육관광부의 전략이 필요할 때

현재 정부가 추진하는 전통시장과 상점가 지원 사업으로는 글로벌 수준의 골목상권을 육성하기 어렵다. 대부분의 전통시장은 경쟁력 있는 상인 유치보다는 주차장, 간판과 도로 경관 개선, 문화행사 등 기존 상인을 위해 유동인구를 늘리는 사업을 요구하고 지원받는다.

일부 전통시장에서 청년창업몰을 조성하는 등 청년창업자를 유도하기 위해 노력했으나, 창업자의 준비 부족, 기존 상인의 비협조적 태도, 전통시장의 폐쇄적 공간 등의 이유로 성과가 미비하다. 문제는 장소와 인력이다. 전통시장과 기존 상업시설에 한정된 지원으로는 글로벌 관광산업이 요구하는 상권을 조성하기 어렵다. 일반 골목상권과 신규 상업시설로 지원 범위를 확대해야 하다.

숙박시설, 음식점, 갤러리, 공방, 서점 등 여행자에게 중요한 골목 산업 업종 중 문체부가 직접적인 권한을 가진 업종은 숙박업이다. 관광진흥법에 따르면, "관광객의 숙박에 적합한 시설을 갖추어 이를 관광객에게 제공하거나 숙박에 딸리는 음식 · 운동 · 오락 · 휴양 · 공연 또는 연수에 적합한 시설 등을 함께 갖추어 이를 이용하게 하는" 호텔업을 운영하는 자는 대통령령으로 정하는 자본금, 시설, 설비 등을 갖추어야 하며 해당 지자체장에게 등록을 해야 한다. 관광숙박업뿐만이 아니다. "관광객을 위하여 음식 · 운동 · 오락 · 휴양 · 문화 · 예술 또는 레저 등에 적합한 시설을 갖추어 이를 관광객에게 이용하게 하는" 관광객 이용시설업은 정부가 정하는 기준에 따라 운영해야 한다.

골목산업의 거의 모든 업종이 직간접적으로 관광진흥법에 따른 규제와 지원 대상이라 해도 과언이 아니다. 실제로 문체부는 관광호텔과 관광식당 지정을 통해 관광지 상업시설 활성화를 적극적으로 지원한다. 화랑, 미술관, 문화콘텐츠, 공방 공예, 서점, 스포츠시설 등 문체부가 지원하는 문화산업의 많은 업소가 골목상권에서 영업한다. 문체부가 이들 업소를 관광객 이용시설로 인식해 전략적으로 지원하면 골목상권 활성화에 크게 기여할 수 있다.

문체부도 아직은 직접적으로 지원하지 않지만 홍보에는 적극적으로 나서고 있다. 홍대 거리, 인사동, 강릉 커피거리, 부산 원도심 스토리 투어 등 18개 골목상권이 2017~2018년 대한민국 100대 관광지로 선정됐다. 한국관광공사의 대표적인 국내 관광지 홍보 사이트 '대한민국 구석구석'도 수시로 숨겨진 골목상권을 소개한다. 최근에는 골목상권 지도책 『같이 걸을까, 인문 지도』를 출간하기도 했다.

문체부가 이미 다양한 영역에서 골목상권을 지원한다면, 앞으로 할 일은 명확해진다. 기존 사업을 하나의 정책 플랫폼으로 묶어 지원하는 것이다.

도시형 관광단지 사업의 추진

문체부가 진행하는 골목상권 지원 사업을 하나로 묶어 특정 지역의 골목상권을 지원하는 방식의 도시형 관광단지 사업도 고민해볼 수 있다. 관광진흥법에 따라 지정할 수 있는 관광특구 제도를 활용하는 것이 가장 현실적인 방안이다. 그러나 현재의 관광특구 제도는 보완이 필요하다.

> 1996년 지정 요건 완화에 따른 지정 개소수가 대폭 증가하고 '영업시간 제한' 규정이 공중위생관리법 및 식품위생법에서 삭제되면서 실효성이 부족하며, 지정에 따른 혜택도 관광진흥개발기금의 융자 정도만 남아 있는 상황이다. 또한 관광특구 지정에 따른 다른 법률의 규제 특례도 외국인 관광객을 위한 관광호텔 앞 공지 사용 규제완화 및 도로 통행금지 또는 제한 등의 조치 정도에 불과하다.
>
> -강원발전연구원, 「강원도 관광특구 활성화 방안」, 2012

도시형 관광단지 사업의 구체적인 내용은 문체부의 '올해의 관광도시' 사업을 벤치마크할 수 있다. 2016년 첫 시행된 올해의 관광도시 사업은 지자체 단위의 경쟁력 있는 사업을 발굴, 해당 도시를 관광명소로 키우고자 한다. 잠재력이 큰 중소도시 세 곳을 선정, 도시의 매력과 개성을 드러낼 수 있는 문화 콘텐츠 개발과 도시 컨설팅을 지원함으로써 지역 관광 활성화를 도모하는 것이다.

2016년 처음 선정된 제천시의 경우 청정 자연환경과 한방바이오 엑스포 경험을 토대로 치유 관광 상품을 개발한다. 통영시는 남해안의 자연환경과 문화예술 잠재력을 결합한 문화예술 관광도시로 육성할 계획이다. 무주군은 동계 유니버시아드 대회와 월드 스키 점프 대회 등의 국제대회 개최 경험을 바탕으로 다양한 레포츠 시설을 건립한다. 세 도시는 각각 지리적, 문화적 자원을 활용해 힐링 관광도시, 문화예술 관광도시, 레저스포츠 관광도시로 거듭나고자 하고 있다.

지역 고유의 문화관광 자원의 상품화를 통해 특색 있는 관광도시로 성장시키는 '올해의 관광도시' 사업은 골목상권을 지원하는 도시형 관광단지 사업과 연결된다. 힐링, 문화예술, 레저스포츠 등 특색 있는 도시 색깔을 드러내도록 도시경관을 정비하고, 다양한 편의시설을 제공하는 골목상권이 뒷받침되어야 국내외 관광객을 유치할 수 있다.

성공적인 관광특구와 관광도시를 육성하려면, 지역 내 골목들이 공통된 도시 테마를 지향하면서 교통, 문화시설, 숙박, 음식점 등 우수한 서비스를 제공하는 도시관광 인프라를 갖출 수 있도록 제도적 지원이 보완되어야 한다.

상업시설 유치에 참고할 모델로 재팬 푸드타운(Japan Food Town)을

들 수 있다. 민관 협동으로 406억 엔(한화 약 3740억 원)을 투자하는 쿨재팬(Cool Japan) 프로젝트의 일환으로, 일본 음식점들을 한데 모아 해외 주요 관광지에 건설하는 사업이다. 2016년 7월 싱가포르 오차드거리에 개장한 타운에는 총 16개의 일본 요리 전문점이 입점했다. 한국도 지역과 전국의 맛집 브랜드를 모은 식당가를 도시형 관광단지에 유치함으로써 한국적이면서도 독특한 맛집을 관광객들에게 선보일 수 있어야 한다.

골목상권의 미래는 어쩌면 우리의 의지에 달려있는지도 모른다. 전국 주요 거점에 글로벌 수준의 골목상권을 육성하기를 진정으로 원한다면 시도해볼 수 있는 방법은 이미 충분히 많다. 국토교통부의 도시재생, 중소벤처기업부의 전통시장과 소상공인 지원, 행정안전부의 골목경제 지원 등 분산된 골목상권 정책사업들을 문체부의 관광 육성 정책과 연계해 골목상권을 혁신적 도시형 관광단지로 육성하는 것이다.

도시형 관광단지 사업의 핵심은 숙박, 식당 등 상품과 서비스의 품질이 뛰어난 상업시설의 고도화다. 기존 시설이 혁신하고 새로운 기업이 진입하는 개방적인 골목상권 생태계가 우리가 원하는 골목상권의 미래가 될 것이다.

지역 활동가가
산업 생태계를 만든다

스타트업 플랫폼 홍합밸리에 모인 세계 각국의 청년들

미래 창업 인재에게 꿈의 도시는 과연 어디일까? 도시문화를 중시하는 미래 세대는 전원 환경의 실리콘밸리보다는 도시 어메니티가 풍부한 샌프란시스코를 선호할 것이다.

샌프란시스코는 도심에서 살고, 일하며, 즐기는 라이프스타일을 살기에 최고의 도시다. 소마, 도그패치 지역의 스타트업에서 직장을 잡고 근처 주거지에서 살면, 도보나 자전거를 이용해 웰빙, 보헤미안, 힙스터, 친환경, 유기농, 인디, 빈티지, 비건 등 젊은 세대가 원하는 모든 도시문화를 하루 종일 즐길 수 있다.

한국에서도 도시문화 속의 삶이 가능할까? 다운타운 라이프가 가능한 지역으로는 스타트업이 모여 있고, 근무와 주거 지역이 가까이 있으며, 도시문화 인프라가 어느 정도 갖춰진 강남, 판교, 구로, 홍대가 유망할 것이다. 그중에서도 예술과 문화 인프라를 기반으로 스타트업 산업이 형성된 홍대가 샌프란시스코 라이프스타일과 가장 가까운 삶을 살 수 있는 곳이다.

홍대의 많은 젊은이들은 이미 한 지역에서 일하고 생활하는 도심 라이프스타일을 향유한다. 청년문화와 독립문화의 중심지 홍대에 2000년대 후반 스타트업이 몰리기 시작했다. 그 후 홍대 스타트업 기업은 200여 개로 늘어(로켓펀치 등록업체 기준) 홍대는 이제 강남 테헤란밸리와 구로 G밸리와 더불어 서울의 3대 창업 중심지로 자리 잡았다.

홍대 스타트업 산업의 발전에서 주목해야 할 성공 요인이 지역 공동체다. 홍대문화를 좋아하는 창업가들이 모여 구성원 협업과 네트워킹이 활발한 산업 생태계를 이루었는데 홍대 지역에서 활동하는 활동가가 이 과정에서 중심 역할을 수행했다. 바로 지역 창업 기업을 지원하기 위해 2013년 설립된 창업 기업 플랫폼 홍합밸리다.

창업 기업은 생태계 안에서 성장하고 성공한다. 기업-기업, 창업 기업-투자자, 창업자-전문인력 등 생태계의 다양한 네트워크가 창

홍대 지역 스타트업 플랫폼 홍합밸리

홍합밸리 페스티벌의 홍보 포스터

업자에게 필요한 공유, 협업, 학습 기회를 공급한다. 문제는 생태계가 자연 발생적으로 구축되지 않는 데 있다. 지역사회를 연결하는 활동가가 만들어야 할 네트워크다.

홍대 산업 생태계의 연결자는 홍합밸리다. 홍합밸리는 스마트폰 애플리케이션 개발사인 (주)에이엔티홀딩스의 고경환 대표가 2012년 설립한 스타트업 협업 공간이다. 창업 후 꾸준히 성장해 이제 70개 가까운 스타트업 및 관련 기관과 협업하고 있다. 이들 중 많은 기업이 홍합밸리의 지원으로 창업했다.

2016년 8월 《중앙일보》는 텀블벅(서교동, 크라우드펀딩 플랫폼), 시지온(동교동, 소셜댓글 서비스), 미스터블루(동교동, 온라인 만화 제작·유통)를 홍합밸리 지역의 주요 벤처기업으로 소개했다. 카카오에 인수된 파크히어도 홍합밸리 공간에서 창업한 스타트업이다.

연중 가장 큰 행사는 '홍합밸리 페스티벌'이다. 아티스트, 창업가, 소상공인이 만나 홍대문화를 즐기며 스타트업 경험과 동향을 공유하는 자리다. 이 축제의 모델은 오스틴의 라이브 뮤직 산업을 배경으로 세계 최고의 게임, 엔터테인먼트, 하이테크 축제로 성장한 SXSW다.

축제 참가자들은 인디 밴드의 공연을 즐기면서 창업자 버스킹, 창업자 전시, 기업 도슨트 전시, 창업가 멘토링, '홍합 피플 런치 톡톡'으로 이어지는 네트워킹과 공유 행사에 참여한다.

페스티벌이 보여주듯이 홍합밸리가 추구하는 벤처 모델은 문화와 창업의 융합이다. 고경환 이사장은 "뛰어난 기술이 없어도 사람과 사람이 만나면 무엇인가를 만들어 낼 수 있다는 것"을 믿는다.

홍합밸리 모델의 기반인 홍대문화는 다양한 방식으로 활용된다.

첫째, 홍대문화를 기반으로 스타트업 커뮤니티를 구축한다. 지역 인디뮤지션과 아티스트를 페스티벌, 데모데이 등 네트워킹 행사에 초대하고, 이를 통해 예술인과 창업가의 협업을 유도한다.

둘째, 홍대문화를 활용한 스타트업을 지원한다. 홍합밸리가 지원한 스타트업들은 대부분 콘텐츠, 교육, 패션, 예술, 디자인, 여행, 식음료, 음악 등 이미 홍대에서 지역 산업으로 자리 잡은 분야의 기업이다. 홍합밸리가 지역 산업에 새로운 스타트업을 공급함으로써, 홍대는 국내에서 보기 드물게 창업 기업이 지속적으로 공급되는 지역 산업 생태계로 진화했다.

셋째, 작가와 소상공인들의 창작활동을 지원한다. 홍합밸리가 전시공간을 제공해 작가들의 창작 활동을 지원하고 작가와 협업해 그들의 역량을 활용한 사업을 기획한다. 홍대 지역에서 활동하는 셰프도 전시공간에 초대되는 '작가'다.

홍대, 골목 기반 산업 생태계의 전형

홍대 산업은 골목문화 기반의 산업 생태계 모델로 중요하다. 지역문화를 기반으로 자생적으로 형성된 산업 생태계는 전국의 모든 도시가 희망하는 지역 발전 모델이다.

지역 발전 차원에서 홍대 산업은 그 의미가 다양하다. 우선 골목산업 중심지에서 창조산업 중심지로 성공적으로 전환했다는 것이다. 골목상권이 새로운 성장 동력이 되려면, 골목산업뿐만 아니라 창조

홍대 지역 산업 중 하나인 디자인산업

인재와 창조산업을 유치해야 한다. 홍대의 창조산업이 더 발전하면, 홍대는 도시문화가 도시 성장을 견인한다는 리처드 플로리다의 창조경제론을 입증하는 한국의 첫 번째 도시가 될 것이다.

또한 지역 창업에 스타트업 문화를 결합했다는 점이 눈에 띈다. 다른 창업지원 기관과 달리 홍합밸리는 소상공인을 기술 창업자만큼 중요한 파트너로 지원한다. 홍대 지역에서 자전거 인력거로 택시, 관광 서비스를 제공하는 스타트업 헤이라이더도 데모데이에서 피칭한 기업이다. 다른 지역에서도 홍합밸리처럼 소상공인 창업자에게 스타트업 문화와 기술을 전수하는 플랫폼이 절실하다.

무엇보다 지역문화에 특화된 것이 강점이다. 창업지원 기관은 일반적으로 스마트폰 앱, 인공지능, 3D 프린팅 등 지역 특성과 무관한

홍대 지역 출판사가 운영하는 카페

기술 창업 아이템을 집중적으로 지원한다. 세계 시장을 겨냥한 기술 창업을 비롯해, 지역 산업 생태계의 주축이 될 수 있는 기업의 창업도 필요하다. 지역을 바탕으로 한 창업지원 기관이라면 홍합밸리와 같이 기존 지역 산업에 진입하는 스타트업을 적극적으로 발굴하고 지원해야 한다.

홍대 산업은 소비자, 생산자, 전문인력 등 라이프스타일을 공유하는 인재들이 한곳에 모여 활동하는 라이프스타일 생태계를 구현했다. 구성원들이 지역에서 거주하고 지역 문화의 생활화에 적극적인 홍합밸리는 단순한 산업 생태계가 아니다. 구성원들이 라이프스타일을 공유하면서 이를 바탕으로 기업과 비즈니스를 개척하는 라이프스타일 산업 생태계다.

홍합밸리 모델의 확장

세계 다른 대도시와의 경쟁이 심화하고 서울에 본사를 둔 대기업의 글로벌 경쟁력은 약화하는 상황에서 새로운 산업 생태계 구축은 서울의 당면 과제로 다가왔다.

글로컬(Glocal) 시대에 맞는 산업 생태계를 구축하기 위해서는 도시 산업 정책에 대한 패러다임을 바꿔야 한다. 서울은 통합된 대도시로서 도시 전체의 자원과 환경에 적합한 산업을 육성하는 전통적 패러다임에서 벗어나야 할 것이다. 또한 다수의 '작은 도시'로 구성된 다중심(Policentric) 도시로 거듭나 작은 도시의 장점을 활용한 기업의 창업과 성장을 지원하는 패러다임을 수용해야 한다.

도시산업 생태계는 창업과 창의성을 바탕으로 한 창조산업에 특히 중요하다. 창업 성공률을 높이기 위해서는 창업가와 투자자 사이의 물리적 거리를 좁혀야 하기 때문이다. 실리콘밸리 투자자가 자동차로 30분 이상 떨어져 있는 기업에 관심을 두지 않는다는 이야기는 유명하다. 초기 투자의 속성상 투자자는 자금만 대는 역할에 그치지 않고 경영, 마케팅 등 경영 전반을 지원하는 실제적인 공동 창업자이기 때문에, 창업가와 가까운 거리에 있으면서 자주 소통하는 경향이 있다.

지역 산업 생태계를 육성하는 데 있어 활용해야 할 자원이 지역 문화다. 지식과 창조경제 시대에는 전통적인 입지 조건보다 창조인재를 유인하는 도시문화가 경쟁력이 될 수 있다. 현재 세계 경제를 주도하는 많은 도시가 내재된 가치와 문화를 키움으로써 창조도시로 발전했다.

서울이 각 지역의 문화적 특색을 살린 기업을 유치하고 개발하기를 원한다면 지역 고유의 특색을 포착하는 작업이 선행돼야 한다. 다행히 최근 들어 서울의 단위 지역들이 골목길 상권을 중심으로 다양한 문화적 특색을 보이기 시작했다.

1990년대 중반 홍대에서 시작된 골목길 상권이 2000년대 중반 급속한 성장세를 보이며 현재는 연남동, 연희동, 부암동, 성수동 등 서울에만 20~30개 지역으로 확산됐다. 하지만 아쉽게도 한국의 골목길 상권은 말 그대로 상권에 머무르고 있다.

지역 산업 생태계가 우리의 미래다

서울은 역동적인 문화를 가진 다양한 단위 지역으로 구성돼 있다. 그 잠재성이 충분히 개발되지 않았을 뿐이다. 단위 지역의 문화와 비교우위를 중심으로 산업 생태계와 골목길 경제를 건설하고 이들 간의 시너지를 극대화하는 인프라를 구축한다면 서울은 글로벌 기업이 자라나는 든든한 토양이 될 것이다.

다행히 서울에는 홍대 · 합정의 홍합밸리, 성수동의 소셜벤처밸리와 같이 지역 문화를 기반으로 자생적으로 성장한 산업 생태계가 활성화돼 있다. 앞으로 할 일은 이들 지역의 경험을 바탕으로 지역 산업 생태계를 구축하는 방안을 마련해 이를 서울의 다른 지역에 적용하는 것이다.

서울시가 우선 주목해야 하는 지역은 대학가다. 현재 추진하는 캠

실리콘밸리 애플캠퍼스. 실리콘밸리도 하나의 지역 산업 생태계다

퍼스타운 프로젝트를 지역 산업 생태계 산업으로 확대해야 한다. 서강대 안준모 교수가 지적한 대로 홍대와 같이 대학이 밀집된 지역은 "새로운 창업 아이템에 대한 공급자와 수요자(얼리어답터)가 많기 때문"이다. 한국의 모든 도시가 지역 특색을 살린 도시산업 생태계의 구축에 나선다면, 지역 산업 생태계는 서울뿐만 아니라 한국의 새로운 성장 동력이 될 것이다.

문화산업으로 진화하는 골목상권

일본 츠타야 서점의 창업자 마스다 무네아키의 라이프스타일 경영 철학이 최근 몇 년간 한국 서점과 유통업계를 강타했다. 편한 독서 체험을 제안하는 교보문고, 다양한 맛집을 안에 들인 종로서적, 흥미로운 문화행사까지 볼 수 있는 코엑스 별마당 도서관 등만 봐도 그가 업계에 미친 영향력이 금세 확인된다. 현재 라이프스타일 비즈니스는 백화점, 대형마트, 편집숍 등 유통 분야 전반으로 확산 중이다.

사실 2000년대 이후 골목상권이 인기를 끈 것도 비슷한 이유 때문이다. 개성, 체험, 창의성, 독립성, 다양성을 제공하는 골목 가게들이 이미 라이프스타일 비즈니스의 트렌드를 만들어가고 있었다. 단순히 옛 정취를 느끼며 향수에 젖게 하는 치유의 공간이 아니라 창조적인 도시문화를 제공하는 산업의 공간으로 성장한 것이다.

이제 우리의 골목길은 미래 인재와 여행자를 두고 세계의 다른 골목길과 경쟁한다. 계속 더 성장하기 위해서는 골목문화의 생산자인 창조적인 문화예술인과 지역사업가를 불러 모아야 하고, 골목문화의 소비자인 여행자들을 행복하게 만들어야 한다. 가까운 아시아만 해도 도쿄, 상하이, 홍콩 등 경쟁 상대가 만만치 않다. 결국 이들 도시와 경쟁하기 위해서는 기존의 골목산업을 보다 개성 있고 품격 있는 문화산업으로 고도화해야 한다.

이 책에서 소개하고 있는 다양한 사례도 이러한 맥락에서 의미가 있다. 젊은 세대가 좋아하는 맛집과 독립 가게, 그리고 그런 가게를 기획하는 사람들이 골목산업의 신흥 주역임을 우리는 확인했다. 이런 소셜벤처와 로컬벤처는 창의적인 아이디어를 기반으로 문화, 교육, 환경 등 다양한 분야의 서비스를 제공함으로써 지역 문제의 해결에 기여한다. 낙후된 공간을 문화예술과 혁신 창업의 공간으로 변화시켜 활력을 불어넣는 도시재생의 역할도 담당한다.

물론 문화산업으로의 성장이 순조로운 것만은 아니다. 양극화와 젠트리피케이션 등의 문제는 피할 수 없는 걸림돌이다. 어쩔 수 없다고 방치하는 순간 골목길 특유의 매력이 사라져 사람들의 발길이 끊어지는 건 시간 문제다. 그렇다고 급격한 방지 정책을 펼치는 건 더 위험하다. 골목상권에 투자하는 사람이 없다면 골목길은 더 이상 성장할 수 없다. 지속 가능한 골목상권을 구축하기 위해서는 완만한 임대료 상승과 이를 통한 골목 투자 유치가 불가피하다.

그래서 이 책에서 제안한 개념이 바로 '장인 공동체'다. 골목길의 상인과 건물주 모두 장인이 되어야 한다는 의미다. 골목상권의 상인이든 건물주든 혼자만의 힘으로는 아무것도 할 수 없다. 파트너로서 서로의 가치를 인정하고 같은 배를 탔다는 공동체 정신을 발휘할 때에만 골목상권의 경쟁력은 지속 가능해진다.

현재 골목길 상인이 약자로 인식되는 가장 큰 이유는 건물주에 대한 협상력을 확보할 수 있는 역량이 부족하기 때문이다. 또 대기업 브랜드와의 경쟁 역시 벅찬 일이다. 그러니 정부가 골목산업의 문화산업화를 원한다면 역시 가장 시급한 정책은 자영업 역량 강화를 위한 지원이다. 골목길에 보다 많은 장인을 공급해야 성장 과정에서 발생하는 많은 문제를 최소화할 수 있다.

골목상권에 참여하는 주체들에 대한 역량 강화 지원과 공공재 투자는 어쩌면 우리 사회의 불평등을 줄이는 촉매제가 될 수 있을지도 모른다. 그리고 『골목길 자본론』이 그 의미 있는 일에 조금이라도 기여했다면 더 바랄 게 없겠다.

참고문헌

권선택, 『권선택의 경청』, 해피스토리, 2013

금정연, 김중혁, 『탐방서점』, 프로파간다, 2016

김미리, 최보윤, 『세계 디자인 도시를 가다』, 랜덤하우스코리아, 2010

김진애, 『우리도시 예찬』, 인그라픽스, 2003

김태훈, 『성심당』, 남해의봄날, 2016

나가이 가후, 『게다를 신고 어슬렁어슬렁』, 정은문고, 2015

리처드 플로리다, 『도시와 창조 계급』, 푸른길, 2008

모종린, 『라이프스타일 도시』, 위클리비즈, 2016

성심당, 『성심인 챔피언』, 2016

손남원, 『YG는 다르다』, 인플루엔셜, 2015

양소영, 『홍대앞 뒷골목』, 그리고책, 2009

월터 아이작슨, 『스티브 잡스』, 민음사, 2015

유현준, 『도시는 무엇으로 사는가』, 을유문화사, 2015

유홍준, 『나의 문화유산답사기 7』, 창비, 2012

이나연, 『뉴욕 생활예술 유람기』 퀠파트프레스, 2016

이동우, 천의영, 『그리드를 파괴하라』, 세종서적, 2016

이체리, 『도쿄 일상산책』, 알에이치코리아, 2014

임상균, 『도쿄 비즈니스 산책』, 한빛비즈, 2016

장진우, 『장진우식당』, 8.0, 2016
정다운, 『제주에서 뭐 하고 살지?』, 남해의봄날, 2015
제인 제이콥스, 『미국 대도시의 죽음과 삶』, 그린비, 2010
존 매키, 라젠드라 시소디어, 『돈, 착하게 벌 수는 없는가?』, 흐름출판, 2014
찰스 몽고메리, 『우리는 도시에서 행복한가』, 미디어윌, 2014
한국콘텐츠진흥원, 『음악산업백서= Music Industry White Paper』, 2012
후지요시 마사하루, 『이토록 멋진 마을』, 황소자리, 2016
「KB 지식비타민 : 골목길의 부활, 신흥 성장 상권의 특징 분석」, KB금융지주 경영연구소. 2015, 15-89호
강원발전연구원, 「강원도 관광특구 활성화 방안」, 2012
김수아, 「서울시 문화공간의 담론적 구성 : 홍대공간을 중심으로」, 서울연구원, 2013
김범식, 「신촌, 홍대, 합정 일대 산업현황 실태조사 분석 및 발전방안 연구용역」, 서울연구원, 2015
문화체육관광부, 「'대한민국 테마 여행 10선', 이제 시작합니다!」, 2016
서울카페쇼, 「대한민국 커피백서-바리스타 편」, 2016
안창모, 「서울 도시 개발사」, 대한민국역사박물관 한국의 도시문화 강의자료, 2014
임화진, 임상연, 김종수, 「상업지역 활성화를 위한 협력적 거버넌스 형성에 관한 연구」, 국토계획, 2015
홍진기, 「산업입지정책의 현황과 개선방향」, 2016
김지혜, 「제주도 문화예술과 관광자원 Ⅰ : 제주 문화예술 현장과 관광자원의

공생」,《Weekly@예술경영》, 2015
김진애, 「홍대앞 괴짜들의 예술창고」,《조선일보》, 2002
도선미, 「100년 묵은 상하이 서민의 집, 스쿠먼 탐방기」,《중앙일보》, 2016
박찬용, 「뜨는 동네는 어떻게 만들어지는가?」,《에스콰이어》, 2016
백용성, 「제주도 문화예술과 관광자원 Ⅱ : 제주에 부는 다양한 문화예술의 바람들」,《Weekly@예술경영》, 2015
유지연, 양보라, 임현동, 「비건 치즈 · 그린 망고 · 로깐마…식료품점으로 떠나는 세계여행」,《중앙일보》, 2017
염동호, 「일본 장인 정신을 연구하는 장인」,《탑클래스》, 2010년 2월호
이무용, 「홍대앞 문화역사」,《세계일보》, 2004
이소진, 「동문모텔Ⅱ 개관…문화재생 발판 기대」,《제민일보》, 2015
이재정, 「'동북아문화예술지구 ARM' 현재보다 미래가 기대되는 도시 제주」,《이코노믹리뷰》, 2015
최은경, 「자전거 굴려 3억 벌어요…'홍합밸리'는 창업밸리」,《중앙일보》, 2016
트래블코드, 「퇴사 준비생, 담력 아닌 실력 키워야」,《더벨》, 2017
John Markoff, 『What the Dormouse Said』, Penguin, 2005
Aaron Hicklin, 「How Brooklyn Became a Writers' Mecca」,《The Guardian》, 2012
Jessica Hullinger, 「4 Reasons Why Independent Bookstores are Thriving」,《The Week》, 2015
John Sherman, 「A Guide to Independent Bookstores in Brooklyn」,《Brooklyn Magazine》, 2014

사람과 돈이 모이는 도시는 어떻게 디자인되는가

골목길 자본론

초판 1쇄 발행 2017년 11월 20일
초판 9쇄 발행 2024년 11월 18일

지은이 모종린
펴낸이 김선식

부사장 김은영
콘텐츠사업본부장 박현미
콘텐츠사업4팀장 임소연 **콘텐츠사업4팀** 황정민, 박윤아, 옥다애, 백지윤
마케팅본부장 권장규 **마케팅팀1팀** 박태준, 오서영, 문서희 **채널팀** 권오권, 지석배
미디어홍보본부장 정명찬 **브랜드관리팀** 오수미, 김은지, 이소영, 박장미, 박주현, 서가을
뉴미디어팀 김민정, 이지은, 홍수경, 변승주 **지식교양팀** 이수인, 염아라, 석찬미, 김혜원
편집관리팀 조세현, 김호주, 백설희 **저작권팀** 이슬, 윤제희
재무관리팀 하미선, 김재경, 임혜정, 이슬기, 김주영, 오지수
인사총무팀 강미숙, 이정환, 김혜진, 황종원
제작관리팀 이소현, 김소영, 김진경, 최완규, 이지우, 박예찬
물류관리팀 김형기, 김선민, 주정훈, 김선진, 한유현, 전태연, 양문현, 이민운
외부스태프 **교정교열** 정유민 **표지사진** 김성모 **저자사진** 손민규

펴낸곳 다산북스 **출판등록** 2005년 12월 23일 제313-2005-00277호
주소 경기도 파주시 회동길 490 다산북스 파주사옥 3층
전화 02-704-1724 **팩스** 02-703-2219 **이메일** dasanbooks@dasanbooks.com
홈페이지 www.dasanbooks.com **블로그** blog.naver.com/dasan_books
용지 · 인쇄 · 코팅 및 후가공 · 제본 북토리

ISBN 979-11-306-1490-8 (03320)